Ph
de **voyage**

Guide pratique

DANS LA MÊME COLLECTION

E. Balança – *Photographier les animaux – Guide pratique.* – 2009, 200 pages.

G. Blondeau – *Photographier la nature en macro – Guide pratique.* – 2008, 208 pages.

B. Bodin, C. Bruno – *Photographier la montagne – Guide pratique.* – 2008, 166 pages.

C. Lamotte, S. Zaniol – *Photojournalisme – Guide pratique.* – 2007, 200 pages.

T. Seray – *Photographier la mer et la voile – Guide pratique.* – 2007, 200 pages.

I. Guillen, A. Guillen – *La photo numérique sous-marine, 2e édition – Guide pratique.* – 2006, 194 pages + CD-Rom.

I. Guillen, A. Guillen – *La photo numérique sous-marine – Guide expert.* – 2005, 230 pages.

CHEZ LE MÊME ÉDITEUR

M. Ferrier, C.-L. Tran – *Découvrir le Nikon D5000.* – 2009 (à paraître).

M. Ferrier, C.-L. Tran – *Découvrir le Nikon D90.* – 2009, 188 pages.

M. Ferrier, C.-L. Tran – *Découvrir le Canon EOS 1000D.* – 2009, 168 pages.

A. Santini – *Découvrir le Nikon D60.* – 2009, 168 pages.

V. Luc – *Maîtriser le Canon EOS 500D.* – 2009 (à paraître).

V. Luc, M.-P. Albert – *Maîtriser le Canon EOS 450D.* – 2008, 320 pages.

V. Luc, M. Ferrier – *Maîtriser le Nikon D300.* – 2008, 422 pages.

V. Luc, B. Effosse – *Maîtriser le Canon EOS 40D.* – 2008, 340 pages.

V. Luc, B. Effosse – *Maîtriser le Canon EOS 400D.* – 2007, 328 pages.

V. Luc – *Maîtriser le Nikon D80.* – 2007, 340 pages.

V. Luc – *Maîtriser le Nikon D200.* – 2006, 352 pages.

V. Luc – *Maîtriser le Nikon D50.* – 2006, 316 pages.

V. Luc – *Maîtriser le Canon EOS 350D.* – 2006, 316 pages.

D. Schloss – *Olympus E-510.* – 2008, 132 pages.

P. Burian – *Sony Alpha 700.* – 2008, 200 pages.

P. Burian – *Sony Alpha 100.* – 2007, 212 pages.

P. Burian – *Pentax K10D.* – 2007, 220 pages.

R. Sheppard – *Canon EOS 30D.* – 2007, 160 pages.

R. Bouillot – *La pratique du reflex numérique, 3e édition.* – 2009 (à paraître).

R. Bouillot – *La pratique du reflex argentique et numérique.* – 2004, 320 pages.

C. Georges –*Flashs et photo numérique.* – 2008, 160 pages.

J. D. Thomas – *Le système flash Canon.* – 2007, 132 pages.

J. D. Thomas – *Le système flash Nikon.* – 2007, 132 pages.

C. Harnischmacher – *Fabriquer ses accessoires d'éclairage photo.* – 2007, 104 pages.

B. Peterson – *Pratique de l'exposition en photographie.* – 2007, 160 pages.

R. Bouillot, B. Martinez – *Le langage de l'image.* – 2006, 200 pages.

AUX ÉDITIONS EYROLLES

V. Gilbert – *Développer ses fichiers RAW, 3e édition.* – 2009, 536 pages.

P. Ricordel – *Capture NX2 pour les photographes.* – 2008, 304 pages

L. Alsheimer – *Le noir et blanc avec Photoshop CS3 et Lightroom.* – 2008, 260 pages.

B. Fraser, J. Schewe – *Camera Raw et Photoshop CS3.* – 2008, 350 pages.

J.-M. Sepulchre – *DxO pour les photographes.* – 2008, 180 pages.

P. Labbe – *Photoshop CS3 pour PC et Mac.* – 2008, 550 pages.

M. Evening – *Photoshop CS3 pour les photographes.* – 2007, 616 pages + DVD-Rom.

J. Delmas – *La gestion des couleurs pour les photographes.* – 2e édition, 2007, 448 pages.

Photographie de voyage

Guide pratique

Cécile **Domens**
Richard **Fasseur**
Séverine **Lacroix**

ÉDITIONS M

ISBN : 978-2-212-67314-2

Éditions VM
Groupe Eyrolles
61, bd Saint-Germain
75240 Paris Cedex 05
Editions-VM@eyrolles.com

Remerciements

Nous aurions été incapables, il y a trois ou quatre ans, d'écrire ce livre. Nous n'étions alors que des photographes indépendants, travaillant à notre manière dans notre petit coin.

Aussi, nous tenons à remercier tous les photographes et les clients de l'agence de voyages photo Aguila : par leurs questionnements, par leurs habitudes photographiques, ils nous poussent tous les jours à nous remettre en question et à devoir trouver des réponses techniques et créatives à leurs interrogations.

Merci à Aude Decelle, des éditions Eyrolles, pour sa gentillesse, sa réactivité et son professionnalisme.

Merci à Véronique Rauturier et Pierre Domens, amateurs de photographie et voyageurs aguerris, pour leurs relectures attentives et leur engagement depuis les premières moutures de cet ouvrage.

Merci à Aline Grelet, Gautier Marcy, Fabienne Bodan et Georges Felix-Cohen pour leurs questions, leurs apports techniques et leurs suggestions.

Merci à Emile Brager, cavalier voyageur au long cours et auteur du livre Techniques du voyage à cheval (édition Nathan, 2005), pour son « bon sens paysan » et sa vision du voyage.

Merci aux photographes Sabrina et Roland Michaud, Hans Silvester et Ernst Haas pour leur sens de la lumière et la poésie de leur regard.

Enfin, un grand merci à la Patagonie : son silence et son immensité ont grandement contribué à l'écriture de ce livre !

Avant-propos

Photographes indépendants et grands voyageurs, nous avons créé l'agence de voyages photo Aguila il y a presque trois ans. Depuis, au fil de nos séjours en France et à l'étranger, nous observons nos clients, du grand débutant à l'amateur averti.

Les uns collent sur leur réfrigérateur des ribambelles de post-it griffonnés de chiffres et de dessins : vitesse, profondeur de champ, focale... un véritable cours photo en pense-bête quotidien. Les autres passent leur journée sur ordinateur, à jongler entre retouches et recadrages, alimentant leur blog photo et naviguant sur les forums Internet avec passion. Les rêveurs resteraient des heures, le nez dans l'herbe, à composer leurs photos de fleurs; les timides voudraient photographier les gens mais n'osent pas les approcher. Certains voyagent léger, un compact en poche, ne s'encombrant d'aucune notion technique. D'autres partent équipés du dernier modèle du marché et sont incollables sur toutes les fonctionnalités de leur appareil.

Notre expérience d'accompagnement de groupes photo de tous les niveaux nous a ainsi poussés à développer, dans ce livre, certaines notions qui nous semblaient peu connues des photographes amateurs, mêmes aguerris. Nous vous y livrons donc les bases techniques et les astuces de terrain qui vous aideront à réussir vos images de voyage. Nous avons voulu rendre le texte le plus pratique et concret possible, en utilisant des exemples vécus, et avons tenté de répondre à toutes les questions auxquelles nous sommes confrontés lors des voyages photo que nous animons.

La photographie représente, pour certains, le moyen de partager leurs souvenirs au retour d'un voyage. Pour d'autres, et nous en faisons partie, elle constitue un véritable support d'expression personnelle, un outil au service de l'imaginaire. Retenez, avant tout, que toute image traduit une émotion. Quand nous découvrons les images d'un autre photographe, nous avons le sentiment de découvrir son âme. Peu importe si la photo présentée comporte des maladresses techniques.

En fondant Aguila, nous rêvions de transmettre une vision du voyage et de la photographie qui nous tient à cœur depuis toujours. Nous voulions aussi, et surtout, offrir à chacun les clés photographiques de son expression la plus intime. Intégrer la technique est une chose, mais le travail le plus important, en photographie, consiste à développer son regard personnel : apprendre à voir, être à l'écoute de ses émotions, de ses perceptions pour trouver l'image juste. Ce peut être le travail de toute une vie ! Nous espérons que les notions abordées dans ce livre vous donneront les outils pour vous lancer dans cette quête passionnante ! Le voyage s'y prête particulièrement par la disponibilité d'esprit qu'il implique.

Cécile, Séverine et Richard
www.aguila-voyages.com

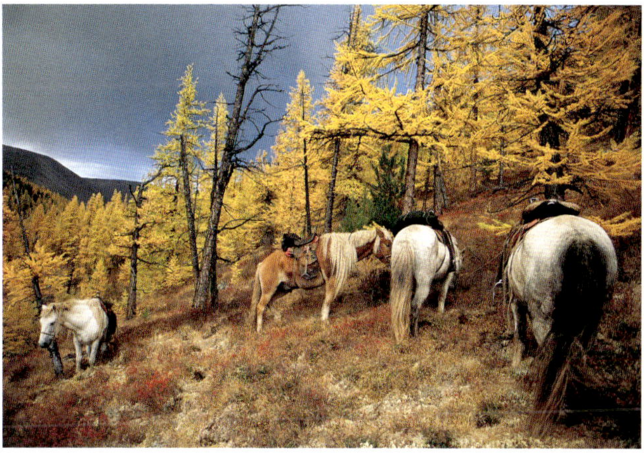

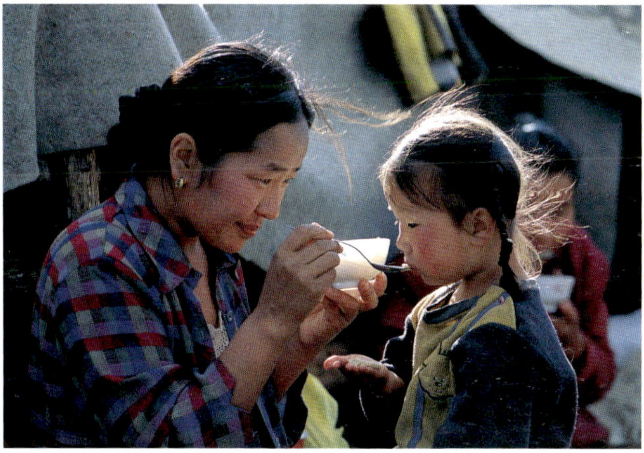

Sommaire

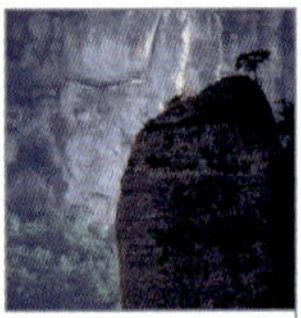

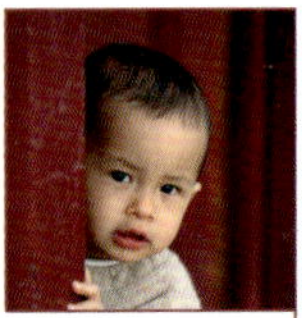

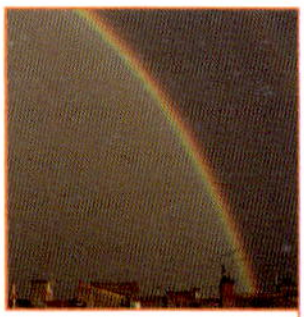

5 • La mesure de la lumière 87

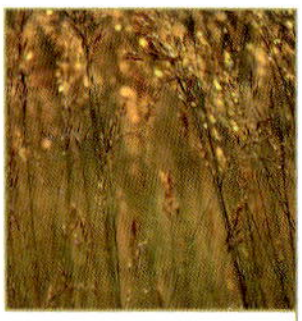

6 • Maîtriser le net et le flou 117

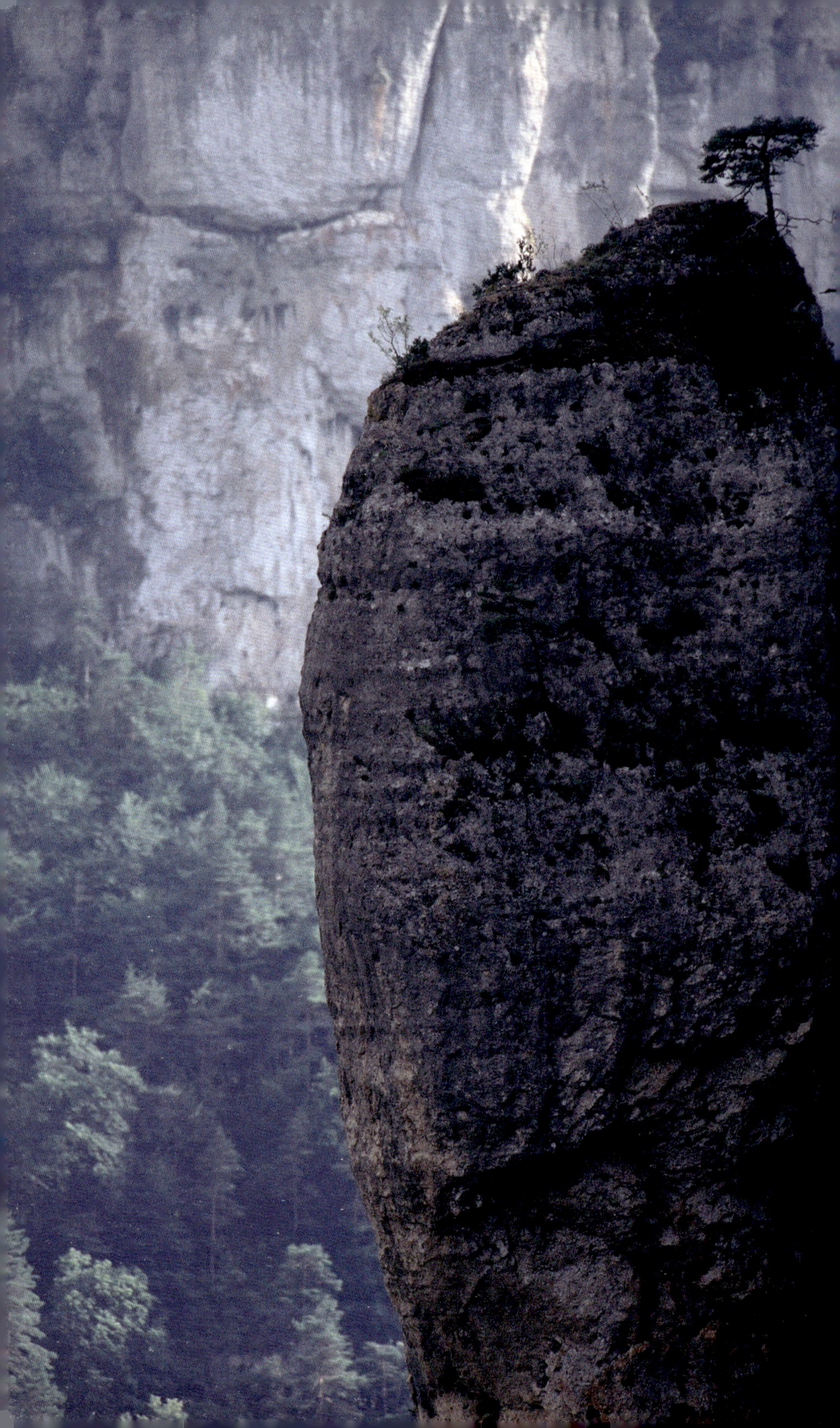

1

Préparer son voyage

Les vacances (du latin vacare : être vide) favorisent la disponibilité de l'esprit et du regard, indispensable en photographie. Un voyage photo ne s'improvise pas pour autant. Que vous partiez avec un projet précis, qui sera le fil conducteur de votre séjour, ou bien avec l'idée, plus vague, de saisir les opportunités qui se présentent à vous, vous devez prendre le temps d'une bonne préparation.

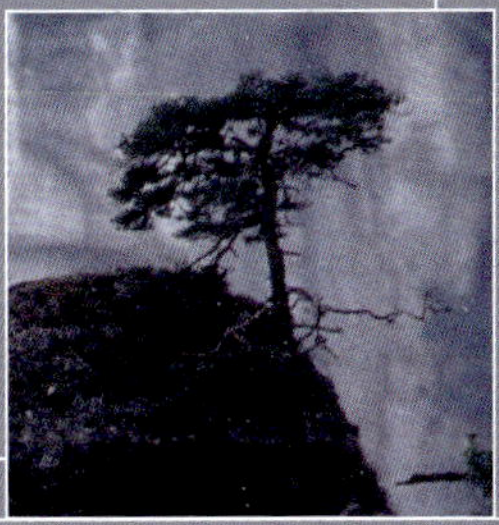

France, Lozère, Gorges de la Jonte.

Les motivations

Il est important d'identifier vos motivations profondes afin de ne pas vous leurrer sur le sens réel de votre voyage, même si ce n'est pas celui que vous affichez à votre entourage !

Les motivations de chacun sont très intimes et peuvent déboucher sur les projets de voyages les plus divers. Vous êtes passionné de chevaux et vous voulez découvrir la vie des cow-boys du Wyoming, des gauchos de Patagonie ou des nomades de Mongolie. Vous avez l'opportunité d'aller rendre visite à des proches installés à Bangkok ou à New York. Vous êtes fasciné par la glace et le froid et préparez un départ pour l'Islande, le Spitzberg ou l'Antarctique. Vous partez seul, sac au dos, en utilisant les moyens de transport locaux et l'hébergement chez l'habitant. Vous avez choisi un séjour organisé pour plus de sécurité. Vous partez en famille, avec vos enfants, pour leur faire découvrir les richesses de notre planète. Vous laissez derrière vous votre vie sédentaire pour un voyage au long cours, à pied, à cheval ou à vélo. Les choix d'une destination et de la façon dont vous voyagez vous sont tout à fait personnels. Ils sont rattachés à vos rêves, votre soif d'évasion ou de découverte, votre besoin de sécurité ou de vous prouver quelque chose... et, plus matériellement, à votre budget et à votre disponibilité.

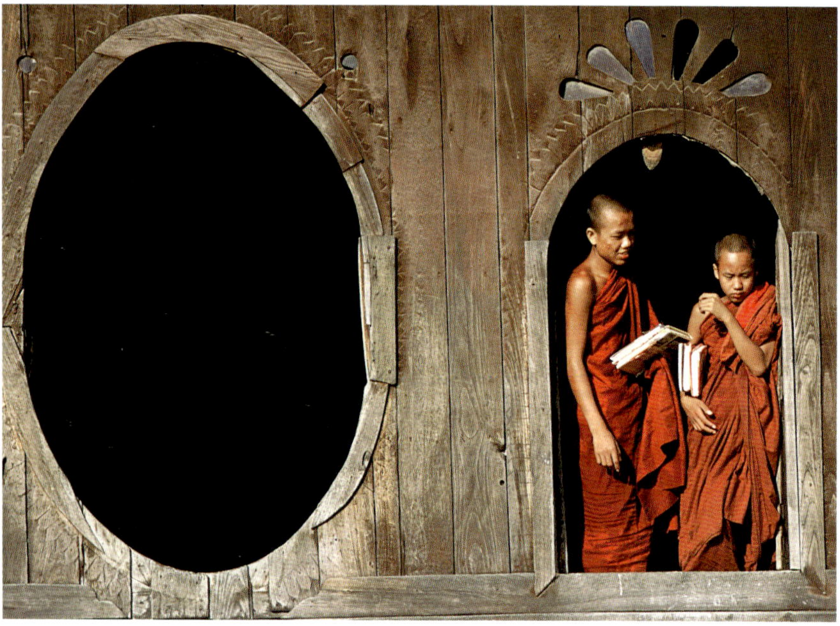

Birmanie. Au cœur d'un pays de dictature militaire, nous avons souhaité rencontrer les Birmans, fervents pratiquants du bouddhisme Theravada, dans leur quotidien et leurs croyances.

Posez-vous, de même, la question de la place qu'occupe la photographie dans votre voyage et dans votre vie en général. Est-ce une véritable passion et le moteur premier de vos choix en matière de destination et d'itinéraire ? Est-ce un moyen de ramener des souvenirs pour les partager avec vos proches ou un outil de communication pour défendre une cause ? Quelle disponibilité aurez-vous pour la photographie ? Quel temps allez-vous y consacrer ? Nous avons des passions pour la randonnée à cheval, la plongée, les vieilles pierres ou la musique. Pour autant, en tant que photographes, lorsque nous partons en voyage, ce qui guide tous nos choix d'itinéraires, de saison, de rythme de vie, de durée du voyage, c'est notre intention photographique. Si vous voulez réellement vous engager dans la photographie, vous ne pourrez pas le faire « en passant », comme une activité annexe à l'occasion, par exemple, d'un trek ou d'une croisière.

Rares sont les voyageurs, ou photographes, qui cernent clairement leurs motivations et plus rares encore sont ceux qui les expriment. Quand vous aurez répondu à ces questions, en étant très honnête avec vous-même, vous pourrez alors organiser un voyage à la mesure de vos ambitions.

Où et quand partir ?

Que vous partiez par vos propres moyens ou en séjour organisé, les choix que vous allez faire pour votre destination, votre itinéraire, la saison et la durée de votre voyage dépendent de vos intentions photographiques. Renseignez-vous donc pour « tomber juste » sur les scènes et les ambiances qui vous ont décidé à partir. Équipez-vous de cartes, livres et guides de voyages, nouez des contacts : vos images se préparent longtemps avant le jour du départ !

Préparer son itinéraire

Ne soyez pas trop ambitieux sur le nombre de kilomètres à parcourir pendant votre voyage. Vous n'avez aucun record de distance à battre, vous ne partez pas « faire » un pays (ses habitants l'ont fait bien avant vous) : vous partez faire de la photo. Cela demande uniquement d'être au bon endroit au bon moment, et d'avoir le temps nécessaire pour se consacrer pleinement à la prise de vue.

Vous avez choisi une destination parce que vous aviez en tête des photos vues dans des magazines ou des reportages télé, parce que la lecture de romans a alimenté votre imaginaire… Il se peut aussi que

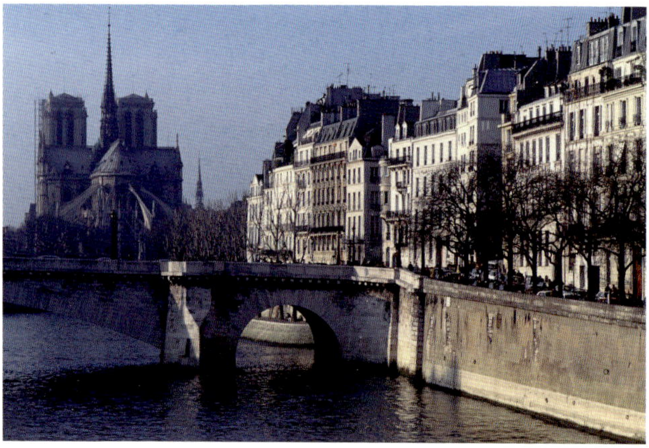

France. Les quais de Seine sont éclairés par une lumière rasante de fin d'après-midi avec, en fond, la silhouette en contre-jour de Notre-Dame de Paris.

vous vous intéressiez à un sujet précis : vous voulez photographier les macareux en Islande, le carnaval de Rio de Janeiro, les bébés lions au Kenya ou les souks traditionnels du Maroc.

Regardez les images d'autres photographes sur les régions où vous souhaitez aller, passez du temps sur Internet et dans les librairies à feuilleter beaux livres et guides de voyages. Notez les lieux de prises de vue des photos qui vous plaisent et prévoyez, dans votre itinéraire, d'y passer au minimum une nuit. Étudiez des cartes précises de ces sites pour déduire, en fonction de la saison et de la topographie, où se lève et où se couche le soleil, et procurez-vous un calendrier pour connaître les heures de lever et de coucher du soleil. Vous pourrez alors anticiper quel serait le meilleur éclairage pour être là au bon moment. Par exemple, si vous envisagez de photographier Notre-Dame de Paris, dont la façade est tournée vers l'ouest, il est préférable d'y aller en fin d'après-midi afin qu'elle soit éclairée par une lumière rasante du soir (mais pas trop tard pour qu'elle ne soit pas à l'ombre d'autres bâtiments). Allez-y plutôt le matin si vous voulez photographier les parties arrière ou réaliser des images de la façade en contre-jour.

Bâtissez un itinéraire plus ou moins précis tenant compte, à la fois, des sites que vous voulez photographier et du moment idéal pour cela (lumières du matin, du soir, milieu de journée, nuit...).

Renseignez-vous sur les fêtes locales et les événements particuliers sur lesquels vous pourriez vous greffer. Si vous allez en bord de mer, notez les heures des marées. À marée basse ou à marée haute, le paysage n'est pas le même ; de gros rouleaux se forment généralement au moment des changements de marées et peuvent être un sujet intéressant ; dans certaines régions, la marée haute est le moment propice aux départs en mer des bateaux de pêche, et la marée basse l'occasion d'une pêche à pied traditionnelle (coquillage, crabes...) et de la formation de vasières. La pleine lune peut aussi être un sujet intéressant, en particulier de nuit sur un relief enneigé ou un glacier, ou encore comme élément d'un paysage à l'aurore ou au crépuscule.

Prendre le temps

Faire de bonnes images implique de prendre le temps de la rencontre avec les gens et de la connaissance d'un territoire. C'est en restant dans un même lieu que vous vous imprégnez des formes et des couleurs de son paysage, que vous apprenez à connaître les jeux de lumière qui s'y dessinent du matin au soir, que les allées et venues de ses habitants vous deviennent familières… mais aussi que vous finissez par passer inaperçu malgré vos appareils photo. Prendre le temps est une donnée capitale en photographie ; nous pourrions même dire que cela fait partie des outils techniques de base au même titre que la mesure de la lumière ou les règles de composition. Ce qui compte n'est pas de « tout voir et tout faire » mais de percevoir l'âme d'un lieu et de la traduire en images.

Ne prévoyez pas de « faire » des choses, mais plutôt « d'être » quelque part. Vous serez alors entièrement disponible pour la photographie et les événements qui vont se présenter.

Prévoyez, pendant les moments de la journée où la lumière est moins intéressante pour la photographie, de faire du repérage ou de prendre des contacts. Pensez aussi aux imprévus, bonnes surprises ou gros pépins, qui peuvent modifier vos plans d'origine. Avoir quelques jours sans programme précis peut vous donner de la souplesse, une fois sur place, pour vous adapter.

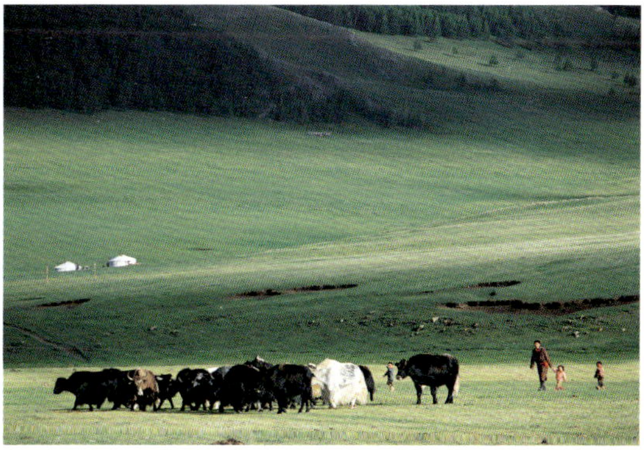

Mongolie. En fin de journée, les nomades vont chercher les troupeaux pour la traite. Rester plusieurs jours sur place permet d'anticiper ces moments pour être au bon endroit, à la bonne heure !

Le choix de la saison

Nous avons choisi l'automne pour aller dans la partie sibérienne de la Mongolie photographier les Tsaatans (éleveurs de rennes) : c'est le moment où les mélèzes de la taïga virent au jaune or, où les pieds de myrtilles sont rouge sombre et où les premières neiges font leur apparition. Ce paysage constituait, selon nous, un décor idéal pour photographier cette ethnie dans sa vie quotidienne.

Le rythme de la photographie

Photographie va de pair avec lumière. Ainsi, le fil conducteur de votre voyage, au-delà des sites visités, doit être calé sur les horaires du soleil. Il est dommage de prévoir d'être enfermé dans un bus à l'aube, au moment où la lumière est la meilleure pour la photographie. Le rythme de vos journées dépendra donc de la course du soleil et de la météo : lumières matinales, lumières d'orage, lumières d'été ou de printemps, lumières d'intérieur, cumulus, grand ciel bleu ou pluie battante. Autant d'éléments pour lesquels vous devrez pouvoir être réactif une fois sur place.

Mongolie. Nous avons choisi l'automne pour aller photographier les Tsaatans, éleveurs de rennes, dans un décor de taïga rouge et or.

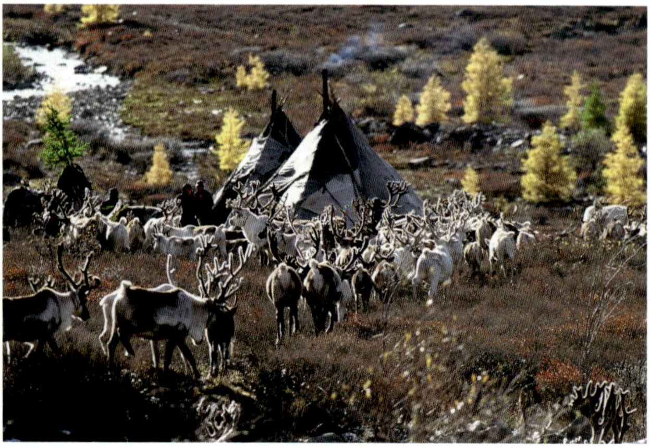

Le choix de la saison est primordial en photographie. Au-delà de son impact esthétique (couleurs d'automne, neige en hiver, flore du printemps...), la saison rythme les activités des populations au mode de vie traditionnel (moissons, transhumances, rassemblements de troupeaux, marchés, fêtes...) et le cycle de vie des animaux (naissances, migrations, périodes de reproduction...). Si vous voulez photographier les baleines et leurs bébés en Patagonie, partez en novembre ; si vous voulez assister aux fêtes de l'Inti Raymi en Équateur, voyagez fin juin ; si vous rêvez de voir des aurores boréales en Islande, attendez l'automne.

Vous devez, aussi, vous renseigner sur les bonnes et mauvaises périodes pour la photographie : évitez les saisons des pluies dans les pays d'Asie du Sud-Est, vous ne pourrez, parfois, même pas sortir votre appareil photo. De même, ne voyagez pas en plein été dans les déserts afin de bénéficier d'une lumière plus limpide et sans brumes de chaleur. Évitez l'hiver dans le nord de l'Europe, où les journées sont très courtes.

Le choix de la période de votre voyage conditionne le type d'images que vous allez ramener, tant en termes de couleurs et d'ambiance que des sujets que vous allez rencontrer.

Les guides de voyages vous apporteront certaines informations pour vous aider à choisir la saison la plus propice : les dates des fêtes locales, l'évolution de la météo au long de l'année (températures, pluviométrie, saisons sèches et saisons des pluies). Si vous vous intéressez à une espèce animale en particulier, vous devez consulter des guides naturalistes pour connaître ses périodes de reproduction, de migration, de mise bas... Prendre contact avec une agence de voyages locale peut aussi permettre d'obtenir un certain nombre de renseignements plus proches du terrain et susceptibles d'orienter vos choix.

La recherche d'informations

Toutes les informations que vous pourrez récolter avant de partir vous permettront, une fois sur place, d'être plus efficace. Connaître la culture d'un pays, son histoire, sa géographie, les croyances et coutumes de ses habitants, vous aidera à repérer des scènes, des gestes, des attitudes, qui seraient passés inaperçus à vos yeux autrement. Vous imprégner d'un territoire, en regardant des photos prises par d'autres, vous plonge déjà dans la conception de vos propres images : inconsciemment, vous commencez à les élaborer à partir des ambiances que vous avez pu percevoir.

Lisez aussi des romans sur le pays que vous allez visiter, des récits de voyageurs, des articles parus dans la presse, faites des recherches pour connaître l'actualité du pays les mois précédant votre départ. N'oubliez pas de consulter le site Internet du ministère des Affaires étrangères (www.diplomatie.gouv.fr) pour tout ce qui concerne les questions de sécurité. Passez du temps dans les librairies, les bibliothèques, les maisons du tourisme, les ambassades, les consulats et sur Internet. Allez faire un tour dans des associations de voyageurs qui organisent régulièrement des conférences sur telle ou telle destination, n'hésitez pas à y prendre des contacts et à vous faire recommander avant votre départ. Les voyageurs sont généralement bavards et heureux de partager ce qu'ils ont découvert. Vous récolterez auprès d'eux une mine d'informations précieuses, utiles une fois sur le terrain. N'hésitez pas non plus à contacter les auteurs d'ouvrages, de photographies ou de reportages qui vous ont interpellé pour leur poser des questions et peaufiner ainsi votre programme.

Renseignez-vous par ailleurs sur la façon dont est perçue la photographie par la population et par les autorités locales, dans le ou les pays où vous avez décidé d'aller. Pour certains peuples, être pris en photo est un honneur ; pour d'autres, c'est une bonne occasion d'exiger trois sous du touriste « plein aux as » que vous êtes ; pour d'autres encore, c'est une intrusion dans leur vie privée ou un vol, celui de leur âme. Dans les pays où la démocratie est un concept lointain, il est souvent

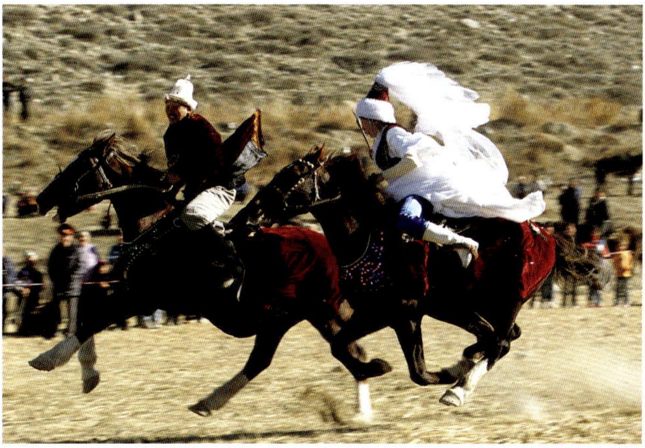

Kirghizstan. Nous avons calé nos dates de séjour sur la fête At Shabysh, pour photographier ces jeux équestres traditionnels qui avaient disparu pendant l'époque soviétique.

interdit de photographier toute représentation de l'État : aéroports, ponts, barrages, représentants diplomatiques ou militaires... Mieux vaut être prévenu et respecter ces interdictions. La plupart des guides de voyages consacrent un chapitre à la photographie et vous pourrez y trouver des informations sur ce qu'il est possible, ou non, de photographier. Les ambassades, consulats ou offices du tourisme vous donneront également une réponse officielle à ces questions. Pour certaines destinations, il n'est cependant pas évident de trouver le juste milieu entre cette réponse officielle et la réalité du terrain, d'autant que certains organismes minimisent les difficultés locales pour encourager le tourisme (et vous pouvez voir votre matériel photo confisqué à l'entrée dans le pays), tandis que d'autres les exagèrent pour se couvrir de toute responsabilité juridique en cas de souci. Dans ces cas-là, seules des personnes qui connaissent bien le pays, et dont le dernier voyage est récent, pourront vous donner des renseignements précis sur la situation locale.

Partir par ses propres moyens

Que vous soyez seul, avec des amis ou de la famille, vous avez décidé d'organiser vous-même votre voyage. Pour pouvoir vous consacrer pleinement à la photographie, vous devez choisir des hébergements et des moyens de transport adaptés. Si vous partez à deux, ou plus, il est primordial de bien définir les objectifs du voyage avec vos compagnons de route.

Comment se déplacer ?

L'idéal, quand vous partez faire de la photo, est d'être autonome, c'est-à-dire d'avoir votre propre véhicule. Les déplacements en bus ou en train peuvent être un moyen de parcourir les longs trajets entre deux étapes de votre itinéraire. Ils sont, cependant, très frustrants car vous voyez défiler par la fenêtre quantité de beaux paysages sans pouvoir vous y arrêter. Les escales sont généralement trop brèves (et pas forcément aux bonnes heures pour la photo !) pour pouvoir faire de bonnes images. En revanche, ces parcours peuvent être une bonne occasion d'entrer en contact avec la population locale.

Si vous prévoyez des étapes à pied, à cheval ou à vélo, elles doivent être courtes pour vous laisser du temps, et de l'énergie, pour la prise de vue et adaptées aux contraintes horaires de la photographie (disponibilité pour les lumières de l'aube et du couchant).

Louer un véhicule. Dans la plupart des pays, il est facile de louer un véhicule et de se déplacer sans guide et sans chauffeur. C'est la solution idéale pour la photographie. Vous partez et revenez à l'heure que vous voulez, vous vous arrêtez où bon vous semble et y passez tout le temps qu'il vous plaît. Vous pouvez facilement transporter tout votre matériel photo avec vous et l'avoir à portée de main, sur le siège passager ou dans le coffre.

Prenez quelques précautions élémentaires lorsque vous louez un véhicule auprès de petites agences locales : aspect du véhicule, bien entendu, mais, également, montant des franchises en cas d'accident ou de vol ainsi que couverture de l'assurance.

Si vous roulez sur des pistes ou des routes peu fréquentées, prévoyez de l'eau, des vivres et un duvet au cas où vous tomberiez en panne, seul au milieu de rien.

Faites preuve de prévoyance dans les pays où l'approvisionnement en carburant est aléatoire : renseignez-vous sur les endroits où vous pouvez trouver de l'essence et emportez éventuellement avec vous un bidon de secours. Apprenez à changer une roue. Prévenez toujours quelqu'un de l'heure de votre départ, de votre itinéraire et de l'heure approximative de votre retour ou de votre arrivée à l'étape suivante. Si vous voyagez seul, ne choisissez pas de louer un véhicule si vous ne vous sentez pas capable d'assumer d'éventuels imprévus, de conduire sur des pistes chaotiques ou dans une grosse agglomération où le respect du code de la route fait partie d'un monde virtuel.

Il nous est arrivé de tomber en panne de batterie sur des routes de campagne irlandaises, d'être bloqués plusieurs jours par le manque d'essence dans un village perdu de Mongolie, de ne pas pouvoir ouvrir les portières de la voiture à cause de vents violents en Patagonie, d'être coincés dans un refuge islandais par une forte tempête de neige, de crever deux pneus à la fois sur une piste d'altitude au Chili, de trouver les vitres du véhicule cassées et quelqu'un d'endormi à l'intérieur, d'être arrêtés plusieurs jours par des paysans en grève, et un peu éméchés, sur les routes du Mexique, de perdre les clés de la voiture dans le sable blanc d'une belle plage de Grèce... Dans ces cas-là, prenez votre mal en patience, faites vous aider par les habitants et n'oubliez pas de prendre des photos si vous êtes dans de beaux endroits, le temps de résoudre votre souci. Toutes ces mésaventures ne seront que de bons souvenirs à raconter au retour du voyage !

Louer un véhicule avec chauffeur. Dans certains pays (en Asie Centrale notamment), vous ne pouvez pas louer uniquement le véhicule : vous devez louer le chauffeur avec. Il est alors important de passer du temps avec lui pour lui expliquer pourquoi vous venez et ce que vous cherchez afin qu'il sache, avant de s'engager avec vous, ce qui va

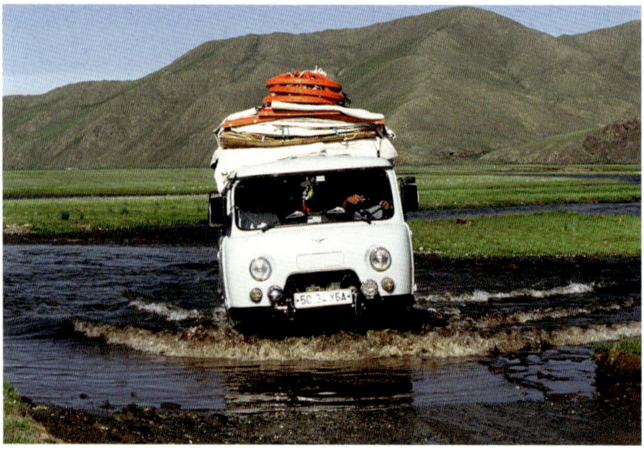

Mongolie. Il est important de pouvoir s'appuyer sur un chauffeur de confiance qui saura trouver des solutions aux différents imprévus rencontrés pendant le voyage.

être contraignant pour lui et différent de ce qu'il a peut-être l'habitude de faire avec d'autres voyageurs.

Commencez par lui montrer des cartes avec les points où vous avez prévu d'aller, demandez-lui combien de temps il met normalement pour réaliser tel ou tel trajet, présentez-lui des images que vous avez déjà faites, expliquez-lui qu'il devra se lever tôt et se coucher tard parce que les meilleurs moments pour vous sont les lumières de l'aube et du couchant, que ses horaires de repas risquent donc d'être décalés. Avant de conclure un accord avec lui, prévenez-le qu'il risque de mettre des heures à faire un trajet de quelques dizaines de kilomètres parce que vous allez vouloir vous arrêter et prendre votre temps pour la prise de vue, que quand vous lui direz de s'arrêter sur le bord de la route, ce sera immédiatement et non pas cent mètres plus loin, où l'image sera dépassée. Une fois que vous vous êtes assuré qu'il a bien compris tout ce qui l'attend avec vous, redemandez-lui clairement de vous confirmer s'il est toujours partant. Vous dépendez de sa bonne volonté, de l'état de son véhicule, de son sens du terrain et de la mécanique, de son envie de participer à ce que vous faites. Il peut vous donner son accord pour partir avec vous… et changer d'avis au bout de quelques jours de voyage. Posez-vous alors autour d'une bonne bière et discutez de la suite.

Pendant votre parcours, ayez en tête que les chauffeurs aiment bien manger aux heures normales de repas et, si possible, avec leurs compatriotes pour raconter leur journée et se détendre. S'il vous arrive, parce que vous êtes occupé par la photographie, de lui offrir un dîner léger tard le soir, avec une préparation lyophilisée ou un pique-nique froid, faites en sorte, le lendemain, qu'il mange et qu'il dorme bien. De son bien-être dépend aussi sa bonne volonté pour vous accompagner là où vous le souhaitez.

Nous avons eu des expériences très variées avec les chauffeurs. Certains ont compris, en quelques trajets, ce que nous cherchions et nous ont indiqué des sites que nous ne connaissions pas, repéraient des sujets que nous n'avions pas vus, s'occupaient de la logistique en nous préparant les repas pendant que nous faisions nos photos. Leur aisance relationnelle nous a permis de nouer avec les populations locales des contacts que nous aurions mis des jours, voire des années, à établir. D'autres au contraire, après des semaines de voyage avec nous, se levaient toujours

du mauvais pied, nous menaçaient tous les jours de faire demi-tour et de rentrer chez eux, se couchaient ivres morts dès que nous passions une soirée chez l'habitant, disparaissaient avec leur véhicule pendant que nous étions en pleine séance de prise de vue...
C'est parfois difficile à gérer, surtout si vous êtes seul et, encore plus, si vous êtes une femme car vous n'êtes généralement pas reconnue comme compétente dans le domaine de la conduite automobile, de l'orientation ou de la mécanique. Les relations peuvent devenir très tendues. Il faut faire preuve de patience et d'une grande fermeté, tenter l'humour qui est souvent très efficace pour débloquer une situation apparemment sans issue. Ne lâchez pas prise, ne vous affolez pas et, en dernier recours, n'hésitez pas à descendre du véhicule avec vos bagages si cela tourne mal (chauffeur violent, alcoolique, conduite dangereuse).

Argentine. Nous avons bénéficié d'une douce lumière hivernale pour photographier la Cordillère des Andes enneigée, quelques minutes avant un atterrissage à Ushuaia.

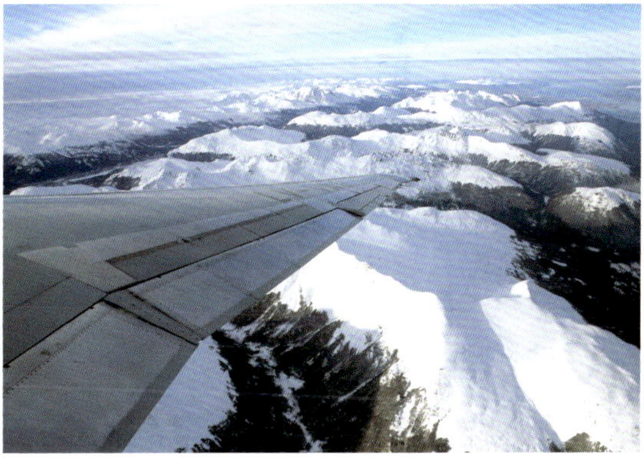

Les transports collectifs. Si vous n'avez pas les moyens de louer un véhicule, ou que vous ne souhaitez pas conduire, utilisez les moyens de transports locaux : bus, trains, avions, bateaux... Évidemment, vous n'aurez pas la même liberté qu'avec votre propre véhicule. Organisez-vous pour voyager en bus ou en train aux heures de « mauvaises lumières » pour la photographie, c'est-à-dire en milieu de journée, ou bien de nuit pour gagner du temps. Vous serez alors disponible, sur le terrain, pour les lumières de l'aube et du couchant. Si vous devez prendre l'avion pendant votre voyage, essayez au contraire de choisir un horaire correspondant aux belles lumières... et d'avoir une place à côté du hublot. Vous pourrez peut-être réaliser quelques beaux clichés pendant le vol.

Choisir un hébergement

Faites des recherches pour trouver un hébergement relativement proche des sites à photographier qui vous intéressent afin de ne pas avoir à parcourir de longs trajets tous les jours. Demandez si vous pouvez prendre un petit-déjeuner très tôt le matin ou, sinon, en milieu de matinée. Certains patrons de gîtes ou d'hôtels, lorsque nous leur expliquons que nous devons nous lever à cinq heures pour partir faire des photos, acceptent de nous préparer des thermos d'eau chaude la veille au soir et de laisser à disposition un petit-déjeuner pour nous. Si ce n'est pas possible, il y a peut-être une cuisine que vous pouvez utiliser. Sinon,

Ce qui prime, dans le choix d'un hébergement, c'est la proximité des sites à photographier, la souplesse des patrons quant à vos horaires et la sécurité pour vous et votre matériel.

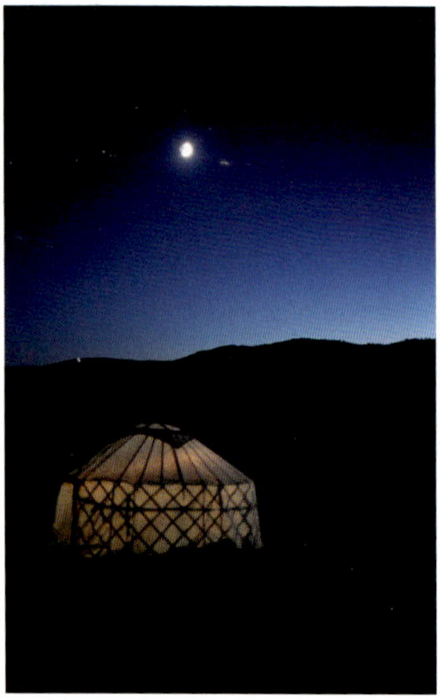

Mongolie. En bivouac, vous pouvez vous installer directement sur les sites intéressants pour être sur place dès les lumières de l'aube.

vous pouvez petit-déjeuner ailleurs à votre retour de prise de vue. Vérifiez aussi que les portes de l'hôtel ou du gîte sont ouvertes tard le soir et tôt le matin : il nous est arrivé, en Italie, d'être coincés à l'intérieur d'un hôtel à six heures du matin parce que la porte d'entrée était fermée et la personne de garde introuvable.

Choisissez de dormir dans une chambre individuelle qui ferme à clé, et non pas en dortoir collectif. Vous pourrez ainsi laisser votre matériel dans votre chambre pendant la journée. Vous pouvez aussi demander au patron s'il y a un endroit où vous pouvez laisser votre sac photo sous sa surveillance ou dans une pièce fermée (qui n'est pas celle où tout le monde met ses bagages le jour du départ pour libérer la chambre). Vous vous rendrez compte, une fois sur place, de la sécurité ambiante qui règne dans votre hébergement. Il nous est arrivé de trouver un homme ronflant dans notre lit, parce que la porte ne fermait pas bien à clé... Il s'était trompé de chambre.

Si vous campez, méfiez-vous des endroits de passage (proches d'une route, d'un village, d'un campement...) et préférez les coins isolés en pleine nature. Des curieux ont vite fait de s'approcher pour vous poser des questions, repérer votre équipement et tourner autour de votre tente sans que vous puissiez connaître leurs intentions... qui sont peut-être, par ailleurs, tout à fait honnêtes ! Nous avons déjà passé quelques nuits blanches à écouter des rôdeurs autour de la tente parce que nous avions eu l'imprudence de poser notre camp à quelques dizaines de mètres d'une piste, pourtant peu fréquentée en apparence.

Les bons compagnons de voyage

Pour réussir son voyage photo, il faut être à la fois photographe et voyageur.

Choisir des compagnons de route pour un voyage n'est pas toujours évident ; pour un voyage photo, c'est encore plus compliqué. Si vous partez pour faire de la photographie avec des gens qui ont la même passion que vous, ne sous-estimez pas l'aspect voyage : assurez-vous de leur capacité à s'adapter, à réagir à des situations imprévues ou stressantes, à supporter des conditions de voyage difficiles.

Partir seul. La grande majorité des photographes professionnels travaillent seuls, parfois à deux, en couple ou entre collègues. Certains se sont rassemblés en collectifs pour la commercialisation des images mais chacun continue de faire ses prises de vue de son côté. La photographie est en effet un moyen d'expression intime et personnel. Vous êtes seul, dans le cadre de votre viseur, à décider de l'image que vous souhaitez faire, à ressentir les émotions qui vous traversent et à vouloir les traduire, avec votre sensibilité, par la photographie.

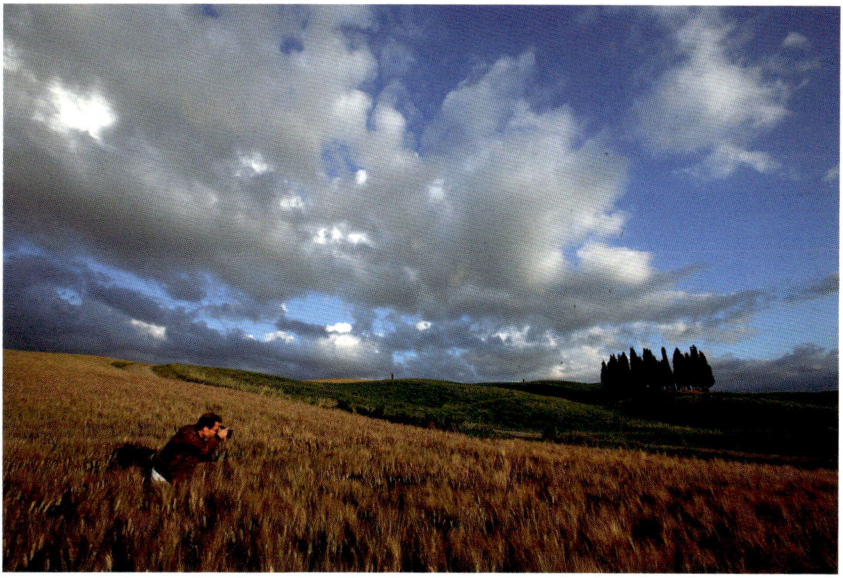

Italie, Toscane. La grande majorité des photographes travaillent seuls. Cela laisse une grande liberté d'organisation sur place.

Ne partez pas seul si vous n'avez pas les épaules d'assumer votre voyage dans sa globalité. Au-delà de l'aspect photographique, vous aurez à gérer la logistique du voyage, les relations avec les populations locales et aussi, peut-être, de la fatigue physique, des doutes, de l'insécurité, une certaine solitude et l'impossibilité de partager ce que vous vivez avec des gens de votre culture. Vous devez évaluer les risques encourus en fonction de la destination choisie, de la durée du séjour et de la façon dont vous voyagez pour être sûr d'avoir l'assise nécessaire pour surmonter ces éventuelles difficultés.

Si vous décidez de partir seul et que vous vivez votre voyage comme une réussite malgré les coups de stress rencontrés, vous vivrez une expérience formidable dans laquelle vous allez acquérir une vision claire de vos capacités et de vos limites. Vous goûterez à une grande liberté et découvrirez quelle énergie vous êtes capable de mobiliser pour aller au bout de vos rêves. Si vous êtes une femme, vous constaterez que les gens auront tendance à vouloir vous protéger et à vous aider plus que n'importe quel autre voyageur.

Vous allez vous tourner plus spontanément vers les populations locales et vous serez accueilli avec d'autant plus de facilité que vous voyagez seul.

Partir avec des photographes. Vous pouvez décider de partir avec une ou plusieurs personnes passionnées comme vous par la photographie et construire, ensemble, le programme de votre voyage en fonction de vos attentes respectives : vous avez envie de photographier les paysages alors que votre compagnon de route s'intéresse plutôt aux portraits, par exemple. Organisez-vous de façon à ce que chacun y trouve son compte et, si vous êtes sur la même longueur d'onde, vous vivrez un voyage fabuleux, où chacun apportera sa pierre et sa vision personnelle

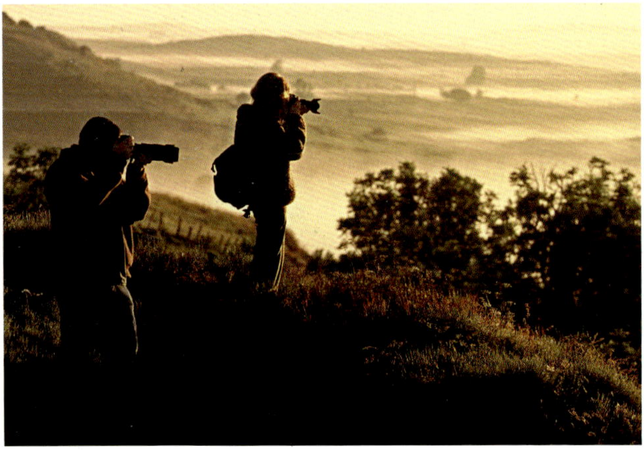

France, plateau de l'Aubrac. Partir avec d'autres photographes peut se révéler très enrichissant sur le plan créatif.

aux sujets que vous rencontrerez. Les regards et la créativité de chacun s'en trouveront enrichis.

Mais, comme dans tous les domaines, il y a mille façons de faire de la photographie. Au cours de nos voyages, il nous est arrivé de rencontrer des photographes avides, portés uniquement par leurs images à tel point qu'ils en oubliaient les principes de base de la relation humaine, se précipitaient vers les gens pour les prendre en photo sans même les saluer ni les remercier. Certains se retrouvent toujours dans votre champ de visée sans prendre garde aux photos que vous êtes en train de faire ; d'autres sont de grands solitaires et disparaissent toute la journée pour aller faire leurs images ; d'autres encore, trop impatients, se ruent vers les animaux et les font fuir avant que vous ayez eu le temps de vous concerter sur la façon de les approcher ; d'autres ne supportent pas de vous attendre quand ils ont terminé leurs images ou que le sujet ne les inspire pas…

Il est important, avant de partir, de discuter de la vision qu'a chacun de la pratique de la photo. En particulier si vous partez ensemble pour une période relativement longue ou dans des conditions de voyage un peu difficiles, des non-dits sur les motivations de chacun peuvent mener à de profondes divergences qui rendent la poursuite du voyage impossible.

Partir avec des non-photographes. Vous allez voyager entre amis ou en famille et vous êtes le seul à faire de la photo. Vous allez donc avoir besoin de temps pour vos images alors que vos compagnons de voyage auront envie de participer à des excursions, de visiter tel ou tel endroit… Les non-photographes sont venus pour visiter un pays et n'auront pas la patience de vous attendre pendant que vous faites vos photos. Il va donc falloir trouver une organisation pour que chacun y trouve son compte, sans toutefois vous isoler des autres puisque vous avez décidé de voyager ensemble.

Vous devrez certainement argumenter un peu pour être sur certains sites à des heures matinales, ou tardives, que vos compagnons de route n'avaient pas envisagées... Vous pouvez très bien imaginer aussi de vous séparer de temps en temps et de vous donner des points de rendez-vous pour vous retrouver pour les repas, certaines excursions ou visites que vous allez partager ensemble. Si vous vous levez tôt pour profiter des lumières de l'aube, vous pouvez être de retour pour le petit-déjeuner en ayant déjà consacré trois ou quatre heures à la prise de vue. En journée, les lumières d'extérieur sont plus vives et moins intéressantes et vous ferez plutôt des photos souvenirs ensemble. Vous serez peut-être surpris de voir l'un de vos proches décider de vous accompagner, se mettre à faire de la photo avec vous et vous poser tout un tas de questions techniques. Vous pouvez aussi être désigné comme celui qui fait les photos du voyage pour les autres.

Un voyage acceptable par tous. Le voyage, s'il se déroule dans des conditions de confort et de sécurité acceptables par tous, ne pose généralement pas de souci, même avec des gens que vous connaissez peu, ou qui n'ont pas une grande expérience du voyage. Si vous avez régulièrement l'occasion de dormir dans un lit, de disposer d'une salle de bains avec des toilettes dignes de ce nom, de l'eau chaude pour vous laver, des repas avec des aliments proches de ceux que nous connaissons chez nous, vous ne devriez pas avoir de surprise. Quand ces besoins élémentaires sont satisfaits, tout le monde est disponible et de bonne humeur pour profiter du voyage. La difficulté est que le seuil de tolérance varie selon chacun...

Il est important que chacun mange à sa faim, dorme bien, se sente en sécurité et puisse combler ses attentes en matière d'hygiène.

Si vous partez pour une aventure au confort sommaire, où vous risquez de mal ou peu dormir, d'avoir froid, d'être fatigué par l'effort physique, de vivre des situations de stress ou de supporter un climat rigoureux, vous verrez apparaître, chez certains de vos compagnons de route, des aspects que vous ne leur connaissiez pas : mauvaise humeur, colères inattendues, amertume, résistance, lassitude, déprime... Combien de fois avons-nous amené avec nous des personnes qui rêvaient de découvrir la Mongolie, sa nature sauvage, ses grands espaces et la vie des familles nomades sous la yourte. Le rêve s'est transformé, pour certains, en cauchemar au bout de quelques jours sous la tente : mal équipés pour affronter le froid nocturne, ils se réveillaient fatigués et n'arrivaient pas à se réchauffer ; la nourriture locale ne leur convenait pas ; ils ne supportaient pas de ne pas pouvoir se laver ou de devoir faire leurs besoins en pleine steppe, sans un arbre derrière lequel se cacher ; ils trouvaient les Mongols sales et finissaient par refuser toute invitation à partager un thé sous la yourte. Nous avons connu aussi le cas contraire de gens peu habitués à voyager, vivant dans un certain confort et très introvertis, qui se sont épanouis dans un cadre tel que celui de la Mongolie où ils ont trouvé un formidable espace de liberté.

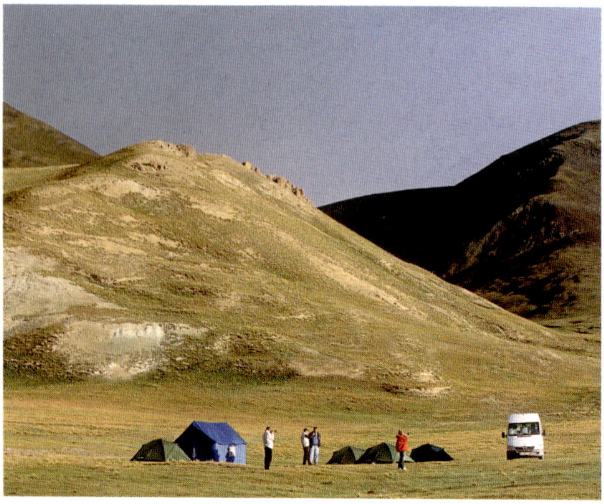

Kirghizstan. Un bivouac sommaire, sans sanitaire et sous un climat rigoureux, peut être difficile à supporter pour certains voyageurs, même si les conditions de prises de vue sont idéales.

Même si vous exposez, entre vous, clairement les choses avant de partir et que les conditions de confort du voyage sont connues et acceptées de tous, même si vous connaissez très bien les personnes avec lesquelles vous avez décidé de voyager, vous ne pouvez jamais prévoir comment chacun (y compris vous-même) va réagir à des situations qu'il vit comme extrêmes, ou à une accumulation de contrariétés qui va finir par prendre des proportions démesurées.

Partir en voyage organisé

Si vous n'avez pas envie de partir seul et d'organiser vous-même votre voyage, vous pouvez décider de partir en séjour organisé : il existe des agences spécialisées dans le voyage photo qui combleront vos attentes de photographe débutant ou expérimenté. Ce peut être une bonne façon de vous libérer des soucis logistiques, dans un cadre sécurisant. En séjour organisé plus classique, il faudra composer avec le programme établi et les autres voyageurs...

Les agences de voyages photo

Peu d'agences, en France, proposent des voyages sur le thème de la photographie. C'est pourtant une excellente solution pour ne pas partir seul, tout en ayant le temps de se consacrer pleinement à la prise de vue pendant un voyage. Vous bénéficiez ainsi des apports pédagogiques d'un photographe qui connaît parfaitement les lieux, qui vous emmène au bon endroit à la bonne lumière, dans le cadre de petits groupes de passionnés. Il vous fait partager ses contacts avec la population locale,

vous livre ses techniques de terrain et son expérience de photographe professionnel.
Le programme des journées est calé sur les horaires du lever et du coucher du soleil et adapté au rythme de la photographie. Vous disposez donc de tout le temps nécessaire pour vous consacrer pleinement à la prise de vue. Les hébergements sont généralement choisis pour être proches des sites intéressants afin de limiter les temps de trajet. Les gens qui sont là viennent dans le même but que vous et sont avides d'apprendre et de partager leurs connaissances. Il n'est pas toujours obligatoire d'avoir un bon niveau en photographie ou d'être équipé de matériel très sophistiqué. Certaines agences proposent même des tarifs préférentiels pour votre conjoint, non-photographe, qui voudrait se joindre au voyage.
Si vous faites des recherches de stages ou de voyages photo sur Internet, vous allez trouver quantité de photographes indépendants, clubs et associations qui organisent des sorties photo en France et qui proposent, parfois, une ou plusieurs destinations lointaines. Assurez-vous, avant de vous engager, de partir avec une véritable agence de voyages (qui a une licence et une assurance pour cela). N'hésitez pas à téléphoner pour poser des questions : qui est le photographe accompagnateur ? Quelle est son expérience du pays visité ? Quel est son rôle (réels apports pédagogiques ou simplement vous amener sur les sites) ? Quel niveau faut-il avoir pour partir ? Comment s'organise une journée type ? Quelle est la taille du groupe ? Quel est le temps consacré à la prise de vue ?

France, île de Ré. Les agences de voyages photo prévoient une logistique adaptée pour que vous soyez sur le terrain aux lumières de l'aube et du couchant.

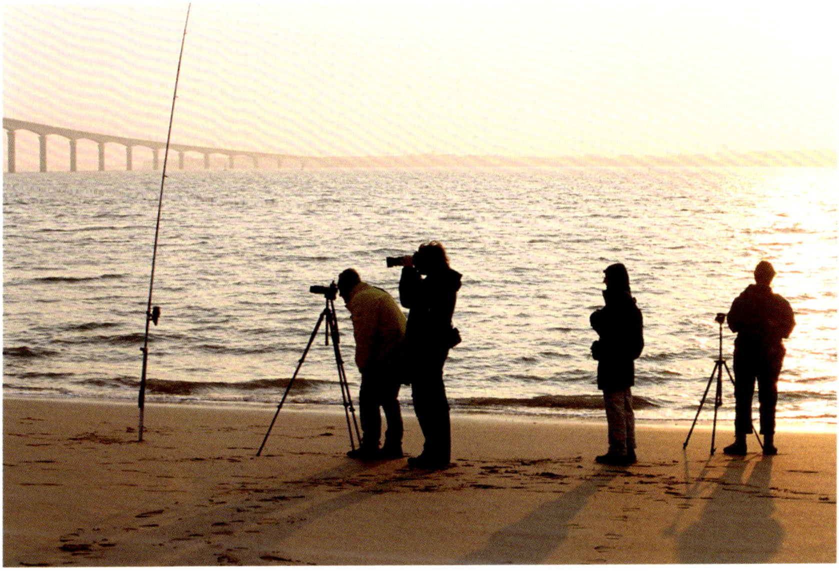

Les autres séjours organisés

En séjour organisé plus classique, vous allez être confronté à des difficultés qui peuvent devenir de grosses frustrations si vous avez envie de vous consacrer à la photo. Vous ne pourrez généralement pas vous arrêter où vous voulez le temps que vous voulez car il y a un programme à suivre; vous voyagerez avec des gens qui ne s'intéressent pas particulièrement à la photo et n'auront pas la patience de vous attendre; vous serez sur les sites intéressants aux mauvais moments pour la photographie, c'est-à-dire en pleine journée.

Si vous êtes en trekking ou en randonnée à cheval, vous pouvez toujours traîner un peu pour faire des photos et rattraper le groupe, mais vous allez vous épuiser et, quoi qu'il en soit, vous devez arriver à l'étape suivante pour le soir. Le temps de parcours de la journée n'est pas calculé pour des photographes mais pour des marcheurs ou des cavaliers. Si vous campez en revanche, généralement dans des beaux endroits en pleine nature, vous pourrez profiter des lumières de l'aube et du couchant pour faire vos photos.

Si vous vous déplacez en bus et que vous dormez à l'hôtel, ce sera plus difficile. Le chauffeur acceptera, peut-être, de s'arrêter de temps en temps pour vous, mais vous ne pourrez pas le lui demander trop souvent, ni prendre tout votre temps. Vous aurez, sur chaque site visité, un temps limité qui vous permettra à peine de faire quelques photos souvenirs. En résumé, si vous voulez vraiment faire de la photo, ne faites pas du trekking, de la croisière ou de l'autocar... faites de la photo!

Mongolie. En voyage organisé, si vous êtes en bivouac, vous pouvez vous lever tôt ou profiter des lumières du soir pour faire vos images.

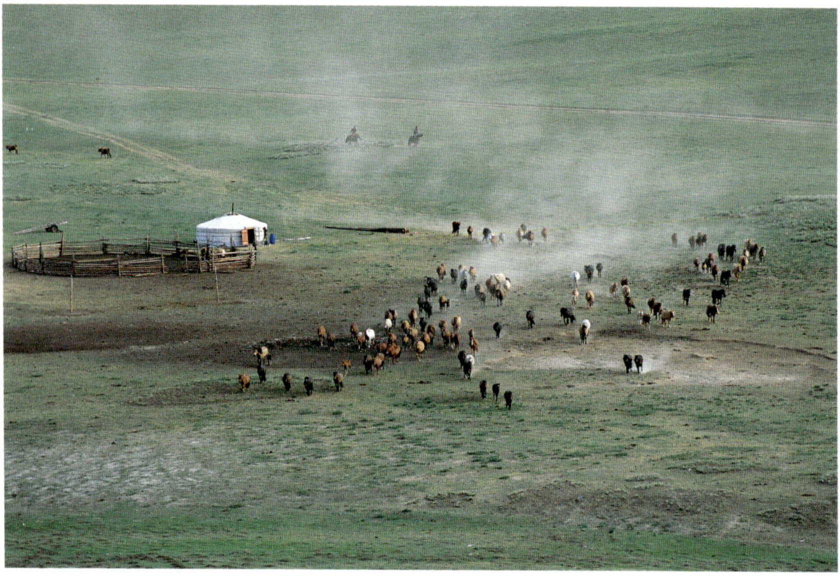

Les voyages au long cours

Vous avez décidé de partir en voyage pour quelques mois, pour une ou plusieurs années. La durée de votre voyage va dépendre de vos contraintes familiales, professionnelles, scolaires, financières, de votre capacité à assumer la coupure avec votre vie sédentaire connue et sécurisante et à gérer votre retour après une longue absence. Elle implique que vous allez certainement traverser plusieurs pays et plusieurs saisons. Si vous partez à cheval, à vélo ou à pied, vous allez devoir gérer votre condition physique et estimer de façon très lucide vos compétences techniques pour assumer, sur une longue période, la bonne santé de vos chevaux, de votre vélo ou de vos pieds. Vous allez aussi devoir résoudre des problèmes administratifs, de passages de frontière, de ressources financières, de santé et de sécurité. Vous allez devoir imaginer des plans de secours au cas où votre itinéraire initial s'avèrerait irréalisable. Enfin, vous allez, plus que pour tout autre projet de voyage, devoir être très vigilant sur le choix de vos compagnons de route en envisageant qu'une séparation en cours de voyage n'est pas exclue.

La photographie est, sans aucun doute, un moyen de garder un souvenir de cette aventure hors du commun, éventuellement de travailler sur un thème précis vu sous l'angle des différents pays traversés.

Un voyage au long cours demande une préparation bien spécifique, qui n'est pas l'objet de ce livre. Concernant l'aspect photographique, vous allez devoir porter un soin très attentif à l'entretien de votre matériel et à sa sécurité. De plus, vous allez être confronté, dans certains pays, au souci de l'accès à l'électricité. Vous devez donc prévoir, avant de partir, la façon dont vous allez gérer votre stock de piles et de batteries, d'images numériques ou de pellicules photo tout au long du parcours (voir « Préparer son matériel photo » p. 23 et « Sur place : adopter les bons réflexes » p. 53). C'est aussi avant de partir que vous devez penser à ce que vous voudrez faire de vos images à votre retour (publication, exposition, site Internet, album photo...) afin de vous équiper du matériel adapté.

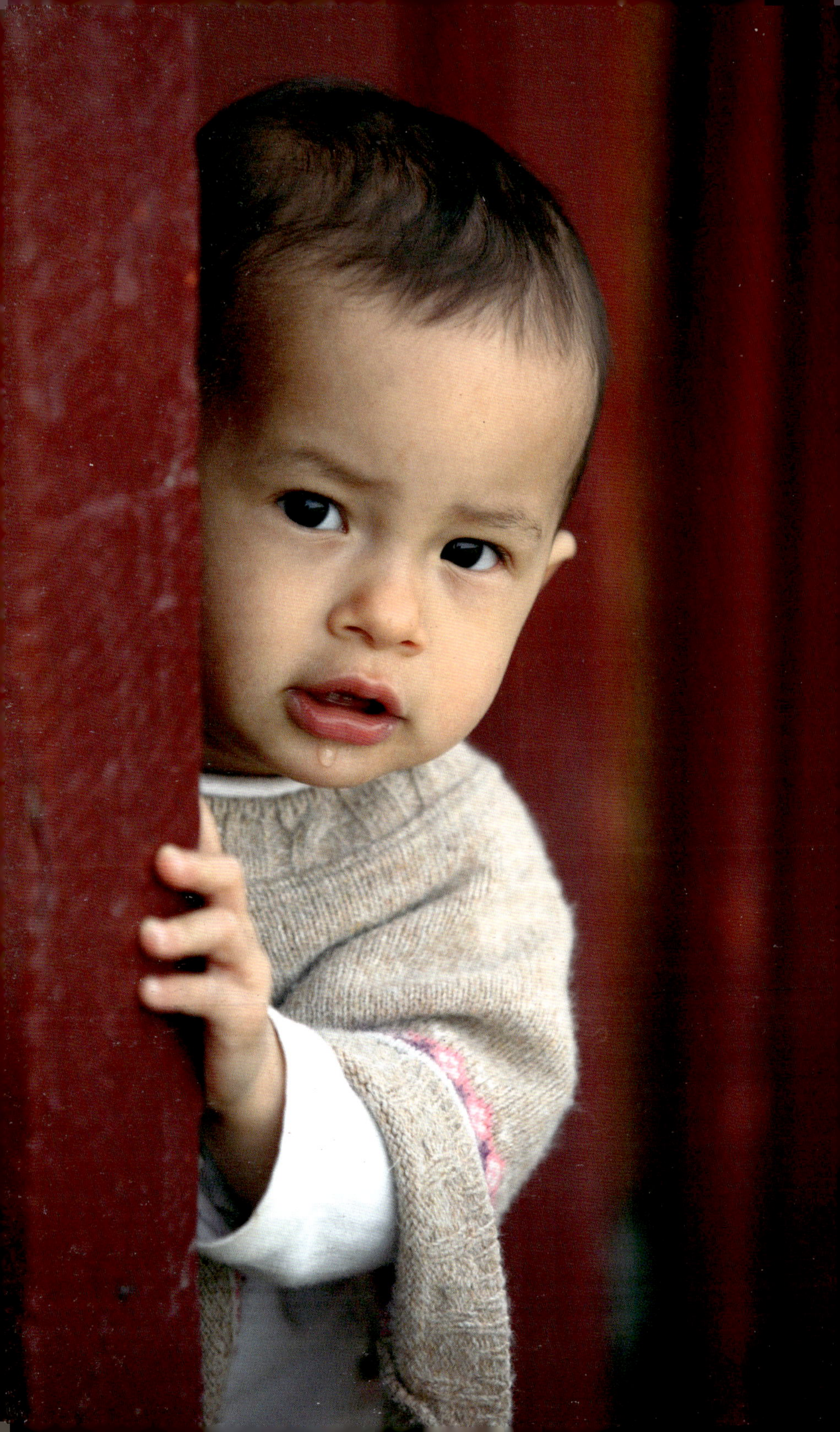

2

Préparer son matériel photo

Le choix du matériel que vous emportez dépend du type d'images que vous envisagez de réaliser, de votre budget et de vos contraintes de poids. Au-delà du boîtier et des objectifs, vous devez également être équipé d'un bon sac photo et, éventuellement, de quelques accessoires (filtres, multiplicateur de focale, trépied ou monopode). Pensez aussi, avant de partir, à la manière dont vous allez stocker fichiers photo ou films.

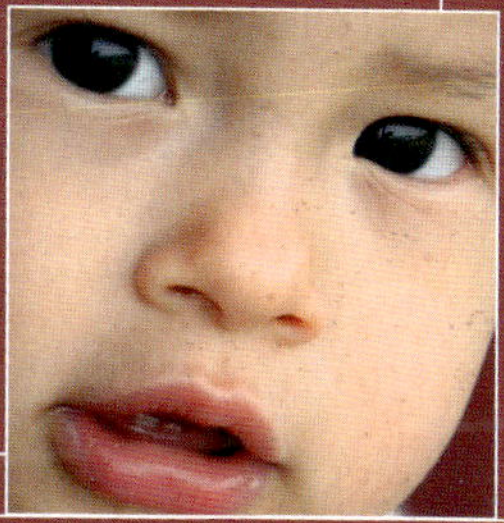

Patagonie. Petite fille de gaucho.

Numérique ou argentique ?

En numérique comme en argentique, c'est avant tout votre regard et votre maîtrise des techniques de prise de vue qui font la différence.

La grande majorité d'entre vous ne se pose certainement plus cette question et a opté, par goût personnel (ou par manque de choix dans les magasins photo…), pour un boîtier numérique. Il nous semble cependant important de rappeler les avantages et contraintes de chaque technologie dans le cadre d'un voyage.
De notre côté, en tant que photographes, nous utilisons les deux en fonction des conditions de lumière, de l'accès à l'électricité et de la nécessité ou non de fournir rapidement les images pour une publication. Nous avons toujours un faible pour le film diapositive du fait de sa luminosité, de sa finesse de grain et de son rendu des couleurs.

Le numérique en voyage

Qu'ils aient un compact, un bridge ou un reflex, la plupart des photographes amateurs et professionnels sont aujourd'hui équipés en numérique. Dans le cadre d'un voyage, cela présente de gros avantages mais également quelques contraintes.

La visualisation des images

L'un des grands avantages (et piège !) du numérique est la possibilité de voir les images immédiatement après la prise de vue : cela permet de corriger des erreurs de cadrage et d'exposition, de les montrer aux personnes que vous photographiez et de faciliter, ainsi, la prise de contact. Cependant, vous verrez vite que les reflets sur l'écran LCD rendent parfois la visualisation des photos impossible en extérieur. Par ailleurs, la taille de l'écran ne permet pas de juger de la netteté de l'image. Enfin, devant un sujet en mouvement, ne regardez pas les images au fur et à mesure, sinon vous allez rater l'événement.
Ne tombez pas dans le piège de tous ces voyageurs photographes qui passent leur temps à regarder leurs photos au lieu de s'intéresser à ce qu'il y a autour d'eux. Ce n'est pas parce que vous avez terminé une

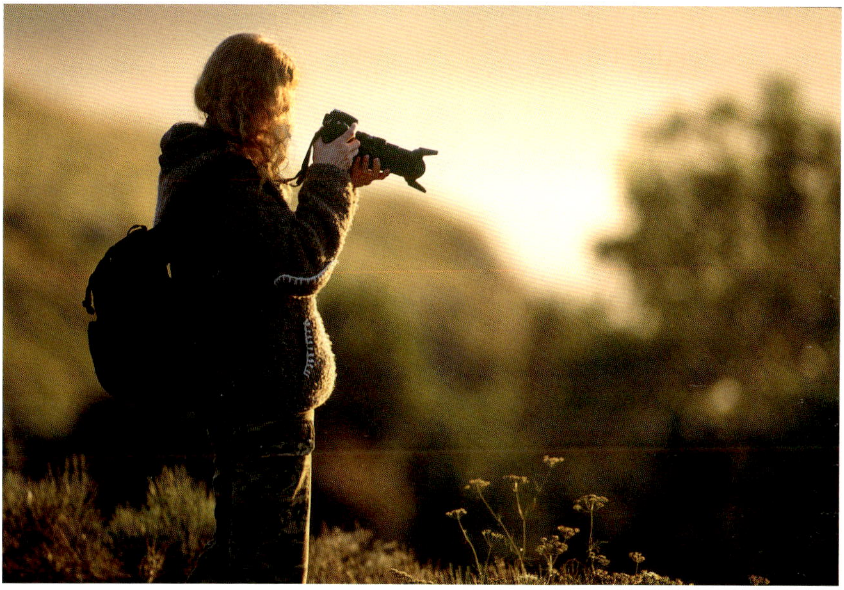

France, plateau de l'Aubrac. La visualisation des images est l'un des gros avantages du numérique. Elle est surtout utile pour vérifier l'exposition en cas de lumière difficile.

séance de prise de vue qu'il n'y a plus rien à voir. En voyage, vous devez toujours être attentif à ce qui se passe autour de vous. Vous devez aussi apprendre à maîtriser suffisamment les techniques photographiques pour ne regarder vos images qu'exceptionnellement, lorsque vous avez, par exemple, un doute sur un réglage d'exposition. Vous aurez tout le temps le soir, ou en milieu de journée lorsque les lumières sont moins intéressantes, de regarder vos photos et, éventuellement, d'en faire le tri. Sachez par ailleurs que la visualisation des images consomme énormément de batterie.

Les paramètres de prise de vue étant enregistrés par l'appareil, cela vous permet de comprendre immédiatement vos erreurs.

Autres avantages du numérique

En plus de la visualisation des images, le numérique offre, en voyage, d'autres avantages intéressants par rapport à la photographie argentique.

- Vous gagnez du poids, du volume et un budget significatif puisque vous n'avez pas de stock de films à emporter ni de frais de développement à votre retour.
- Une carte mémoire permet de faire beaucoup plus d'images qu'une pellicule photo : vous n'avez pas à la changer aussi souvent, et son changement est plus rapide et plus silencieux. Il ne nécessite pas non plus d'ouvrir le boîtier, ce qui est un avantage dans de mauvaises conditions atmosphériques.

- Le numérique vous permet, beaucoup plus facilement que l'argentique, de faire des photos dans des conditions de basses lumières sans avoir recours au flash ou à un trépied : vous pouvez changer la sensibilité à chaque vue pour vous adapter à la luminosité ambiante (voir «La mesure de la lumière» p. 87). En voyage, vous utiliserez souvent cette fonction, en particulier pour les prises de vue en intérieur.
- Les capteurs numériques de taille inférieure au format 24 × 36 mm vous permettent de «gagner» en focale sur votre téléobjectif tout en conservant la même qualité d'images, ce qui peut être intéressant en voyage pour les portraits, la faune ou les paysages lointains
- La possibilité de réaliser des séries d'images sans avoir peur de gâcher de la pellicule photo, et sans frais de développement supplémentaire, vous libère de vos limites budgétaires et vous pousse à être plus créatif, à tenter des images que vous n'auriez jamais osé faire en argentique.
- Vous pouvez envoyer des photos par Internet ou les mettre en ligne sur un blog. Si vous partez pour un voyage au long cours, c'est une bonne façon de garder un lien avec vos proches ou vos partenaires.

Argentine, Patagonie. En lumière faible, augmenter la sensibilité permet d'utiliser des vitesses élevées pour saisir des sujets qui bougent.

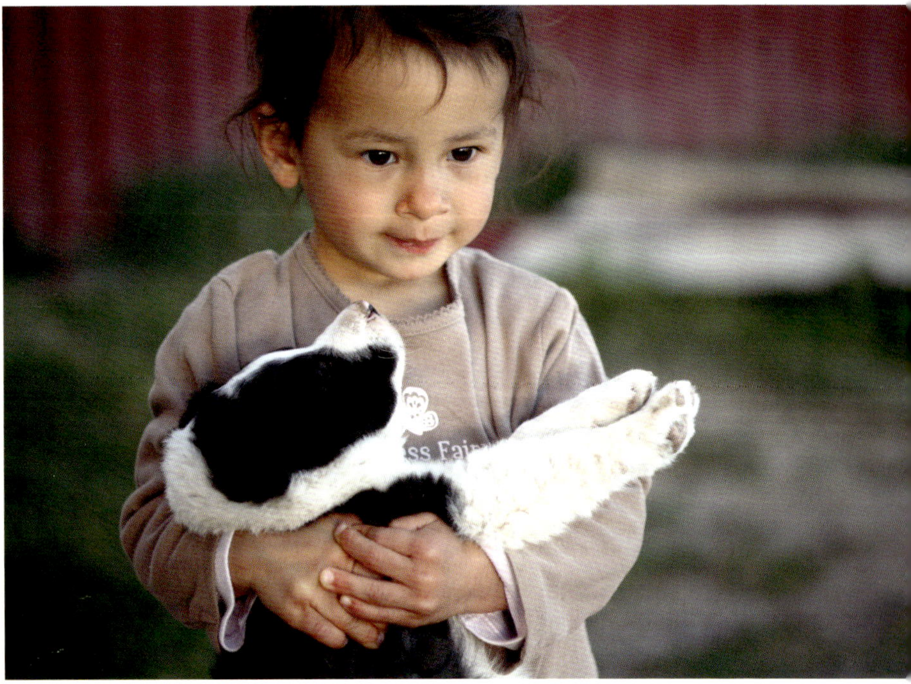

Les contraintes du numérique

Souvenez-vous que, à nombre de piles égal, un boîtier numérique consomme beaucoup plus qu'un boîtier argentique.

La contrainte la plus importante de la photographie numérique est le besoin d'avoir accès régulièrement à l'électricité. Selon la durée de votre voyage et le nombre de jours consécutifs passés loin d'une prise de courant, cela peut générer un budget non négligeable en piles ou batteries de rechange. D'autres inconvénients sont à prendre en compte.

- Vous allez être très rapidement confronté au souci du stock de vos fichiers photo, en particulier pour un voyage au long cours.
- Avec un reflex, le capteur numérique s'encrasse très vite et nécessite beaucoup plus d'attention qu'un boîtier argentique au moment du changement d'objectif (entrée de poussières dans le boîtier). Le nettoyage du capteur est délicat et, pendant un voyage, vous ne trouverez pas forcément un magasin photo à qui le confier.

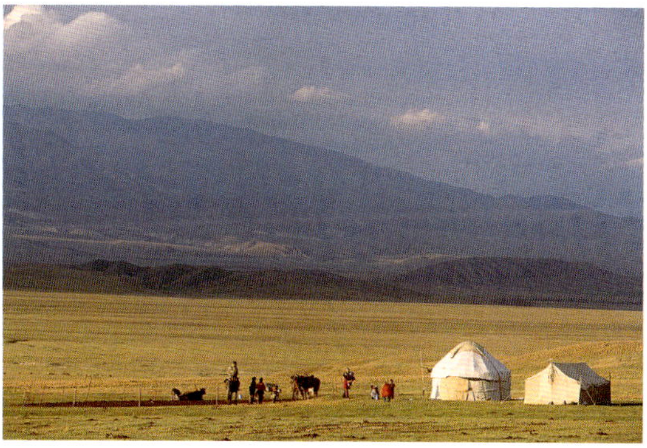

Kirghizstan. Le besoin régulier d'accès à l'électricité en numérique demande une organisation particulière pour être autonome.

- À qualité d'image équivalente, les reflex numériques sont beaucoup plus onéreux que les argentiques. Pourtant, du matériel de bonne qualité est indispensable si vous voulez utiliser, à votre retour, vos images pour des expositions (grands agrandissements) ou des publications.
- Les compacts et les bridges sont équipés de viseurs très médiocres, quand ils en ont. La visée avec l'écran LCD est, quant à elle, très approximative (reflets empêchant de faire un cadrage précis, difficulté pour se stabiliser).
- Les compacts et les bridges numériques présentent une importante inertie au moment du déclenchement, très gênante face à un sujet qui bouge. Ce n'est pas le cas avec un compact argentique.
- Si vous utilisez des sensibilités élevées (au-delà de 200 ISO), l'image est vite de mauvaise qualité et comporte un bruit important dans le cas des compacts et des bridges ou même de certains reflex d'entrée de gamme.
- Si les petits capteurs dont sont équipés la majorité des appareils numériques vous font « gagner » en téléobjectif, ils vous font en revanche « perdre » en grand-angle, ce qui est un gros handicap pour la photographie de paysage ou d'intérieur.
- Les images exigent, au retour du voyage, de passer du temps à la sélection, au post-traitement, à l'archivage, à la sauvegarde et,

éventuellement, à la retouche et au développement des fichiers RAW. Cela sous-entend également que vous investissiez dans l'achat d'un ordinateur avec un écran de qualité (il existe des sondes pour calibrer les écrans), de disques durs externes ou de DVD pour faire des sauvegardes et de logiciels adaptés à vos besoins et à votre niveau en informatique.

L'argentique en voyage

La photographie argentique offre une grande autonomie en vous libérant des soucis d'accès à l'électricité. Vous pouvez vous équiper de matériel de très bonne qualité à des prix abordables, y compris pour une utilisation de vos images dans la presse, pour des expositions ou des diaporamas. C'est encore plus vrai aujourd'hui, car la prédominance du numérique amène quantité de photographes à revendre d'excellents boîtiers argentiques à des prix bradés. En outre, vous avez toujours la possibilité de scanner ou de faire scanner les images à votre retour si vous avez besoin de fichiers numériques. Le temps passé, au retour, au tri et au classement des images est infiniment moindre qu'en photographie numérique.

La seule véritable contrainte de l'argentique en voyage réside dans la nécessité d'emporter un stock important de films et de piles de rechange, ce qui représente du poids et du volume dans les bagages ainsi qu'un budget non négligeable. Vous devez ajouter à ces frais le coût du développement des films. Comme pour la photographie numérique, vous devez vous poser la question du stock de vos images en termes de volume et de conditions de conservation des films (température, humidité...). En revanche, le fait de ne pas pouvoir visualiser les images n'est pas un inconvénient si vous maîtrisez les techniques de prise de vue.

Compact, bridge ou reflex ?

L'idéal, si vous voulez réellement faire de la photo, est de partir avec un reflex. Si le compact présente l'avantage d'être simple, léger et

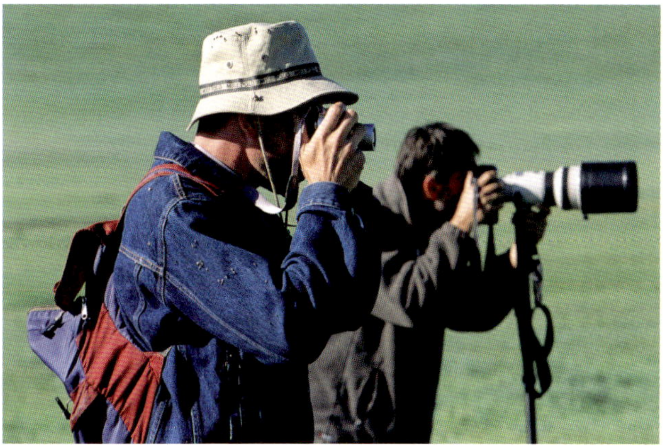

Mongolie. Compact léger et facile à transporter ou reflex équipé de différentes focales, à chacun de choisir selon ses intentions en photographie !

de petite taille, il offre généralement peu de fonctionnalités pour régler soi-même l'exposition. Le bridge, type d'appareil qui existe uniquement en numérique, est un compact évolué dont le fonctionnement s'approche du reflex. Vous en verrez cependant vite les limites si vous voulez vraiment vous engager dans la photographie (inconfort du viseur électronique, inertie au déclenchement, bruit important même avec des sensibilités moyennes...). Voici les principaux points qui différencient ces trois types de boîtiers.

Pour des questions de budget ou d'encombrement, vous pouvez choisir un compact ou un bridge plutôt qu'un reflex. Certains modèles de très bonne qualité vous permettront de couvrir la majorité des situations rencontrées en voyage.

Le système de visée

Le système de visée le plus précis, en numérique comme en argentique, est celui dont sont équipés les reflex : il s'agit d'un viseur optique, généralement assez grand et assez lumineux pour rendre le cadrage confortable. L'image que vous voyez dans le viseur est celle qui passe à travers l'objectif : le nom de « reflex » provient du miroir situé dans le boîtier qui réfléchit l'image pour que vous puissiez la voir à l'endroit. Avec un boîtier amateur ou semi-professionnel, vous voyez dans le viseur environ 95 % de l'image finale : cela signifie que votre photo sera légèrement plus large que le cadrage réalisé à la prise de vue. Le sachant, vous pouvez serrer légèrement vos cadres pour compenser cet écart. Sur un boîtier professionnel, le viseur restitue 100 % de l'image finale, les cadrages sont donc sans surprise.
Les bridges permettent de réaliser la visée à partir de l'écran LCD ou à partir d'un viseur électronique (et non optique) : vous voyez, à travers le viseur, une image en miniature de ce que vous restitue l'écran LCD. Ce type de visée a pour avantage de montrer, avant le déclenchement, le résultat des réglages d'exposition choisis. Il s'avère cependant très inconfortable pour réaliser un cadrage précis car l'image, très pixelisée, s'affiche avec un léger retard par rapport aux changements de cadrages

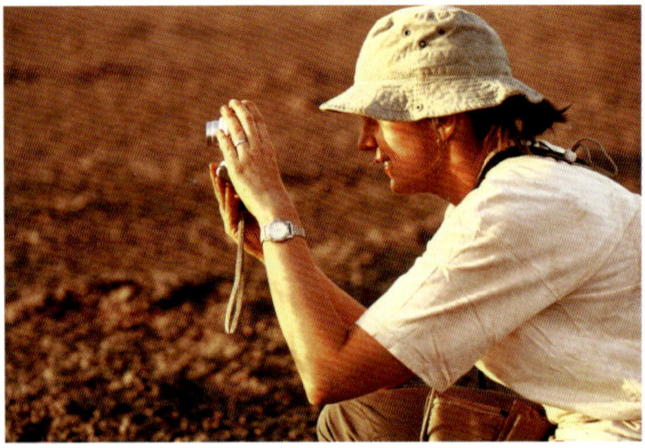

Burkina Faso. La visée avec l'écran LCD est obligatoire avec la grande majorité des compacts. Les cadrages sont assez aléatoires à cause des reflets et de la difficulté à rester stable (boîtier trop léger).

réalisés ou aux mouvements du sujet. Par ailleurs, les viseurs des bridges sont généralement de petite taille et peu lumineux. Avant d'investir dans un bridge, prenez donc le temps de le manipuler en magasin pour être sûr que le viseur est confortable.

Avec un compact numérique, vous utilisez généralement l'écran LCD pour cadrer, ce qui n'est pas très pratique s'il y a beaucoup de reflets car vous n'y voyez pas grand-chose. De plus, la légèreté du matériel rend hasardeux un cadrage précis car il est plus difficile de stabiliser l'appareil au moment de la prise de vue. Si le compact est équipé d'un viseur optique, il est souvent petit et peu confortable, voire inutilisable ! En outre, les compacts ont un système de visée dit « télémétrique » : l'image que vous voyez dans le viseur n'est pas celle qui traverse l'objectif, elle est légèrement décalée. La photo finale n'est donc pas exactement celle que vous avez cadrée et, si votre doigt ou une mèche de cheveux passe devant l'objectif, vous ne vous en rendez pas compte en regardant dans le viseur.

Le réglage de l'exposition

Les reflex et les bridges vous permettent de régler vous-même l'exposition (voir « La mesure de la lumière » p. 87) alors qu'une grande majorité de compacts ne vous proposent que des modes automatiques (Programme, Portrait, Sport, Paysage...). Une fois que vous avez compris les principes de base de la photographie, cela peut être très frustrant. En outre, même lorsqu'il est possible de faire soi-même ses réglages, il faut souvent aller chercher des options dans les menus au lieu d'avoir tout à portée de main grâce à des molettes accessibles sur le boîtier. Si vous souhaitez investir dans un compact, choisissez un modèle qui vous permette un accès facile et rapide aux différentes fonctions telles que le réglage de la sensibilité, de la vitesse et du diaphragme. Il existe de très bons boîtiers, légers, peu encombrants et disposant de toutes ces fonctionnalités, à la manière d'un reflex ou d'un bridge.

Le choix des objectifs

Les reflex sont les seuls pour lesquels vous pouvez changer d'objectif : avec un compact ou un bridge, l'objectif est fixé définitivement au boîtier et vous devez donc le choisir au moment de l'achat de l'appareil photo. Certains compacts, ainsi que la plupart des bridges, présentent cependant des zooms à l'étendue suffisamment large pour couvrir la

Zoom optique et zoom numérique

Les compacts et les bridges proposent souvent un double système de zoom : optique et numérique. Sachez que le zoom numérique n'est autre qu'un agrandissement d'une partie de la photo et que vous perdez donc en qualité d'image : il vous reste, dans la scène recadrée, moins de pixels que dans la photo d'origine. Ce mode est donc à éviter.

grande majorité des sujets que vous rencontrerez en voyage. Ne jamais changer d'objectif présente pourtant deux avantages importants : vous ne risquez pas d'encrasser votre capteur numérique et vous réduisez le poids de vos bagages. Il est possible, sur certains modèles de bridges et de compacts, d'ajouter des éléments optiques pour élargir le champ des focales mais ils sont généralement de qualité très médiocre. Attention aux compacts et aux bridges qui offrent des focales importantes (300 mm, 400 mm), disproportionnées par rapport au poids de l'appareil et à sa qualité optique : il est en effet difficile, avec de telles focales et un poids léger, de rester stable pour faire un cadrage précis et de déclencher sans bouger. De plus, la perte de luminosité est importante (voir plus loin le paragraphe « Les objectifs »).

La vitesse de fonctionnement

Avec un compact ou un bridge, vérifiez la vitesse de fonctionnement du boîtier en faisant des tests en magasin. Un appareil qui réagit rapidement est indispensable en voyage où vous rencontrerez constamment des scènes imprévues ou dynamiques.

- Le temps de mise en route : c'est le temps nécessaire à l'appareil pour se préparer une fois allumé. Si vous faites des photos dynamiques avec un compact ou un bridge un peu lent, mieux vaut

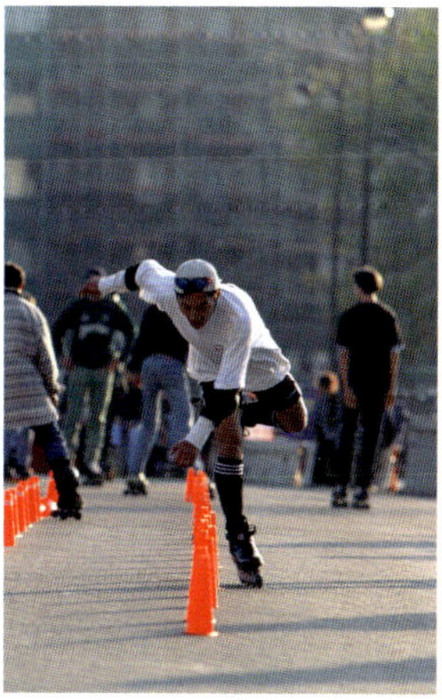

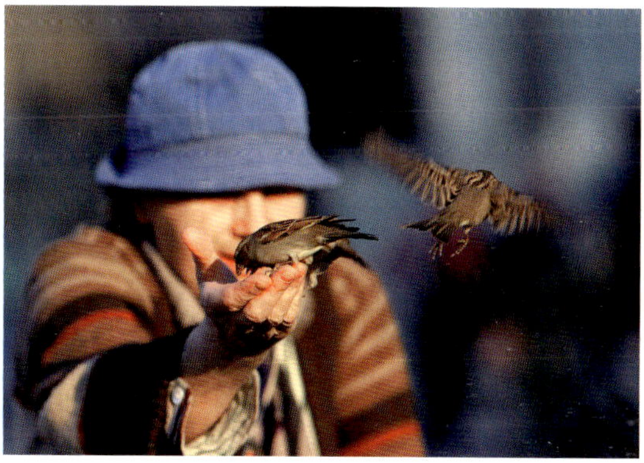

France, Paris. L'inertie des boîtiers compacts et des bridges rend impossible la photographie dynamique. Réussir ces deux images avec ce type de boîtier relève du plus grand des hasards !

ne pas l'éteindre entre deux prises de vue, avec, en contrepartie, une usure plus rapide des batteries.

- L'inertie au déclenchement : c'est le temps nécessaire à l'appareil pour la mise au point autofocus, le déclenchement et la préparation du capteur si vous êtes en numérique. Ce temps est négligeable avec les reflex numériques et tous les appareils argentiques. Avec un compact ou un bridge numérique, il est variable. Certains modèles d'entrée de gamme rendent la photographie de mouvement impossible.
- Le temps d'enregistrement des fichiers photo : plus le fichier est lourd, plus sa durée d'enregistrement sur la carte mémoire est longue. Les reflex professionnels disposent de mémoires tampons où les données sont stockées, en attente de leur transfert vers la carte mémoire. Il existe des cartes mémoire grande vitesse mais elles ne sont pas supportées par tous les appareils.

Un boîtier adapté au voyage

La qualité de l'image finale dépendant essentiellement de la qualité optique des objectifs, le boîtier a une importance moindre dans le rendu de la photo. En voyage, il vous faut un boîtier simple d'utilisation, où les fonctions courantes sont accessibles facilement, mais également rapide et assez solide pour pouvoir résister aux chocs, à la poussière et à l'humidité. Si vous achetez du nouveau matériel et que vous avez déjà un appareil photo, il peut être utile de conserver ce dernier comme boîtier d'appoint.

Les points indispensables

Renseignez-vous pour savoir si le boîtier qui vous intéresse dispose d'un testeur de profondeur de champ (voir « Maîtriser le net et le flou » p. 117) et du mode de mesure Spot (voir « La mesure de la lumière » p. 87). Ces deux fonctions ne sont pas systématiquement présentes sur les modèles amateurs de reflex, bridges ou compacts, alors que vous les utiliserez fréquemment sur le terrain.

Votre appareil photo doit disposer d'un autofocus rapide qui vous permettra de saisir les sujets en mouvement avec précision et de faire votre mise au point en toute confiance. Pour savoir si l'autofocus du modèle que vous avez choisi est réactif, reportez-vous aux tests techniques le concernant (Internet, revues photo) et faites des essais en magasin, sur des sujets en mouvement (voitures qui passent dans la rue ou clients qui marchent dans les allées).

Comme nous l'avons déjà signalé, le boîtier doit être facile à manipuler. Vérifiez que vous avez accès directement, par des molettes ou des boutons (et non *via* les menus), aux fonctions que vous utiliserez couramment :

- réglage de la sensibilité, du diaphragme et de la vitesse ;
- choix du mode d'exposition – Manuel, Priorité vitesse ou Priorité ouverture ;
- passage du mode de mise au point standard au mode en suivi continu ;
- passage du mode de mesure Évaluative à la mesure Spot ;
- réglage de la balance des blancs (pour le numérique) ;
- visualisation des images et des informations associées (histogramme, paramètres de prise de vue), pour le numérique.

À vous de choisir...

Vous allez être confronté à d'autres choix qui dépendront de l'utilisation que vous comptez faire de votre appareil photo, de votre budget et de votre équipement actuel. Ainsi, si vous achetez un reflex numérique et que vous avez déjà un reflex argentique, nous vous conseillons de ne pas changer de marque : dans la plupart des cas, vous pourrez utiliser vos objectifs sur les deux boîtiers.

La taille du capteur numérique. Il existe des boîtiers à capteur plein format (de la même taille que l'image sur les pellicules photo, 24 × 36 mm) et des boîtiers à petits capteurs. Avec les petits capteurs, vous devez appliquer un coefficient multiplicateur à la focale utilisée pour connaître son équivalent en 24 × 36. Le coefficient multiplicateur est de l'ordre de × 1,5 mais il est variable selon les marques. Vous le trouverez sur le mode d'emploi du boîtier.

En pratique, cela signifie qu'avec, par exemple, un boîtier de coefficient × 1,5, un objectif 50 mm devient un 50 × 1,5 = 75 mm. Cela vous permet de « gagner » en téléobjectif, mais vous « perdez » en grand-angle. Si vous envisagez de faire de la photo de faune, des portraits ou des plans rapprochés, c'est un avantage. En revanche, pour les photos d'intérieur, d'architecture ou les grands paysages, vous devrez vous équiper d'un objectif très grand-angle (10 mm, 14 mm) pour compenser l'effet du coefficient multiplicateur. C'est aussi une question de budget : les boîtiers au capteur plein format sont peu nombreux sur le marché et plus chers que les autres.

Le mode Rafale. En photographie animalière ou de sport, ce mode est indispensable mais, en voyage, ce n'est pas un critère de choix primordial. Si votre appareil dispose d'une cadence de trois images par

Un tirage 10 × 15 cm fait à partir d'un appareil photo de 8 Mpix n'est pas forcément meilleur que celui fait avec un boîtier à 3 Mpix, qui aura saisi assez de détails pour le format 10 × 15 cm, à qualité optique équivalente.

seconde, cela suffit largement à couvrir les scènes dynamiques que vous rencontrerez.

Le nombre de pixels. C'est une erreur courante de considérer le nombre de pixels de l'image comme principal critère de choix d'un boîtier numérique. Il est vrai que plus le capteur comprend de photosites, plus vous gagnez en finesse des détails enregistrés (ce que l'on appelle le « piqué » de la photo) et en nuances dans les zones de changement de couleurs comme dans les tons unis. Cependant, si les objectifs que vous utilisez avec votre reflex n'ont pas la qualité optique suffisante pour restituer le nombre de pixels disponibles sur le capteur, il est inutile d'investir dans un boîtier onéreux au nombre de pixels élevé. Pour mémoire, 3 mégapixels permettent de réaliser des tirages de qualité en format 10 × 15 cm, 8 mégapixels en format A4.

Le grip-booster. Avec un reflex amateur ou professionnel, vous pouvez vous équiper d'un grip-booster, élément qui se fixe sous le boîtier et qui rassemble tout ou partie des fonctionnalités du grip, du booster et du motor drive. Cette poignée, initialement destinée à mieux tenir l'appareil photo, peut également améliorer son autonomie et ses performances de prises de vue en rafale.

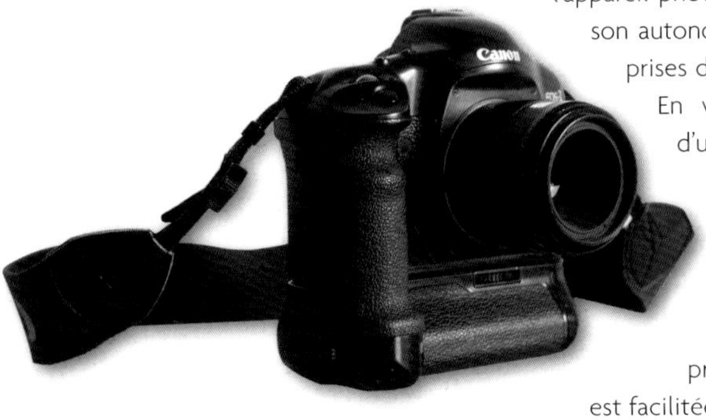

Boîtier reflex équipé d'une poignée grip-booster. Cette poignée, dotée de compartiments supplémentaires pour les batteries, offre une plus grande autonomie en voyage.

En voyage, vous disposez ainsi d'une plus grande autonomie avec la possibilité de placer deux batteries au lieu d'une dans le booster ou bien d'utiliser des piles AA (lithium ou communes). La prise de vue en cadrage vertical est facilitée par la présence des doubles des commandes principales sur la poignée (déclencheur, mémorisation d'exposition, molette de choix de la vitesse ou du diaphragme...). Un autre avantage de cette poignée est qu'elle augmente la stabilité de l'appareil, en particulier avec des objectifs lourds. Le grip permet enfin d'y attacher une dragonne (appelée aussi « hand-strap ») qui améliore le confort d'utilisation de l'appareil. Le budget à prévoir pour ces poignées est de 15 à 25 % du prix du boîtier. Il est possible d'en trouver d'occasion.

Si vous avez réellement besoin d'un boîtier tropicalisé, il faudra que vos objectifs le soient également...

Boîtier tropicalisé ou non? Certains modèles de boîtiers haut de gamme sont dits « tropicalisés », c'est-à-dire qu'ils bénéficient d'une certaine étanchéité les protégeant principalement de l'humidité et de la poussière. Ils ne sont pas équipés pour être complètement immergés mais peuvent être utilisés dans des pays au climat tropical, en bord de mer où le matériel est soumis aux embruns, sous une fine bruine ou en cas de chute de neige.

Les objectifs

La qualité de vos images dépend directement de la qualité optique de vos objectifs, et la différence est notable, entre un objectif amateur et un objectif professionnel, en termes de piqué (netteté, définition de la photo) et de contraste des couleurs. Si vous envisagez de réaliser de grands tirages de vos photos ou de les publier, il vous faudra investir dans des optiques de très bonne qualité, qui peuvent généralement se fixer sur un boîtier reflex amateur.

Quelle focale choisir ?

Les objectifs se distinguent les uns des autres par l'angle de vue qu'ils permettent d'obtenir et qui dépend de la focale (distance entre le plan du capteur ou de la pellicule photo et le centre optique de l'objectif). Chaque focale, exprimée en millimètres, offre ainsi un angle de vision précis : il est admis que 50 mm, la focale standard, correspond à l'angle de vue humain. Les focales supérieures sont appelées « téléobjectifs » (elles permettent de grossir le sujet), tandis que les focales inférieures sont appelées « grands-angles » (elles permettent de réduire la taille du sujet et donnent une vision plus large).

Il existe des objectifs à focale fixe (50 mm, 100 mm, 200 mm...) et des objectifs à focale variable, également appelés « zooms » (16-35 mm, 70-200 mm...). Les objectifs à focale fixe sont généralement de meilleure qualité que les zooms et sont plus lumineux (sauf dans le cas de zooms professionnels qui sont d'excellente qualité). En revanche, les zooms présentent l'énorme avantage, en voyage, de réduire le poids et la taille du sac photo puisqu'un ou deux zooms bien choisis permettent de photographier une grande variété de sujets. Vous gagnez également un temps précieux sur le terrain et minimisez le risque d'entrée de poussières dans le boîtier puisque vous pouvez faire varier la focale sans changer d'objectif.

En voyage, vous utiliserez très couramment les focales allant du 20 au 200 mm. Cette plage vous permet de réaliser paysages, scènes d'intérieur, portraits, scènes de vie, images d'animaux faciles à approcher, détails et plans d'ensemble en architecture (voir « Composer ses images » p. 69). L'idéal est donc de partir avec deux ou trois objectifs pour couvrir toute la gamme : un petit téléobjectif 70-200 mm, un très grand-angle de 16-35 mm et un objectif transtandard 24-70 mm. Vous pouvez éventuellement compléter cet équipement par un objectif spécifique macro, si vous envisagez de photographier la flore ou les insectes. Si vous n'avez pas le budget pour investir dans tout ce matériel ou que

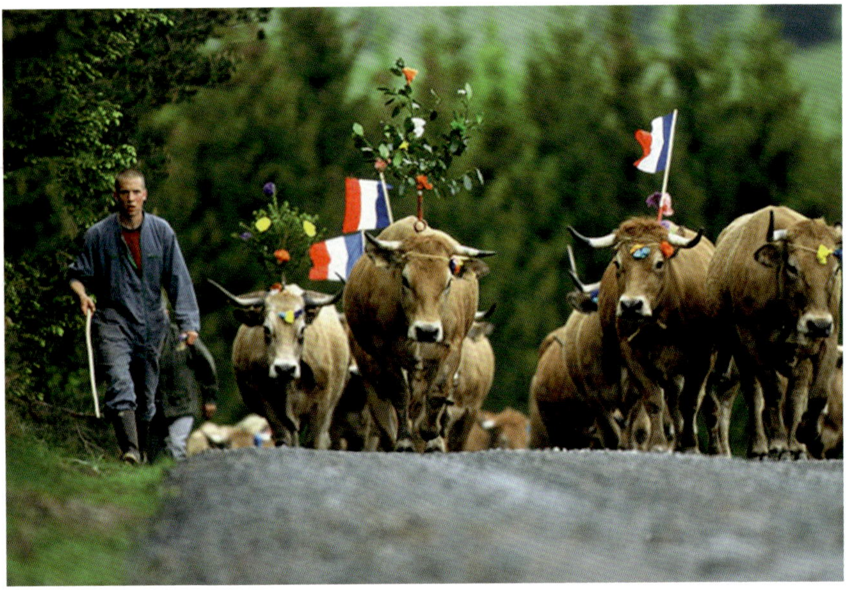

France, plateau de l'Aubrac. Cette image a été réalisée au 300 mm, ce qui a permis d'obtenir une faible profondeur de champ : le troupeau surgit entre un premier et un arrière-plan flous.

Mieux vaut investir petit à petit dans des objectifs de qualité que de s'équiper de matériel médiocre pour couvrir toutes les focales.

vous souhaitez voyager léger, partez avec un seul zoom transtandard de type 28-105 mm ou 24-70 mm. Certaines marques proposent des zooms amateurs 18-200 mm qui présentent l'avantage de couvrir une large gamme de focales en un seul objectif (moins lourd, moins de risque d'encrasser le capteur), mais leur qualité est souvent moyenne. N'oubliez pas d'appliquer le coefficient multiplicateur de votre boîtier numérique pour connaître la focale équivalente en 24 × 36.

Autres critères d'achat

Pour une même focale, vous aurez le choix entre plusieurs modèles d'objectifs qui présentent des caractéristiques techniques différentes. Le choix se fera donc en fonction de votre budget et de vos aspirations photographiques. Avant de vous décider, consultez, sur Internet ou dans des magazines photo, les tests techniques qui vous permettront de mieux cerner les points forts et les faiblesses de chaque modèle.

L'ouverture maximale. Il s'agit de l'ouverture maximale du diaphragme de l'objectif (voir « La mesure de la lumière » p. 87). C'est un critère de choix important. Le matériel amateur permet généralement « d'ouvrir » jusqu'à f/5,6 ou f/4, tandis que les objectifs professionnels offrent la possibilité d'ouvrir jusqu'à f/2,8, ou même jusqu'à f/1 pour certaines focales fixes (rares). Si votre budget vous le permet, il est préférable de vous équiper d'objectifs à grande ouverture qui vous donneront plus de latitude en cas de faible lumière, vous permettront d'utiliser des vitesses plus rapides et de réaliser des images avec une très faible profondeur de champ (intéressant en voyage pour détacher un sujet sur un fond flou).

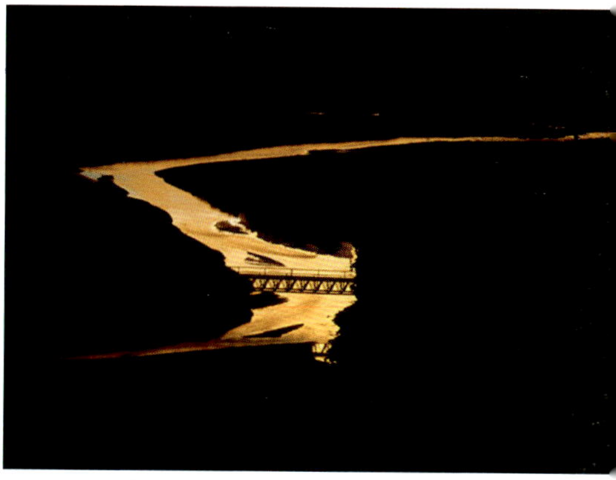

Argentine, Patagonie. Des optiques à grande ouverture donnent plus de latitude en cas de lumière faible. Cette rivière, où se reflète la couleur rouge du ciel avant l'aube, a été saisie à f/2,8.

Le stabilisateur. Certains objectifs sont équipés d'un système de stabilisateur qui permet, dans une certaine mesure, de prendre des photos à main levée (sans trépied) en utilisant des vitesses plus lentes qu'avec un objectif classique, sans risque de flou de bougé (voir « Maîtriser le net et le flou » p. 117). Cette option offre un certain confort, notamment en cas de basse lumière, mais n'est pas indispensable en voyage. Si vous êtes en numérique, un stabilisateur optique peut vous éviter d'augmenter la sensibilité et, par la même occasion, le bruit sur l'image. Certains modèles de boîtiers présentent également cette fonction, ce qui vous dispense alors d'acheter des objectifs stabilisés.

La distance minimale de mise au point. Il s'agit de la distance minimale d'approche du sujet : en-deçà de cette distance, il n'est pas possible de faire la mise au point et donc de prendre une photo nette. Elle varie avec la focale et est indiquée sur l'objectif : 3 m, 1,5 m... Il est intéressant de s'équiper d'objectifs ayant une faible distance minimale de mise au point si vous envisagez de photographier des sujets de très près : portraits de personnages ou d'animaux, fleurs, insectes... En cas de besoin, vous pouvez réduire cette distance en vous équipant d'objectifs spécifiques macro (avec lesquels vous pouvez aussi tout à fait réaliser des portraits) ou de bagues allonges (tubes qui se placent entre le boîtier et l'objectif). Pour la photographie de voyage, ce critère de choix n'est pas capital car la grande majorité des images que vous ferez n'auront pas besoin d'une faible distance de mise au point.

Stabilisateur optique et stabilisateur numérique

Le stabilisateur optique est mécanique : des lentilles de l'objectif se déplacent imperceptiblement pour compenser les mouvements du photographe et limiter ainsi le flou de bougé. Il existe aussi un système de stabilisateur intégré au boîtier (*via* le capteur), un peu moins efficace mais toujours mécanique. La stabilisation numérique, elle, est un programme intégré à l'appareil qui compense le flou de bougé par une suppression de certains pixels ou qui augmente automatiquement la sensibilité lorsque la lumière est faible, d'où une perte de qualité due à la montée du bruit sur l'image. À éviter donc absolument !

La rapidité de l'autofocus. En voyage, vous passez constamment de sujets statiques à des sujets en mouvement, et il est très appréciable de pouvoir compter sur la rapidité de l'autofocus de son appareil photo pour les saisir. Reportez-vous aux tests techniques réalisés par les revues photo ou sur Internet pour connaître les caractéristiques du modèle d'objectif et du boîtier qui vous intéressent : le système de motorisation Autofocus est généralement dans l'objectif, mais la réactivité de la mise au point dépend aussi du nombre de collimateurs du boîtier, de leur répartition dans le viseur...

Le traitement des lentilles. La qualité de votre image finale dépend principalement de la qualité des lentilles de votre objectif et des éventuels traitements qu'elles ont reçus. Certaines marques proposent des gammes d'objectifs traités pour minimiser les aberrations chromatiques et améliorer ainsi le piqué et le contraste de couleurs de la photo. Renseignez-vous sur le site Internet de votre marque ou auprès d'un magasin photo pour savoir repérer ces objectifs, généralement signalés par un sigle spécifique. Ils sont bien évidemment plus chers que les optiques classiques.

Les accessoires indispensables

Que vous soyez passionné de photo ou simple amateur, vous devez vous équiper de quelques accessoires de base. Ils vous permettront de prendre soin de votre matériel afin de garantir la qualité de vos images (mais aussi de conserver votre matériel en bon état si vous envisagez, un jour, de le revendre).

Le sac photo

Pour un voyage incluant de la marche à pied, le poids de votre sac photo doit être adapté à vos capacités... quitte à n'emporter, les jours de randonnée, qu'une partie de votre matériel.

Prévoyez un sac photo de qualité suffisante pour protéger votre matériel des coups, de la poussière et de l'humidité : préférez un système de fermeture Éclair à des boucles (pas d'entrées de poussières ou d'eau) et choisissez une matière épaisse et étanche qui amortira les chocs plutôt qu'une toile fine... Investissez dans un modèle suffisamment grand et avec des compartiments modulables qui permettent de ranger l'ensemble de votre matériel, y compris les accessoires tels que cartes mémoire, pellicules, videur de carte, piles ou batteries, mode d'emploi, boussole, ordinateur portable, câbles...

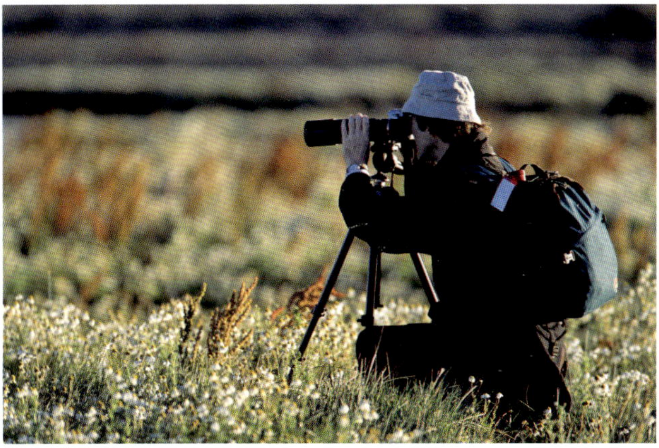

Argentine, Patagonie. Avec un sac à dos photo, le photographe bénéficie d'une grande liberté d'action, sans avoir à poser le sac sur le sol.

Le poids du sac photo

Pensez à tester votre sac photo plein avant votre départ pour être sûr de pouvoir le porter une fois sur place ! Par ailleurs, si vous prenez l'avion, vous allez être confronté aux limites de poids en cabine imposées par les compagnies aériennes. Certaines sont plus souples que d'autres : renseignez-vous avant de partir auprès de la compagnie ou d'autres voyageurs. Dans une grande majorité des cas, les passages de contrôle aéroport se font en toute convivialité, même avec un sac photo au poids important, si vous expliquez pourquoi vous avez autant de matériel photo et quels sont les buts de votre voyage.

Les modèles type sac à dos sont pratiques car ils laissent les mains libres et peuvent être posés à plat sur le sol ou sur un siège de voiture pour avoir tout à portée de main. Certains présentent un compartiment photo dans le bas et un compartiment pour ranger vêtements et pique-nique dans la partie haute. En pratique, ils ne sont pas très adaptés sur le terrain car le matériel photo est difficilement accessible quand la partie supérieure est occupée. Il vaut mieux, dans ce cas, opter pour un sac à dos de randonnée avec vos affaires personnelles et un sac photo en bandoulière pour le matériel photo.

Pour les objectifs

Achetez, pour tous vos objectifs, un **filtre UV neutre** que vous fixez devant la lentille frontale et que vous laissez en permanence. Ces filtres neutres n'ont aucun impact sur le rendu des images ; ils servent simplement à protéger vos objectifs. Mieux vaut rayer ou casser un filtre que la lentille frontale d'un objectif. Vous n'enlèverez ce filtre que pour nettoyer votre optique.

La plupart des objectifs peuvent être équipés d'un **pare-soleil**, vendu avec l'objectif ou séparément. Utilisez-le en permanence ! Un pare-soleil

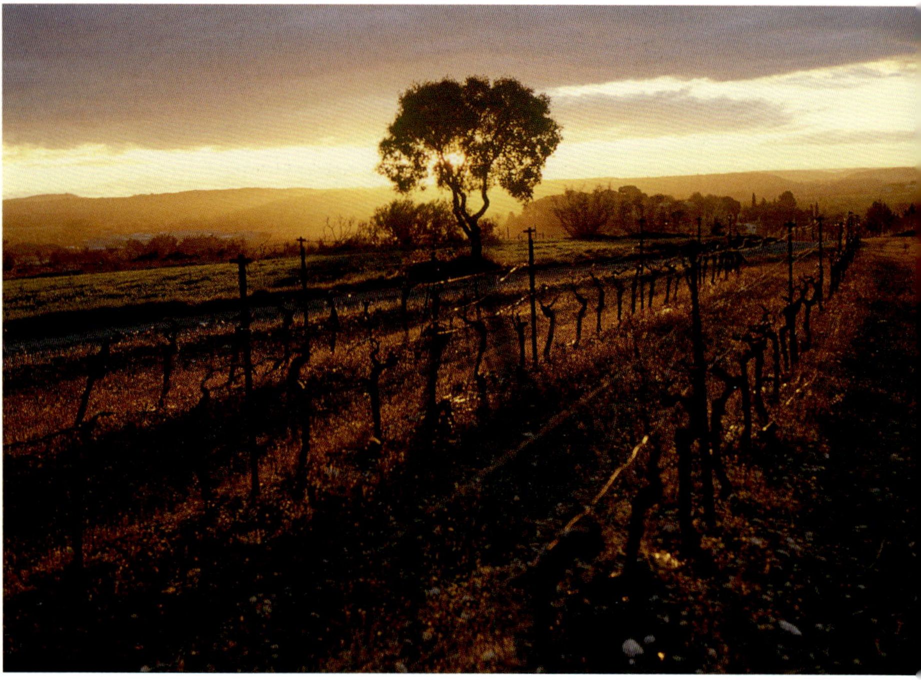

France, Languedoc. Ici, c'est l'arbre qui sert de pare-soleil en filtrant la lumière. En cas de rayons rasants et quasiment de face à l'objectif, le pare-soleil est indispensable.

sert à éviter que des rayons parasites arrivent sur la lentille frontale de l'objectif (et donc sur les images) lorsque vous prenez des photos en lumière rasante ou si vous êtes quasiment face au soleil. Lorsqu'il pleut, il protège la lentille frontale des gouttes de pluie. Il peut aussi permettre d'éviter certains chocs sur cette lentille lorsque vous vous promenez avec votre appareil photo en bandoulière.

Emportez les **bouchons** avant et arrière de tous vos objectifs, ainsi que celui du boîtier, et utilisez-les dès que vous rangez votre matériel ou que vous avez fini une séance de prise de vue. Ils protègent les lentilles de la poussière, des rayures et des chocs, et ils évitent les entrées de poussières dans le boîtier. Si vous partez pour plusieurs mois, il peut être utile d'avoir quelques bouchons de rechange en cas de perte.

L'entretien du matériel

Il est important de protéger et de nettoyer tous les jours les objectifs et l'extérieur du boîtier : au cours d'un voyage, votre matériel est soumis à rude épreuve. La pluie, la poussière, le sable, etc., peuvent avoir des effets sur la qualité des images et le bon fonctionnement de votre appareil photo. Emportez un pinceau de peintre de taille moyenne ou un chiffon doux pour nettoyer l'extérieur du boîtier et des objectifs, un pinceau doux avec soufflette et un petit chiffon optique pour les lentilles (attention aux chiffons pour lunettes dont le produit peut être corrosif pour la couche UV des filtres photo !). Il peut aussi être utile d'avoir une petite brosse pour nettoyer le sac photo.

Si vous êtes équipé en numérique, le capteur est la partie la plus délicate à nettoyer ; vous ne le ferez que si vous constatez des taches sur les images. Le principal risque pour le capteur se produit au moment où vous changez d'objectif, en particulier si vous êtes en bord de mer (embruns) ou environné de sable ou de fine poussière. Dans tous les cas, positionnez-vous dos au vent, boîtier orienté vers le sol en ayant, au préalable, préparé optiques et bouchons pour les avoir à portée de main.

Il existe des nécessaires pour nettoyer soi-même le capteur de son appareil photo, mais ils sont à manier avec délicatesse. Apprenez à vous en servir avant de partir en demandant conseil à un magasin spécialisé. Certains appareils, de plus en plus nombreux, ont un nettoyeur de capteur intégré au boîtier. Ce système idéal au quotidien n'est pas toujours efficace en cas de grosse poussière.

Les produits utilisés pour le nettoyage du capteur sont très volatiles et extrêmement inflammables : laissez-les en soute si vous prenez l'avion, car ils sont interdits en cabine.

En argentique, pensez de temps en temps, au moment d'un changement de pellicule, à nettoyer l'intérieur du dos du boîtier avec un pinceau doux : une petite poussière ou un grain de sable peuvent en effet rayer un film complet.

Et aussi...

Même si vous connaissez très bien le fonctionnement de votre appareil photo, emportez toujours son **mode d'emploi** avec vous. Au cours de votre voyage, vous aurez peut-être besoin d'une fonction que vous avez peu l'habitude d'utiliser, vous pouvez être confronté à une panne ou faire une fausse manipulation dont vous ne saurez comment vous sortir.

Le réveil est indispensable pour vous lever tôt et ne pas rater les lumières de l'aube ! Au bout de quelques jours de voyage, vous aurez repéré les heures de la journée où le soleil éclaire telle ou telle partie d'un paysage, se cache derrière une colline ou un édifice, illumine le sommet d'une montagne... Votre journée photographique et l'organisation de vos déplacements seront calées sur ces horaires.

Les accessoires utiles

Au-delà de ces accessoires de base, indispensables à tout photographe, vous pouvez vous équiper d'accessoires complémentaires, en fonction du type d'images que vous envisagez de réaliser.

La charte grise à 18 %

Utile pour faire une balance des blancs personnalisée ou une mesure de lumière précise dans des conditions où vous hésitez, la charte grise à 18 % (vendue sous forme de plaque cartonnée ou de plastique repliable) vous rendra service en voyage (voir « La mesure de la lumière » p. 87).

Le filtre polarisant

Le maximum de polarisation (densification d'un ciel bleu) s'obtient sous un angle de 90° par rapport au soleil. Pour l'atténuation des reflets, l'effet est maximal avec un angle de 35° par rapport à la surface réfléchissante.

Il sert à densifier les bleus et les jaunes et à éliminer les reflets non métalliques (eau, vitre). Le filtre polarisant est intéressant pour la photographie de paysage lorsque le ciel est un peu fade ou que la brume atmosphérique est importante. Il est aussi utilisé en photo d'architecture pour atténuer les reflets sur les surfaces vitrées. Inutile en revanche d'en acheter pour tous vos objectifs, car vous l'utiliserez plutôt avec un grand-angle qu'avec un téléobjectif. Le filtre polarisant se tourne lentement jusqu'à obtenir l'effet souhaité. Ne lésinez pas sur la qualité de cet accessoire car un filtre médiocre peut vous donner des images aux couleurs criardes, où le jaune et le bleu sont très accentués.
Méfiez-vous de l'effet de vignetage (assombrissement des coins de l'image) possible avec un très grand-angle (14 mm, 20 mm) si vous utilisez le filtre polarisant vissé sur le filtre UV. Il est alors préférable d'enlever le filtre UV.

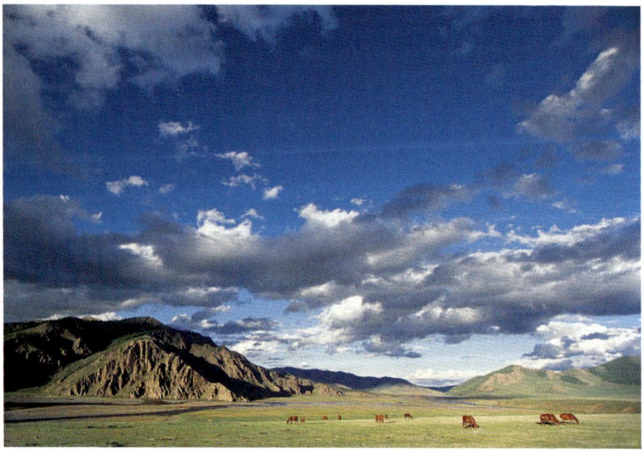

Mongolie. Ce paysage a été réalisé au 20 mm avec un filtre polarisant : le bleu du ciel est densifié et le contraste avec les nuages accentué ; il en est de même pour le premier plan jaune-vert.

Le multiplicateur de focale

Il s'agit d'un bloc optique qui s'intercale entre le boîtier et l'objectif. Comme son nom l'indique, il sert à augmenter la longueur de focale d'un objectif. Les multiplicateurs les plus courants présentent des coefficients 2× ou 1,4×, qu'il faut « ajouter » au coefficient multiplicateur

de votre boîtier numérique si votre capteur n'est pas plein format. Il peut être intéressant, si vous photographiez de la faune ou des sujets lointains, de vous équiper de cet accessoire qui vous fait «gagner en téléobjectif» sans avoir à investir dans une optique supplémentaire.
Du fait de la lumière qu'il absorbe, le multiplicateur vous fait perdre une ou deux valeurs de vitesse ou de diaphragme, et vous êtes donc plus vite limité, dans des conditions de faible lumière, lorsque vous n'utilisez pas de trépied. Nous vous conseillons d'utiliser un multiplicateur de même marque que celle de votre objectif pour éviter une trop grande perte de qualité de l'image. Bien sûr, plus votre objectif et votre multiplicateur sont de bonne qualité optique, plus vous obtiendrez des images piquées et contrastées ! Attention car avec certains objectifs amateurs, le multiplicateur de focale rend le mode Autofocus inactif : vous devez alors faire la mise au point manuellement.

Trépied et monopode

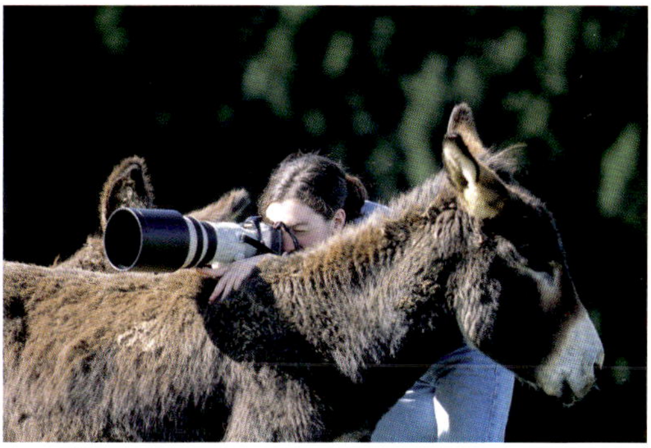

France, Pyrénées. Si vous n'avez pas de trépied, trouvez un endroit pour vous stabiliser !

Un **trépied** est indispensable si vous avez des objectifs lourds (matériel professionnel pour la photographie animalière, par exemple) ou si vous envisagez de passer du temps à photographier des scènes dans des conditions de faible lumière (concerts, spectacles, photos de nuit...). En voyage, pour des paysages, des portraits ou des scènes de vie en lumière naturelle, un trépied est vite encombrant. Il existe d'autres solutions pour vous stabiliser dans les rares cas où vous en avez réellement besoin, en vous calant sur un capot de voiture, un muret, une table, une chaise (voir «La mesure de la lumière).
Le **monopode** offre, en revanche, une légèreté et une souplesse appréciables sur le terrain. Il vous faut choisir un modèle solide, capable de supporter votre plus grosse optique. S'il n'offre pas la stabilité d'un trépied et ne pourra pas le remplacer pour les longues poses ou les conditions de très basse lumière, il permet tout de même de photographier au téléobjectif sans se fatiguer à porter du matériel lourd. Il vous apporte ainsi confort et stabilité pour faire vos cadrages, et il est facile à plier et à déplier si vous devez vous déplacer pendant une même séance de prise de vue. Nous l'utilisons beaucoup avec des focales au-delà de 300 mm. Une autre solution consiste à emporter un sac de sable ou de graines (riz, lentilles...) qui, en s'adaptant à la forme de l'objectif, permet de caler le matériel photo de façon très stable.

Si vous devez prendre l'avion, trépied et monopode doivent aller en soute ; ils ne sont pas acceptés en cabine.

Le flash

En voyage, nous n'avons qu'occasionnellement besoin d'un flash. En cas de faible lumière, en effet, il est souvent préférable d'utiliser des vitesses lentes ou bien d'augmenter la sensibilité, car le flash apporte une forte lumière blanche qui refroidit la scène et génère d'importantes ombres portées. Sur les flashs intégrés des reflex, il est parfois possible de régler la puissance de l'éclair, ce qui permet de déboucher les ombres avec douceur, opération utile dans les situations de contre-jour par exemple. En revanche, avec une focale longue (au-delà de 80 mm), ces flashs, placés trop bas sur le boîtier, présentent l'inconvénient de former une zone sombre en bas de l'image.

Les flashs de type cobra, qui se montent sur le dessus du boîtier, sont plus efficaces et offrent une plus grande liberté d'utilisation. Si votre flash n'est pas équipé d'un diffuseur, pensez à emporter un bout de papier-calque (ou de tulle, ou de gaze) que vous fixerez dessus pour en adoucir la puissance et répartir la lumière de façon plus homogène.

Boussole et jumelles

Petit accessoire léger et facile à caser dans un sac photo, la **boussole** rend service lorsque vous arrivez sur un terrain inconnu pour savoir où va se lever et se coucher le soleil. Cependant, c'est l'observation que vous ferez sur place qui vous permettra de vous positionner correctement en fonction de l'éclairage que vous souhaitez obtenir. La course du soleil varie d'un angle plus ou moins important selon les saisons et la latitude, et des éléments, tels que des bâtiments, des collines, des montagnes, créent des ombres que vous ne verrez qu'une fois en situation.

Si vous partez photographier la faune ou si vous voyagez dans des pays à grands espaces, une **paire de jumelles** est utile pour repérer et identifier des sujets lointains. De plus, c'est un objet souvent très apprécié des populations locales vivant en milieu rural, et faire essayer sa paire de jumelles peut être un bon moyen d'établir un contact.

Partir avec du matériel numérique

Vous partez en voyage avec un appareil photo numérique. Au-delà des accessoires évoqués ci-dessus, vous devez prévoir cartes mémoire, batteries et système de stockage de vos fichiers photo en fonction de la durée de votre voyage et des conditions d'accès à l'électricité que vous allez rencontrer.

Le format des fichiers photo

Vous devez décider, avant votre départ, du format de fichier dans lequel vous allez enregistrer vos photos au moment de la prise de vue. Ce choix dépend de ce que vous souhaitez faire de vos images à votre retour et va vous permettre d'évaluer la capacité des cartes mémoire que vous emporterez, mais aussi la façon dont vous stockerez vos images en cours de route.

- Le fichier JPEG est un fichier photo compressé et donc relativement léger. C'est le format le plus souple et le plus maniable, celui qui propose le meilleur rapport qualité/poids. Il est lisible directement par n'importe quel ordinateur et facile à utiliser pour des envois par e-mail, une mise en ligne de vos images sur Internet, l'édition d'un livre photo, l'impression de tirages papier Vous pouvez choisir différents niveaux de compression dans le menu de votre boîtier, l'idéal étant de travailler avec la plus haute qualité (faible niveau de compression). Pour des tirages papier de petit et moyen format, vous ne verrez pas de différence avec le RAW. Tous les appareils photo disposent du format JPEG par défaut et ne proposent, parfois, pas d'autre choix possible.
- Le fichier RAW est le format de sauvegarde de prédilection des photographes professionnels et des amateurs avertis. Ce format permet de conserver une image « brute », sans aucun traitement ni compression. Le RAW offre donc une plus grande finesse dans les détails que le JPEG, en particulier dans les zones sombres ou très claires. Il permet de grands agrandissements. Les fichiers RAW sont plus lourds que les JPEG, et exigent un post-traitement et l'utilisation d'un logiciel spécifique pour les ouvrir.

L'extension du fichier RAW varie selon la marque du boîtier : .crw ou .cr2 pour Canon, .nef pour Nikon, .orf pour Olympus et .raf pour Fuji...

Notre conseil

Pour une utilisation amateur et si vous ne prévoyez pas de réaliser de post-traitement au retour, choisissez le format JPEG le moins compressé. Si vous souhaitez travailler en RAW, enregistrez vos images en RAW + JPEG le plus léger. Ainsi, le format JPEG vous permettra une visualisation rapide des photos, des envois par e-mail ou des impressions en petit format, et il pourra vous servir d'étalon pour développer les fichiers RAW.

Les cartes mémoire

Ne vous limitez pas à une seule carte mémoire, même si vous ne partez pas longtemps : une carte peut s'avérer défectueuse et vous serez content d'avoir en votre possession une ou plusieurs cartes de rechange. Pour choisir vos cartes mémoire, les trois critères suivants importent.

- Le format de carte compatible avec votre appareil photo : CompactFlash, Secure Digital (SD), Memory Stick, mini et micro SD... Vous trouverez cette information dans votre mode d'emploi.
- La capacité de stockage dont vous allez avoir besoin : le nombre de photos qu'il est possible de stocker sur une même carte mémoire dépend du type de format d'enregistrement choisi (RAW et/ou JPEG), de son taux de compression, du contenu de l'image et de la résolution de votre appareil photo. Les capacités actuelles des cartes vont de 128 Mo à 32 Go. Dans le cadre d'un voyage photo, en utilisation amateur, des cartes de 1 à 4 Go sont suffisantes. Si vous choisissez de sauvegarder vos images en RAW + JPEG, préférez une capacité de 4 Go au minimum.
- La vitesse de la carte : plus elle est élevée, plus elle enregistre rapidement les photos que vous prenez (vitesse de transfert). Une carte mémoire à haut débit présente un avantage si vous devez enregistrer des fichiers lourds, si vous déclenchez en rafale (sous réserve que votre boîtier possède le mode Rafale) ou si vous prenez des images en série. Attention car votre appareil photo ne possède pas forcément une électronique suffisamment rapide pour tirer parti de la vitesse de la carte mémoire... Dans ce cas, inutile d'investir dans une carte à vitesse élevée qui ne sera pas exploitée.

Formatez la carte mémoire lors de sa première utilisation, mais aussi, chaque fois que vous avez vidé une carte et que vous l'insérez à nouveau dans votre boîtier.

Stocker les fichiers photo

En voyage photo, vous ferez entre 100 et 1000 clichés par jour selon le temps que vous consacrez à la prise de vue, vos habitudes personnelles, les sujets que vous allez rencontrer... Vous allez vite être confronté à la question du stockage de vos fichiers photo, en particulier si vous partez pour une longue période. Trois options s'offrent à vous.

Emporter autant de cartes mémoire que nécessaire, comme vous prévoiriez, en argentique, un stock de pellicules photo suffisant pour toute la durée de votre voyage. C'est une solution idéale pour des voyages de courte durée, ou bien si la photographie n'est pas le but premier de votre séjour. En revanche, cette option n'est pas très adaptée aux voyages de longue durée, car elle implique d'investir dans un stock important de cartes que vous n'utiliserez peut-être plus une fois votre périple terminé. Cette solution est la plus appropriée si la définition de votre boîtier ne dépasse pas 8 ou 10 mégapixels et que vous ne prenez des photos qu'en JPEG.

Faire graver des CD en cours de route : dans la grande majorité des villes et villages que vous allez traverser, vous trouverez un magasin photo où vous pourrez faire graver CD ou DVD à partir de vos cartes mémoire. Si vous partez pour un voyage au long cours, si vous souhaitez réaliser une sauvegarde supplémentaire de vos images ou si vous emportez peu de cartes mémoire, cela peut être une bonne solution de stockage de vos photos. En revanche, vous ne pouvez ensuite plus visualiser vos photos (sauf si vous trouvez un ordinateur sur votre route) et, si vous faites un grand nombre de clichés, il vous faudra un grand nombre de CD ! Pensez à protéger vos CD des rayures en les rangeant dans des pochettes.

Pour décharger vos photos, vous pouvez, si vous avez accès à Internet, déposer vos images sur un serveur FTP.

Disposer d'un support pour vider les cartes mémoire au fur et à mesure : c'est la solution adoptée par la grande majorité des photographes et la plus appropriée si vous prenez vos photos en format RAW. Ce peut être un ordinateur portable (éventuellement équipé d'un disque dur externe en complément) ou bien un videur de carte, moins encombrant. Si vous choisissez cette solution, partez malgré tout avec au moins deux cartes mémoire : lorsque la première est pleine, vous pouvez continuer à faire des photos avec l'autre en attendant de pouvoir la vider et la formater de nouveau. Pour décharger vos cartes, pensez au lecteur multicarte qui permet de transférer les images, à partir de tous les types de cartes mémoire, vers un ordinateur ou un disque dur externe : vous insérez la carte dans le lecteur et copiez les fichiers photo dans le dossier que vous souhaitez. Beaucoup plus rapide qu'à partir du boîtier, ce système permet, en outre, de ne pas user les batteries de l'appareil photo.

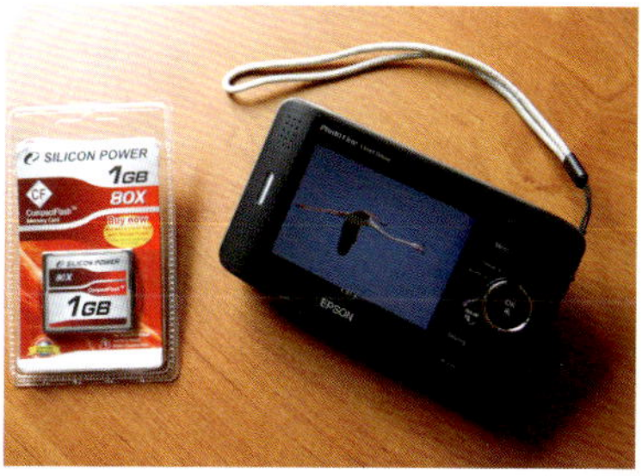

Plus léger et moins encombrant qu'un ordinateur portable, le videur de carte est l'outil utilisé par une grande majorité de photographes professionnels ou avertis.

Batteries et piles

Que votre boîtier fonctionne avec une batterie ou un jeu de piles (si vous êtes équipé d'un grip-booster, par exemple), prévoyez toujours, au minimum, un jeu de rechange au cas où vous vous trouveriez en panne en pleine séance de prise de vue. Renseignez-vous avant votre départ sur les conditions d'accès à l'électricité des régions dans lesquelles vous vous rendez. Dans certains pays, il faut prévoir un adaptateur de prise et, éventuellement, une multiprise si vous devez charger en même temps ordinateur et batteries dans une chambre d'hôtel qui ne dispose que d'une seule prise de courant. Vous aurez aussi, peut-être, l'opportunité de vous brancher sur l'allume-cigare d'un véhicule : emportez un câble spécifique en vous renseignant auparavant sur le type d'allume-cigare que vous allez rencontrer (norme européenne ou autre).

Voyager sans électricité

Si vous devez passer plusieurs jours consécutifs sans accès à l'électricité, prévoyez en conséquence batteries ou piles de rechange et, une fois sur place, économisez-les au maximum pour éviter de tomber en panne. Partir avec un boîtier argentique de secours peut être une solution rassurante.

Certains hébergements, particulièrement isolés, ne sont pas desservis par le réseau électrique local. Ils possèdent souvent de petits groupes électrogènes qu'ils font fonctionner quelques heures en fin de journée. Vous pouvez demander à votre hôte la permission de l'utiliser, quitte à lui payer le carburant si cela vous semble opportun. Si vous utilisez un tel dispositif, faites bien attention à ce que le signal électrique délivré par ce groupe soit compatible avec votre chargeur en termes de nature de la tension délivrée (DC ou *Direct Current*, c'est-à-dire courant continu ; AC, *Alternative Current* ou courant alternatif) et de sa valeur (220 V AC, 110 V AC, 9 V DC…). Les signaux admissibles par votre chargeur de batterie sont indiqués sur son boîtier. Emporter soi-même un groupe électrogène est une solution encombrante mais qui peut être adaptée si vous partez à plusieurs dans un 4 × 4, pour un campement de plusieurs jours, à condition de se l'être procuré sur place et de pouvoir l'y laisser.

Faites très attention à tout « bricolage », de votre cru ou aimablement proposé par un autochtone, réalisé directement à partir d'une batterie de voiture : en cas de fausse manœuvre, c'est votre chargeur et vos accus qui risquent d'en souffrir, bien plus que la batterie…

Mongolie. Pensez que, dans certains villages, l'approvisionnement en électricité est irrégulier. Vous devez vous organiser pour pouvoir être autonome plusieurs jours consécutifs, au cas où…

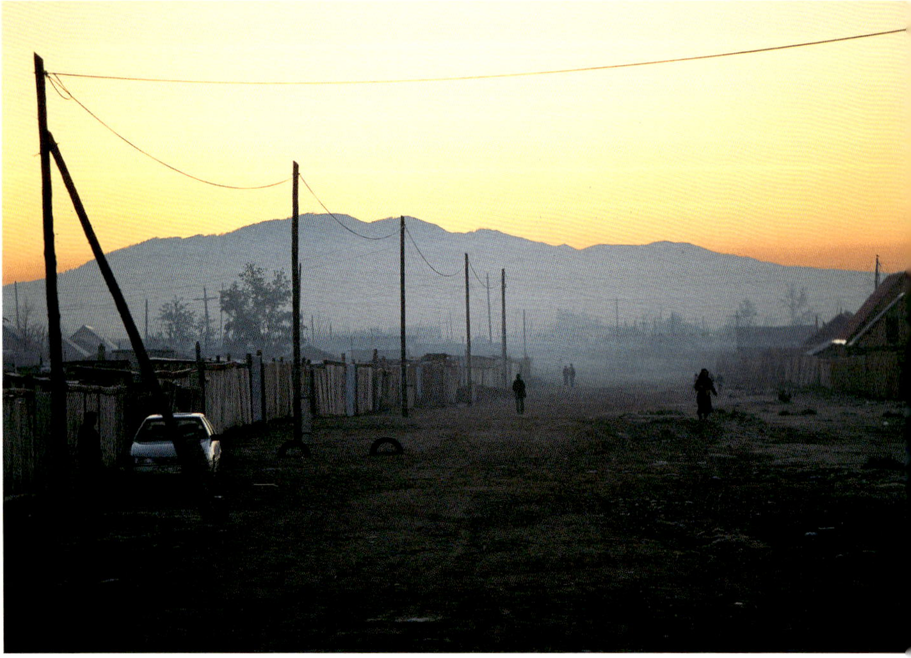

La dernière solution consiste à s'équiper de panneaux solaires pliants, présumés incassables, et du chargeur de batterie associé. Consultez, pour cela, les sites Internet spécialisés tout en gardant à l'esprit que ces panneaux, de dimensions nécessairement réduites, sont de faible puissance et que plusieurs heures (ensoleillées...) seront nécessaires pour charger vos batteries.

Économiser les batteries

Le matériel numérique consomme beaucoup plus d'énergie que les appareils photo argentiques. En voyage, si vous n'avez pas toujours accès à l'électricité pour recharger vos batteries, vous devez avoir en tête quelques astuces pour les économiser :

- limitez la visualisation des photos sur l'écran LCD qui consomme énormément d'énergie ;
- préférez la prise de vue avec le viseur optique à celle avec l'écran LCD quand votre boîtier le permet ;
- diminuez la luminosité de l'écran LCD (et ne vous en servez alors surtout pas pour juger de la bonne exposition de vos images !) ;
- désactivez les bips sonores ;
- désactivez la fonction Stabilisateur d'images quand elle est inutile (sur l'objectif ou sur le boîtier) et ne l'utilisez que lorsque vous en avez réellement besoin (faible luminosité vous obligeant à travailler avec des vitesses lentes) ;
- réglez au minimum le délai de mise hors tension automatique de l'appareil ;
- visualisez les images avec l'appareil branché sur secteur dès que cela est possible ;
- réglez à son minimum la durée de revue des images après capture (le temps pendant lequel l'image s'affiche lorsque vous venez de prendre la photo) ou, mieux, choisissez de ne pas afficher les images à chaque prise de vue.

Partir avec du matériel argentique

Voyager avec un appareil argentique implique de prévoir un stock suffisant de pellicules et de piles, et d'en prendre soin pendant toute la durée du voyage. Hormis ces contraintes de place et de poids,

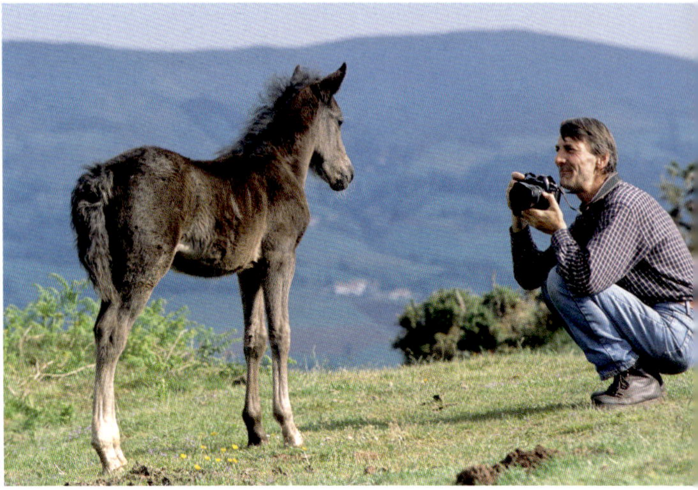

France, Pays Basque. La photographie argentique vous libère des soucis d'accès à l'électricité et de nettoyage de capteur.

l'argentique vous offre une grande autonomie en voyage, en comparaison des soucis d'accès à l'électricité et de stockage des fichiers photo liés à la photographie numérique.

Les pellicules photo

Vous pouvez indifféremment emporter des pellicules pour photos papier ou diapositives, de la couleur ou du noir et blanc, ou les deux selon vos goûts. Une sensibilité de 100 ISO est suffisante dans la grande majorité des cas. Vous pouvez prendre quelques films avec des sensibilités plus élevées pour les cas de lumières basses (400 ISO), en sachant que vous perdrez un peu de finesse de grain si vous voulez faire des agrandissements (voir « La mesure de la lumière » p. 87).

Comptez deux pellicules 36 poses par jour de voyage en moyenne.

Les professionnels préfèrent la diapositive au papier pour des raisons de coûts de laboratoire au retour (vous ne payez que le prix du développement et choisissez de faire tirer sur papier uniquement les images les plus intéressantes), mais aussi pour une question de fidélité et de précision. En effet, un tirage papier dépend des réglages machine du laboratoire auquel vous le confiez, alors que le développement d'une diapositive est la restitution exacte de ce que vous avez enregistré à la prise de vue en termes de cadrage (les images ne sont pas recoupées aléatoirement par une machine) et d'exposition (pas de réglage machine ou d'intervention humaine qui interprète les couleurs et la luminosité). La diapositive est ainsi l'équivalent du négatif pour les photos papier : c'est l'image brute telle que vous l'avez prise. Sachez cependant que les erreurs d'exposition, même minimes, sont plus facilement tolérées par les films négatifs que les diapos. La diapositive est ainsi la meilleure école pour comprendre la mesure de la lumière !

Stocker ses pellicules photo

Avant votre départ, conservez vos pellicules photo dans votre réfrigérateur pour stopper leur vieillissement et, pendant votre voyage, gardez-les toujours avec vous, dans le sac photo. Ne les enlevez pas de leur boîte en plastique pour essayer de gagner de la place et du poids : elles y sont protégées de la poussière et de l'humidité. Prévoyez un endroit (sac plastique, compartiment du sac photo) pour ranger les pellicules terminées (toujours dans leur boîte en plastique) et un autre endroit pour les pellicules vierges.

Dans le cas d'un voyage au long cours, le stockage des pellicules va vite devenir un gros souci. Vous pouvez, de temps en temps, confier un stock de pellicules exposées à des gens de confiance qui rentrent dans votre pays ou envoyer un colis en recommandé à un proche qui fera développer vos clichés ou conservera vos pellicules au réfrigérateur en attendant votre retour. En ce qui concerne le « réassort », vous aurez la possibilité d'acheter des films en cours de route si vous passez dans des pays où vous êtes sûr de trouver des pellicules de qualité qui ont été conservées dans de bonnes conditions (au réfrigérateur), ou encore vous en faire envoyer par colis à une adresse connue.

Les piles

Prenez des piles de rechange en quantité suffisante en fonction de la durée de votre voyage et du temps que vous pensez consacrer à la prise de vue. Vous ne pourrez pas toujours acheter des piles sur place et, en cas de panne au milieu d'une séance de prise de vue, vous serez content d'avoir des piles neuves avec vous. Les piles lithium, plus chères, supportent mieux les basses températures et durent plus longtemps que des piles alcalines classiques. Elles permettent ainsi de réduire le poids et le volume du sac photo. Vous pouvez aussi choisir des piles rechargeables, si vous avez régulièrement accès à l'électricité.

Lorsque vos piles sont usagées, ou n'ont plus assez d'énergie pour votre boîtier, ne les jetez pas n'importe où. Offrez-les aux habitants si elles peuvent encore servir pour un réveil, une petite radio, un jouet d'enfant ou gardez-les sur vous jusqu'à ce que vous trouviez une poubelle prévue pour le recyclage des piles. Sinon, rapportez-les avec vous !

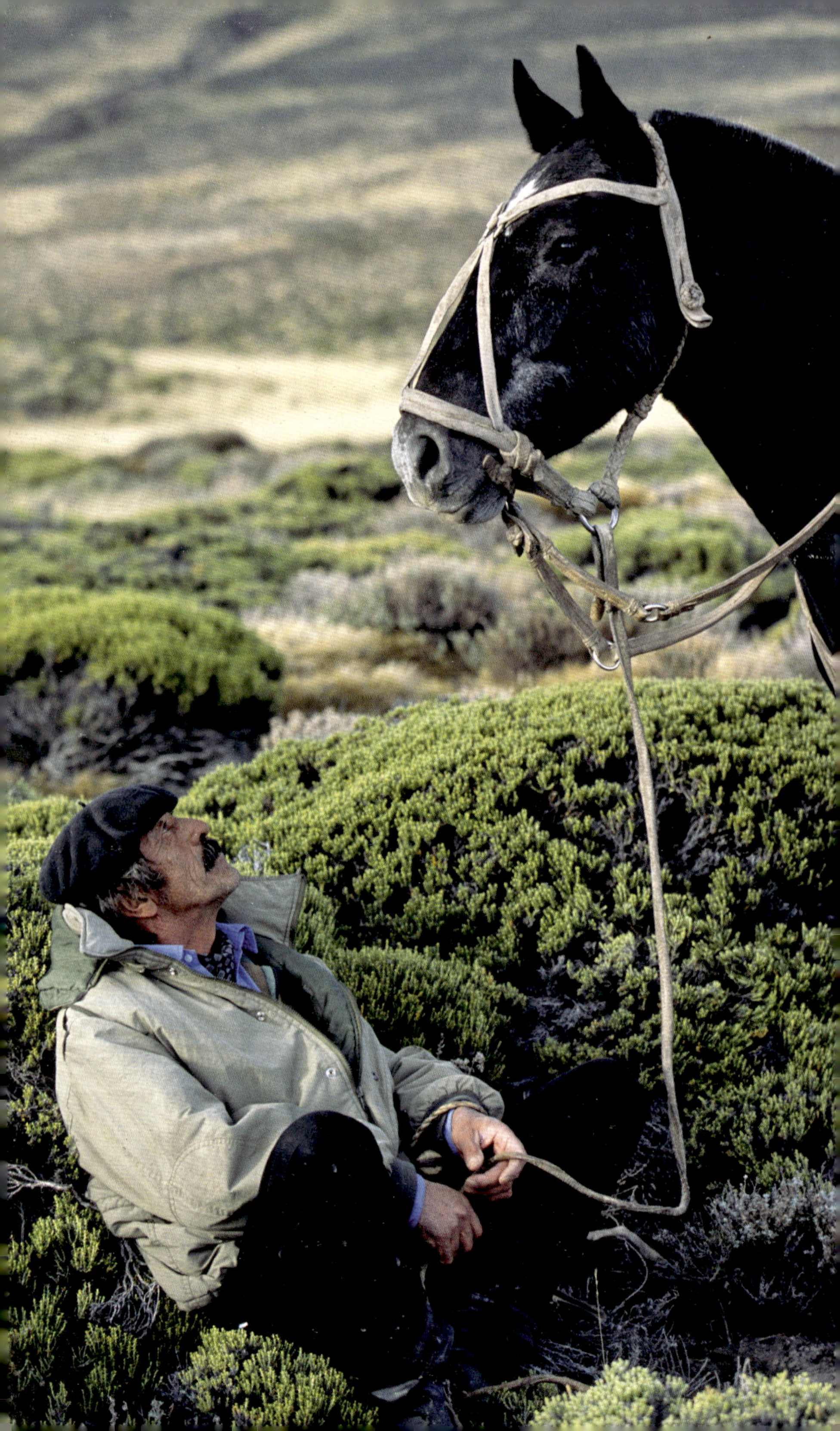

3

Sur place : adopter les bons réflexes

Vous voilà équipé pour une échappée photographique, des images plein la tête... Une fois sur place, vous allez devoir adopter les bons réflexes pour mener à bien votre projet : assurer la sécurité de votre matériel, organiser votre journée pour optimiser les moments consacrés à la prise de vue, être vigilant quant aux conditions climatiques que vous allez rencontrer et apprendre à aborder les populations locales pour les photographier dans le plus grand respect.

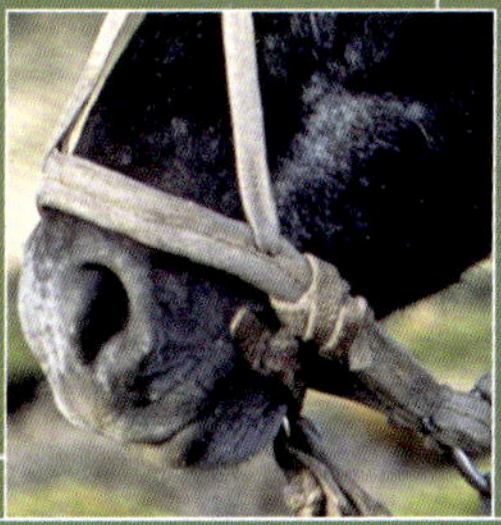

Patagonie. Gaucho et son cheval.

Le quotidien du photographe

Pour synthétiser ce qui a été abordé dans les deux chapitres précédents, voici finalement à quoi ressemblent les journées types d'un photographe professionnel en voyage. Le photographe se lève tôt et rentre tard pour profiter des lumières rasantes de l'aube et du couchant. Son matériel photo est toujours facilement accessible, au cas où... Il prend le temps, tous les jours, de le nettoyer et de vérifier qu'il est en bon état. Il prend soin de décharger régulièrement ses cartes mémoire puis de les formater, ou de trier ses pellicules photo pour trouver facilement les films vierges pendant une séance de prise de vue. Il a toujours, à portée de main, une batterie ou un jeu de piles de rechange.

Pendant les heures de la journée durant lesquelles la lumière est moins intéressante pour la photographie, il parcourt les environs pour faire

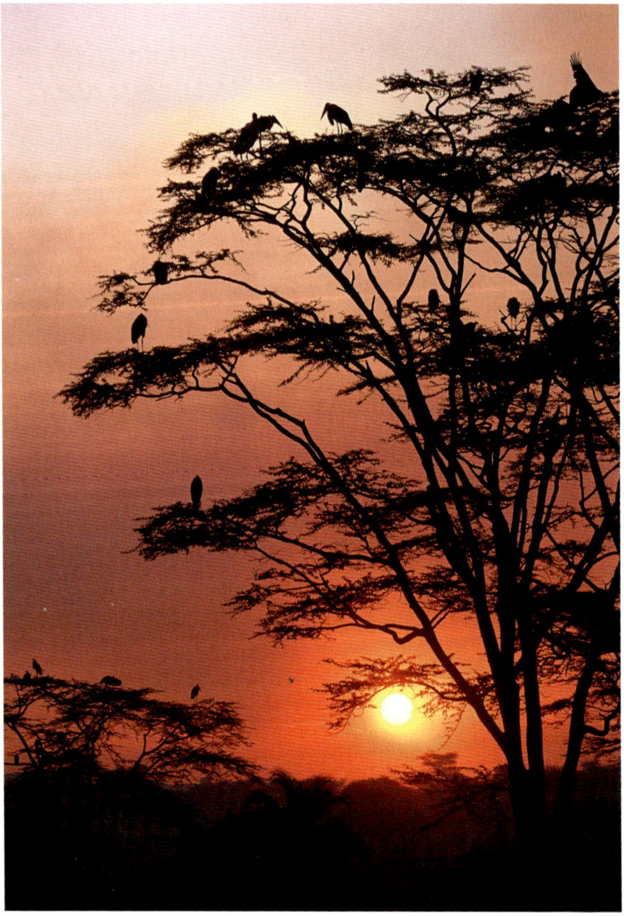

Tanzanie. Restez sur le terrain jusqu'aux derniers rayons du soleil, vous aurez souvent de très bonnes surprises...

du repérage, passe du temps avec les gens pour nouer des contacts et collecter des informations... et fait la sieste lorsqu'il s'est levé très tôt. Il regarde des cartes topographiques pour trouver les points de vue les plus appropriés pour photographier tel ou tel paysage et flâne chez les marchands de cartes postales pour découvrir de nouveaux lieux ou de nouveaux angles de prise de vue. Toute sa journée, lorsqu'il ne prend pas de photos, est consacrée à la préparation des photos à venir.
Une image se fait en une fraction de seconde. Tout l'art de la photographie de voyage, au-delà de la maîtrise technique, consiste à être au bon endroit au bon moment et à savoir repérer la scène ou le paysage qui feront une belle image (voir « Composer ses images » p. 69).

Aborder les populations

N'avez-vous jamais envié les portraits réalisés par de grands photographes en vous demandant comment ils avaient fait pour obtenir une expression si naturelle, si spontanée ? Photographier les gens dans leur quotidien est le rêve de beaucoup de voyageurs mais peu savent comment s'y prendre sur le terrain. Cela demande de la patience, un bon sens de l'observation, de grandes qualités relationnelles et une bonne dose d'humour pour mettre tout le monde à l'aise !

Établir un contact

La première chose à faire est d'établir un contact. Ne vous précipitez pas sur les gens pour les photographier sans leur parler au préalable ou, tout au moins, les saluer. Ayez en tête que la majorité des personnes que vous rencontrez sont flattées par le fait que vous ayez envie de les photographier. Proposez, éventuellement, d'envoyer les images à ceux qui acceptent de se laisser photographier et avec lesquels vous avez établi une relation de sympathie.
L'idéal est de pouvoir rester plusieurs jours dans un même lieu pour que votre présence (et celle de votre appareil photo) finisse par passer inaperçue. Cela vous permet de vous familiariser avec les habitudes locales, de connaître les heures des différentes activités de la journée et, ainsi, d'anticiper les meilleurs moments pour vos prises de vue.
Posez des questions, intéressez-vous à ce que font les gens que vous côtoyez, demandez-leur pourquoi ils font ceci de telle façon ou de telle

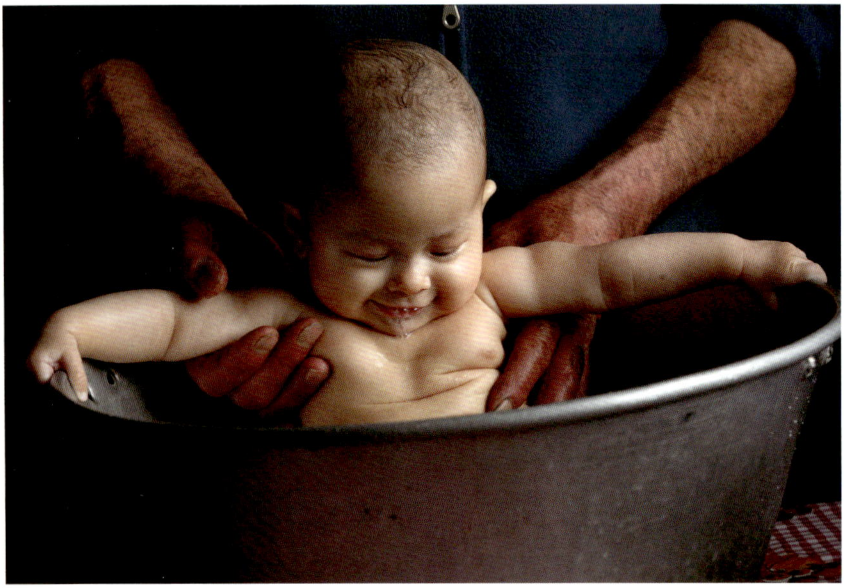

Argentine, Patagonie. Passer du temps avec les gens permet de nouer des contacts privilégiés qui vous ouvrent naturellement les portes de leur vie quotidienne.

autre, comment est rythmée leur année, quel est le rôle de chacun... Petit à petit, vos craintes et les leurs disparaîtront, et vous pourrez sortir votre appareil photo sans gêne pendant que chacun vaque naturellement à ses occupations. Vous verrez qu'au bout d'un moment, ce sont eux qui viendront vous chercher pour vous inviter à photographier une personne ou une activité particulière dont ils sont fiers. Le fait d'être une femme peut faciliter cette prise de contact, notamment pour photographier les femmes et les enfants (bain du bébé, repas, jeux, rencontres entre amies...).

Dans certaines circonstances, vous ne pouvez pas prendre le temps de construire une telle relation. Sur un marché où vous ne passez que quelques heures, ou dans la rue, le contact s'établit par le regard, un salut et un grand sourire. Cela suffit généralement pour comprendre si la personne accepte, ou refuse, d'être prise en photo.

Dans certains pays très occidentalisés, le contact peut être difficile à établir : les gens sont beaucoup plus pressés, fermés et méfiants que dans des pays plus « traditionnels ». Essayez de nouer une relation de sympathie avec, par exemple, les patrons de votre hébergement ou d'un restaurant, les responsables de l'office du tourisme, des Français rencontrés par le biais de l'ambassade... Expliquez ce pourquoi vous êtes venu et les images que vous souhaitez réaliser. Tous ces contacts auront très certainement de bonnes idées pour vous et pourront vous recommander auprès de proches ou de connaissances.

N'oubliez jamais de remercier les gens pour le temps qu'ils vous consacrent et pour leur coopération.

Savoir ne pas faire de photos

Lorsqu'il est manifeste qu'une personne ne souhaite pas être photographiée, n'insistez pas. Remerciez-la et continuez votre chemin. Si vous êtes sur un marché, par exemple, continuez à prendre vos photos en vous détournant pour signifier, de façon évidente pour tous, que vous avez compris le message. Les autres commerçants et les passants apprécieront votre respect et certains se manifesteront probablement pour être pris en photo. La personne qui a refusé vous rappellera peut-être en voyant l'intérêt exprimé par les autres.

N'acceptez jamais de donner de l'argent pour photographier quelqu'un. Cette pratique, très courante dans certains pays, ne fait que nuire à la relation entre touristes et population locale, et vous ne pourrez, par ailleurs, réaliser que des photos posées. Vous entretenez en outre le complexe d'infériorité de certains peuples par rapport aux «riches» voyageurs européens ; vous aurez ensuite de grandes difficultés à établir un contact sincère avec les populations locales.

Il nous est arrivé de passer du temps dans une famille de nomades en Mongolie, en plein hiver, pour un reportage sur la pratique de la chasse à l'aigle. Après une journée de prises de vue et un accueil très chaleureux, le père de famille nous a demandé trois dollars par cliché. Il avait compté le nombre de pellicules photo réalisées dans la journée et menaçait de nous les confisquer si nous ne le rémunérions pas. Nous avons refusé catégoriquement en lui proposant en contrepartie de payer hébergement et nourriture pour rester chez lui quelques jours supplémentaires et continuer à travailler. Il nous a raconté qu'une équipe de tournage l'avait rémunéré pour faire un film sur sa famille et que, depuis lors, il demandait de l'argent à tous ceux qui venaient faire films ou photos autour de chez lui. Après de longues discussions sans issue, nous sommes partis, préférant ne pas faire d'images que de les acheter, qui plus est, à un tarif disproportionné par rapport au niveau de vie local.

Respecter ses interlocuteurs

Montrer vos images sur l'écran d'un appareil numérique peut être d'une grande aide pour débloquer des gens timides et rassurer les plus réticents sur le type d'images que vous faites.

En aucun cas vous ne devez prendre de photos qui dévalorisent la personne, son mode de vie et ses croyances. En Mongolie toujours, une famille nous a raconté que des touristes les avaient pris en photo en train de faire leurs besoins dans la steppe. Un tel manque de respect est presque incroyable.

La photographie est un moyen de raconter votre voyage, de faire découvrir à vos proches une culture et un peuple dans toute sa dignité ou, pourquoi pas, dans ses difficultés quotidiennes. Ce ne doit, en aucun cas, devenir un outil au service du voyeurisme. Les gens qui sont en face de nous, en pays étranger, n'ont rien d'exotique : ils ont leurs traditions,

Croyances et religion

Chez certains indiens d'Amérique du Sud, photographier quelqu'un signifie lui voler son âme. Chez les musulmans, il est très mal vu de prendre une femme en photo si vous êtes un homme. Ayez en tête ces interdits et respectez-les. Avec le temps, si vous revenez plusieurs fois rendre visite aux mêmes personnes, vous pourrez établir une véritable relation de confiance et des portes *a priori* fermées s'ouvriront d'elles-mêmes.

Kirghizstan. Une relation de confiance s'est établie : cette femme vaque à ses occupations sans prêter attention au photographe. Elle n'a aucune crainte quant au type de photos réalisées et à leur utilisation éventuelle.

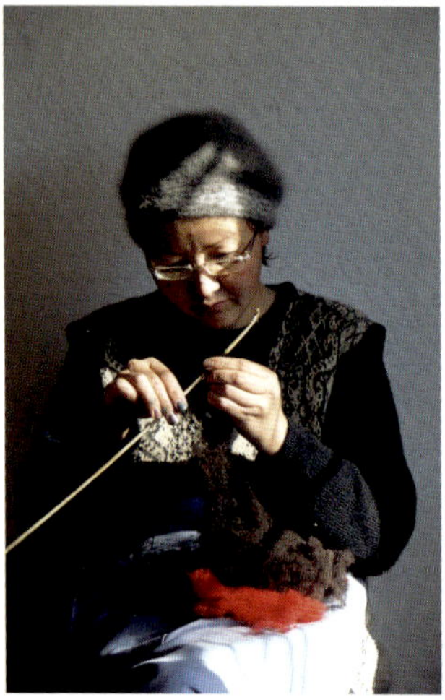

leur histoire, leurs croyances, leur mode de vie, leurs difficultés, leurs faiblesses et leur noblesse, au même titre que chacun d'entre nous.

De même, tenez compte des us et coutumes locaux (signification de certains gestes, attitudes...) et des interdits de certains pays quant à la photographie de bâtiments administratifs, de sites militaires ou de symboles de l'État. Ne mettez pas un autochtone en situation critique en lui demandant de vous aider à réaliser certains clichés non autorisés dans son pays.

La sécurité du matériel

Vous êtes seul responsable de votre matériel photo. Où que vous alliez, gardez-le toujours avec vous et assurez-vous qu'il est en sécurité. Les risques de perte, de vol ou de détérioration sont trop importants pour que vous puissiez négliger cet aspect.

Passages de douanes

Pensez à emporter avec vous les factures de tout votre matériel photo : vous pourriez en avoir besoin au moment d'un passage de frontière pour prouver que le matériel vous appartient et justifier que vous n'avez pas à payer de taxe à la douane. Laissez un double chez vous en cas de perte ou de détérioration des originaux.

Assurances

Rares sont les assureurs qui acceptent de couvrir votre appareil photo en dehors de votre domicile. Vous avez la possibilité de souscrire, pour votre voyage, une assurance bagages contre la perte, le vol et la détérioration. Sachez que les objets dits «précieux» (dont fait partie le matériel photo) ne sont généralement remboursés qu'à hauteur d'un montant très limité.

Les voyages en avion

Ayez en tête que vos bagages peuvent prendre du retard et n'arriver à destination que deux ou trois jours après vous. Combien de fois avons-nous entendu des voyageurs se plaindre à propos de sacs laissés en soute et qui avaient été ouverts au cutter et dévalisés, malmenés lors de transferts divers ou laissés sous la pluie sur le tarmac d'un aéroport. Si vous prenez l'avion, tout votre matériel photo doit voyager avec vous en cabine. Seuls les trépieds et les monopodes, considérés comme des armes potentielles, ne sont pas acceptés et doivent aller en soute.

La seule difficulté à laquelle vous allez être confronté est la limite de poids imposée par les compagnies aériennes et qui est généralement de l'ordre de 10 kg pour le bagage en cabine. Certaines compagnies sont très strictes (en particulier les compagnies *low-cost* européennes) et il est important de vous renseigner avant de partir pour être sûr de ne pas devoir, au dernier moment, placer votre sac photo en soute. Vous pouvez, dans certains cas, payer un siège supplémentaire pour pouvoir dépasser la limite des 10 kg. La majorité des compagnies régulières longs courriers sont assez indulgentes sur ce sujet et laissent passer des sacs photo dépassant les dimensions et le poids normalement autorisés. Au moment de l'embarquement, soyez coopératif et expliquez pourquoi vous êtes aussi chargé, où vous partez, ce que vous allez y faire, quelles photos vous pensez réaliser... Une fois dans l'avion, il est possible que votre sac ne rentre pas dans les coffres à bagages, surtout dans de petits avions de lignes intérieures. Ne forcez pas, placez-le sous votre siège. Gardez toujours vos photos sur vous (cartes mémoire, ordinateur portable, videur de carte, pellicules photo) : elles sont tout votre voyage !

Pensez aux sacs en plomb pour passer les contrôles aéroport avec des films dont la sensibilité dépasse 1600 ISO.

Le bus, le train, le bateau

Les mêmes précautions sont à prendre quel que soit le moyen de transport collectif que vous utilisez : le sac photo doit rester près de vous, sous votre surveillance. Ne laissez jamais porter votre matériel photo, même pour quelques mètres, par une tierce personne que vous ne connaissez pas et qui pourrait s'enfuir avec, ou simplement le laisser tomber. Évitez de le laisser manipuler par le chauffeur d'un bus ou par d'autres voyageurs. Si vous devez vous déplacer, emportez votre

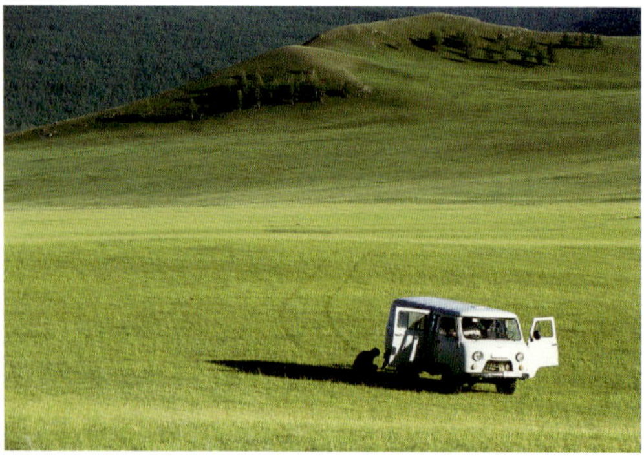

Mongolie. Lors de transports en minibus locaux, soyez attentif à ce que votre sac photo ne soit pas écrasé par les bagages des autres voyageurs.

sac photo avec vous autant que possible ou demandez à un autre passager de le surveiller en votre absence.

Si vous prenez le bus et que votre sac photo est imposant, le chauffeur vous demandera probablement de le mettre en soute avec les autres bagages. Essayez de discuter pour le garder avec vous, même s'il ne rentre pas dans les porte-bagages, souvent très étroits. Gardez-le si besoin sous votre siège ou sur vos genoux. C'est assez inconfortable, surtout lors de longs trajets sur des routes chaotiques, mais votre matériel sera mieux protégé que dans la soute.

Si vous voyez qu'il n'est pas possible de le garder avec vous pour voyager, restez au pied du bus jusqu'à la fermeture de tous les coffres pour vérifier que votre sac photo part bien avec vous, qu'il est rangé en dernier, sur le dessus, et qu'il n'est pas écrasé par un bagage de 20 ou 30 kg. À chaque arrêt du bus, descendez pour vous assurer que votre sac continue bien le voyage avec vous et qu'il est toujours correctement rangé.

La voiture

La voiture ne présente pas de risques particuliers pour le transport de votre matériel puisqu'il voyage avec vous. Si vous êtes dans une zone très urbanisée où règne une certaine insécurité, fermez le coffre ou les portes du véhicule à clé pendant que vous roulez. Si vous devez laisser votre matériel dans le véhicule, sans surveillance, cachez-le avec un vêtement ou enfermez-le dans le coffre en vous assurant que personne ne vous a vu l'y ranger. Dans la mesure du possible, emportez-le avec vous.

Prenez garde à la poussière si vous roulez sur des pistes et fermez les fenêtres chaque fois que vous croisez un véhicule. De même, en cas de forte chaleur, n'exposez pas votre sac photo au soleil (voir plus loin, le paragraphe « Précautions liées au climat »).

À pied, à cheval, à vélo

Pour un voyage à pied, à cheval ou à vélo, le risque principal encouru par le matériel photo n'est pas le vol mais les chocs ou la chute, ainsi que le fait que vous êtes exposé toute la journée aux intempéries. Il faut que votre matériel soit très bien protégé en cas de grosse averse et que vous préveniez tous les risques possibles de chocs.

En randonnée à pied, vous êtes limité par le poids que vous êtes capable de porter, entre vos affaires personnelles et votre matériel photo. Vous pouvez utiliser une ceinture ventrale ou un sac photo en bandoulière pour avoir tout, ou partie, de votre matériel à portée de main pendant les heures où vous marchez. Il n'y a pas de risques particuliers pour le matériel autres que ceux liés à la prise de vue en extérieur (chute, choc, pluie, poussière...). Pensez à remettre vos bouchons sur les objectifs, lorsque vous ne prenez pas de photos, afin de protéger les lentilles de la poussière.

Évitez de transporter votre matériel dans un sac à dos, même léger, tout en montant à cheval : c'est très inconfortable et cela peut créer de fortes douleurs de dos.

À cheval, vous pouvez voyager avec du matériel photo bien calé dans des sacoches placées à l'avant ou à l'arrière de la selle, selon le volume dont vous avez besoin. Ces sacoches de randonnée sont disponibles dans les magasins de sport, au rayon équitation, ou dans des boutiques spécialisées. Si vous savez que vous partez pour plusieurs jours à cheval, il est préférable d'avoir les vôtres car vous ne trouverez parfois rien d'équivalent sur place. Vous pouvez utiliser les compartiments modulables de votre sac photo ou des vêtements pour rembourrer les sacoches et protéger le matériel. Prenez soin de dissocier boîtier et objectifs (si vous avez un reflex) pour éviter de créer du jeu entre les bagues lorsque vous trottez ou galopez. Soyez toujours attentif à ne pas frotter vos sacoches contre un arbre ou un poteau et à ce qu'aucun autre cheval ne vienne se gratter la tête justement à l'endroit où est rangé votre appareil photo. Pour les mêmes raisons, si vous utilisez un cheval de bat, positionnez votre sac photo sur le dessus du cheval plutôt que sur les flancs ; vous éviterez ainsi les éclaboussures si vous traversez des cours d'eau, le matériel ne risquant pas de toucher l'eau.
Une sacoche ventrale présente un intérêt si vous avez un boîtier petit et léger ; dans le cas contraire, vous serez gêné chaque fois que vous voudrez descendre ou monter en selle. Si vous n'êtes pas bon cavalier,

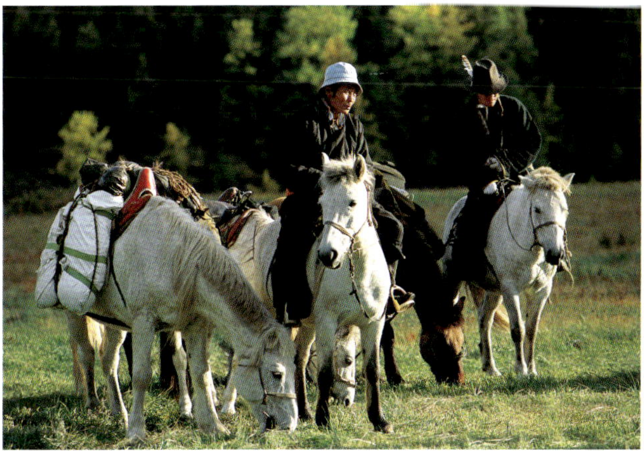

Mongolie. À cheval, dans des zones boisées, veillez à ce que votre sac photo soit fixé sur le dos du cheval pour éviter de le cogner aux arbres. Vous pouvez répartir sur les flancs le reste des bagages.

mieux vaut mettre pied à terre pour prendre vos photos plutôt que de risquer de faire tomber votre matériel ou d'affoler votre cheval en restant en selle avec votre appareil photo en main. Enfin, sachez que les sacoches se remplissent rapidement de poussière ; il est donc important de nettoyer tous les jours le matériel photo qui a voyagé à cheval et de secouer ou brosser les sacoches.

À vélo, équipez-vous de sacoches étanches et robustes pour protéger le matériel de l'humidité et d'une éventuelle chute. Si le vélo est votre principal mode de déplacement pendant le voyage, mieux vaut vous équiper avant de partir, réaliser des tests de portage et préparer au mieux vos sacoches. Si vous envisagez de louer un vélo occasionnellement sur place, inutile d'investir dans des sacoches spécifiques, onéreuses, encombrantes, et qui ne vous serviront qu'une seule fois : vous trouverez une solution sur place avec le loueur. Vous pouvez avoir, à portée de main, un appareil photo léger (compact ou bridge) dans une housse attachée au rétroviseur ou au guidon. Cela vous permet de réaliser des photos souvenirs en cours de route. Si vous emportez un boîtier reflex avec différentes optiques, il peut voyager dans un sac photo classique, lui-même rangé dans une sacoche à vélo fixée au porte-bagages. Vous devez alors vous arrêter et prendre le temps de sortir votre équipement lorsque vous souhaitez vous consacrer à la prise de vue. Ces mêmes conseils s'appliquent aux déplacements en deux roues motorisées, que ce soit pour une sortie occasionnelle ou un véritable voyage à moto, par exemple.

Sécurité des hébergements

Où que vous soyez, il vaut mieux être trop prudent que trop confiant, en particulier lorsque vous arrivez dans un lieu pour la première fois et que vous n'y connaissez personne. Ne laissez jamais votre sac photo ouvert en évidence devant une fenêtre (même lorsque vous êtes présent) dans une chambre d'hôtel : fermez les rideaux, si nécessaire, le temps d'ouvrir votre sac, ou positionnez-vous de telle sorte que votre matériel ne soit pas visible de l'extérieur. Si vous sortez, fermez votre sac et cachez-le sous un vêtement, ou au pied du lit, pour qu'il ne soit pas visible de l'extérieur, ni par les personnes qui viennent faire le ménage. Même dans les endroits les plus sûrs, mieux vaut ne tenter personne et éviter de montrer ce que vous transportez.

Si vous dormez sous une tente, les mêmes règles de discrétion s'appliquent. Rangez tout votre matériel dans le sac photo fermé et cachez-le sous un vêtement, ou sous votre duvet, dès que vous devez vous absenter. Ne l'ouvrez jamais en présence d'autres personnes qui pourraient voir son contenu et qui ne vous semblent pas de toute confiance, ou faites-le en vous positionnant de façon à dissimuler ce que contient votre sac.

Tout dépend du pays dans lequel vous vous trouvez mais, bien souvent, posséder du matériel photo est un signe de richesse, au même titre que d'avoir les moyens de voyager. Ne tentez pas les voleurs ou les curieux qui, même s'ils ne sont pas intéressés directement par votre sac photo, pourraient avoir envie de fouiller le reste de vos affaires. Des enfants peuvent aussi, par jeu, vouloir manipuler votre boîtier numérique en votre absence pour voir vos images ou s'essayer à la photographie.

Dans une foule

Vous aurez certainement l'occasion de flâner dans un marché, dans les rues grouillantes d'une capitale ou d'assister à des fêtes locales rassemblant tout un village. Si vous avez le temps, avant de prendre des photos, le mieux est d'aller faire un tour, les mains dans les poches, pour repérer les lieux, les sujets, les points de vue possibles (en hauteur, de loin, au cœur de la foule...) et sentir l'ambiance. Revenez, ensuite, avec un boîtier et un objectif léger du type 24-70 mm ou 28-105 mm. Si vous utilisez un sac à dos, portez-le toujours en position ventrale pour éviter que quelqu'un ne l'ouvre avec un cutter sans que vous ne vous en aperceviez lors d'une bousculade. Évitez de sortir de trop gros objectifs qui attirent l'attention sur vous et d'ouvrir votre sac photo en grand, au milieu de la foule, où son contenu pourrait faire des envieux. Gardez toujours la courroie de votre appareil photo autour du cou, ou enroulée autour de votre main, pour éviter le vol à la tire. Un passant, un cycliste, ou un motard ont vite fait de vous arracher le boîtier des mains, surtout si vous avez l'œil collé au viseur et que vous ne voyez rien venir. Ces précautions élémentaires deviendront, au fil du temps, des réflexes de terrain que vous appliquerez systématiquement même si, dans la grande majorité des cas, vous vous trouverez en présence de gens honnêtes et bien intentionnés !

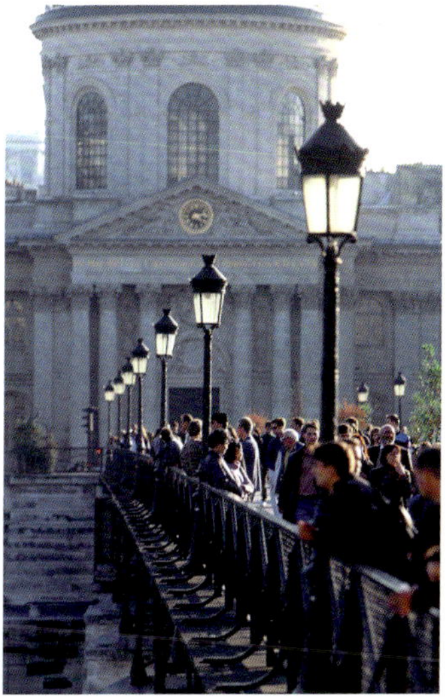

France, Paris. Dans une foule, soyez toujours prudent, même si vous ne vous sentez pas particulièrement en insécurité.

Précautions liées au climat

En voyage, le matériel photo est exposé au froid, à la chaleur, à l'humidité, à la poussière et au sable, aux changements de température.

Dans tous les cas, mieux vaut prévenir que guérir. Connaître les risques encourus vous permettra de mieux vous préparer et de réagir de façon adaptée sur le terrain.

La chaleur

Qu'il soit argentique ou numérique, le matériel photo n'aime pas beaucoup la chaleur. Vous risquez des dérèglements électroniques et, en cas de très forte chaleur, une dilatation qui varie suivant la nature des pièces (métal, plastique) et peut créer des jeux, voire des déformations définitives. Ne laissez jamais votre sac photo en plein soleil. Dans un véhicule, placez-le dans la zone la plus fraîche : au sol ou sous un siège mais jamais derrière un pare-brise sur la plage arrière ou avant. Couvrez-le éventuellement d'un vêtement de couleur claire (les sacs photo sont souvent de couleur sombre et absorbent, de ce fait, la chaleur). Dès que cela est possible, laissez votre sac photo à l'ombre ou à l'abri, dans un endroit frais.

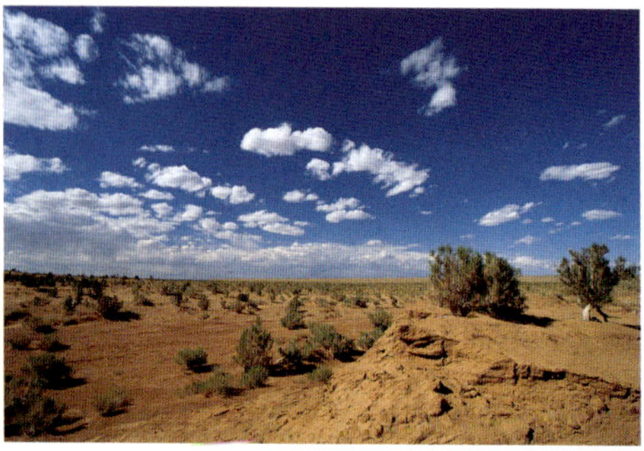

Mongolie, désert de Gobi. Cherchez l'ombre et la fraîcheur pour poser votre sac photo pendant vos séances de prises de vue : l'électronique et les pellicules photo n'aiment pas la chaleur !

Si vous voyagez avec du matériel argentique, ce sont les pellicules qui craignent le plus les fortes températures. Vous risquez de modifier leur équilibre chromatique ou leur sensibilité, qu'elles soient vierges ou utilisées. Rangez-les dans un sac de couleur claire ou, mieux encore, dans une petite glacière ou un sac isotherme (disponibles dans les supermarchés, les pharmacies, les magasins spécialisés en matériel de camping ou de randonnée...).

Le froid

Votre matériel numérique ou argentique, ainsi que vos pellicules photo, supportent très bien le froid, y compris des températures extrêmes de l'ordre de - 20 ou - 30 °C. Le principal souci, ce sont les piles et les batteries dont l'énergie peut chuter, parfois après seulement quelques dizaines de minutes passées dans le froid. Il suffit de les réchauffer pour pouvoir continuer à travailler. Sortez donc toujours avec, dans votre poche, un jeu de piles ou une batterie de rechange pour pouvoir continuer vos prises de vue, le temps de réchauffer l'autre jeu avec la chaleur de votre corps, en les rangeant contre vous.

En camping, ou dans des hébergements non chauffés, mettez les piles dans votre sac de couchage pendant la nuit pour les maintenir à bonne température.

Les piles au lithium résistent bien mieux au froid que les piles alcalines classiques.

De même, soyez vigilant lorsque vous soumettez votre matériel photo à d'importants changements de température. Lorsque vous passez du froid (extérieur) au chaud (voiture, bâtiment), il se forme des gouttes de condensation sur le matériel photo. Si vous repassez dans le froid, alors que le matériel est encore humide, ces gouttelettes peuvent se transformer en glace et vous empêcher de faire vos photos à cause de la fine pellicule givrée qui se forme sur le viseur et les objectifs. Si vous envisagez de voyager dans ce type de conditions climatiques, emportez des sacs poubelles et rangez-y votre matériel photo lorsque vous êtes encore dehors. Quand vous passez du froid au chaud, la condensation se forme alors sur les parois du sac (qui doit être bien fermé) et non sur le boîtier. Vous pouvez, à tout moment, ressortir faire des photos en ouvrant le sac plastique une fois dehors. Dans les pays chauds, le même phénomène peut se produire en passant d'une pièce climatisée à l'extérieur, où la chaleur est étouffante.

En cas de températures extrêmement froides, pensez que toutes les parties métalliques (objectifs, boîtiers, trépieds et monopodes) vont vous coller aux mains. Avant de partir, enrobez-les d'une gaine en mousse ou de ruban adhésif. Prévoyez des gants fins pour vous protéger du froid et des parties métalliques collantes, tout en gardant la liberté de manipuler boîtiers et objectifs (ce qui est impossible avec des moufles ou des gants épais).

Si vous êtes en argentique, le film de vos pellicules photo peut devenir cassant à cause du froid et se rompre au moment où vous le chargez dans le boîtier, généralement au niveau de l'amorce, plus fragile. Dans ce cas, prévoyez une paire de ciseaux pour retailler la forme de l'amorce cassée, de façon à pouvoir charger votre appareil photo.

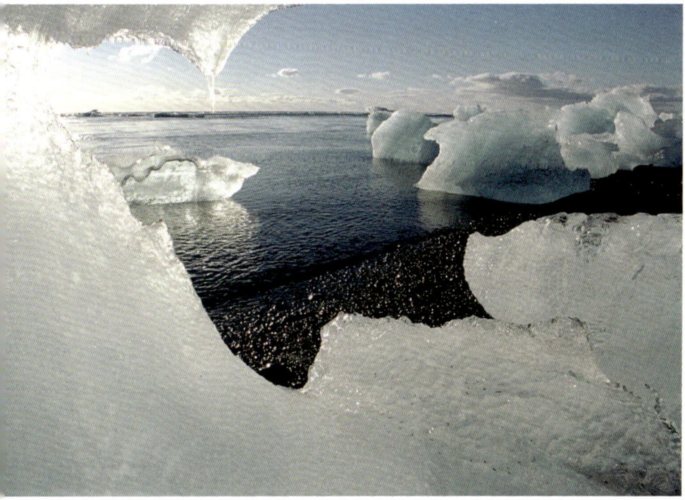

Islande. Cette image a été prise avec un boîtier argentique et des films pour diapositives, qui supportent très bien des températures extrêmement froides.

L'humidité

En cas de fine bruine ou de chute de neige, votre matériel photo ne risque pas grand-chose, même s'il n'est pas tropicalisé. Ne restez pas des heures sous la pluie, ou la neige, et essuyez bien votre boîtier et vos objectifs une fois revenu au sec. Vous pouvez aussi vous protéger en utilisant un grand parapluie ou en vous mettant à l'abri d'un porche ou dans un véhicule, fenêtre ouverte.

Les pays tropicaux. Si vous voyagez longtemps en pays tropical, méfiez-vous de l'humidité ! Des moisissures peuvent se développer entre les lentilles des objectifs (elles se nourrissent de la colle des lentilles) ou sur les pellicules photo. Il vaut mieux utiliser du matériel tropicalisé et vous équiper de sachets de cristaux de silice que vous laissez dans votre sac photo pour absorber l'humidité. Lorsque les cristaux sont saturés, faites sécher les sachets près d'une source de chaleur (radiateur, four, feu...). Si vous naviguez en pirogue, dans la forêt amazonienne par exemple, vous pouvez ranger votre sac photo dans un sac étanche souple, à acheter avant le départ dans des magasins de sport au rayon plongée, kayak ou canoë : vous limiterez ainsi les entrées d'eau. Dans la mesure du possible, conservez tout votre matériel dans un endroit sec et frais.

L'eau de mer. Les embruns maritimes, chargés en sel, peuvent être très corrosifs. Mettez du ruban adhésif étanche sur les boutons et sur la trappe du flash pour limiter les entrées d'eau (pas sur les molettes qui ne pourraient plus tourner !). Soyez particulièrement vigilant aux entrées d'embruns au moment des changements d'objectifs. Si, par malheur, votre appareil photo tombe dans l'eau de mer, rincez-le immédiatement et abondamment avec de l'eau douce puis faites-le sécher au soleil ou sur un radiateur ; vous avez peut-être une chance de le sauver.

Burkina Faso. Méfiez-vous de l'humidité tropicale et des éclaboussures sur le matériel photo si vous naviguez. Séchez lentilles, objectifs et boîtier dès que vous le pouvez.

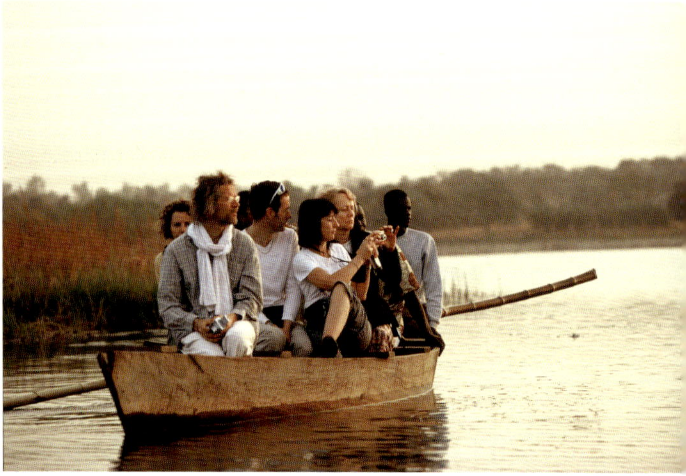

Le sable et la poussière

Sable et poussière sont de grands ennemis du matériel photo! Une fine particule a vite fait de gripper la bague du zoom ou de la mise au point d'un objectif, d'endommager un capteur numérique ou de rayer l'intégralité d'une pellicule photo. Si vous voyagez dans des déserts de sable ou dans des pays à poussière, ne sortez votre matériel photo que lorsque vous en avez réellement besoin pour la prise de vue et rangez-le aussitôt après dans votre sac photo fermé. Mettez-vous à l'abri pour changer d'objectif, de carte mémoire ou de pellicule. Dès que vous le pouvez, vérifiez et nettoyez intégralement votre matériel photo; videz votre sac photo de toute la poussière ou des grains de sable accumulés pendant la journée, brossez-le ou, encore mieux, passez-y l'aspirateur si cela est possible. Vous pouvez prévoir d'emporter une bombe à air comprimé pour vous faciliter le nettoyage du boîtier et des objectifs.
Enfermez votre sac photo dans un grand sac plastique lors des déplacements durant lesquels vous ne vous servez pas de votre appareil ou pour passer la nuit sous une tente en plein désert, par exemple. Pour la prise de vue, vous pouvez protéger votre boîtier avec un sac plastique percé d'un trou pour laisser sortir l'objectif. Si vous constatez qu'un zoom est grippé, ne forcez surtout pas : continuez à vous en servir comme d'un objectif fixe et vous le ferez nettoyer à votre retour par un magasin spécialisé.

Argentine, Patagonie. En cas de forte poussière, tournez-vous dos au vent ou abritez-vous pour changer d'objectif. Pensez à fermer portes et fenêtres du véhicule.

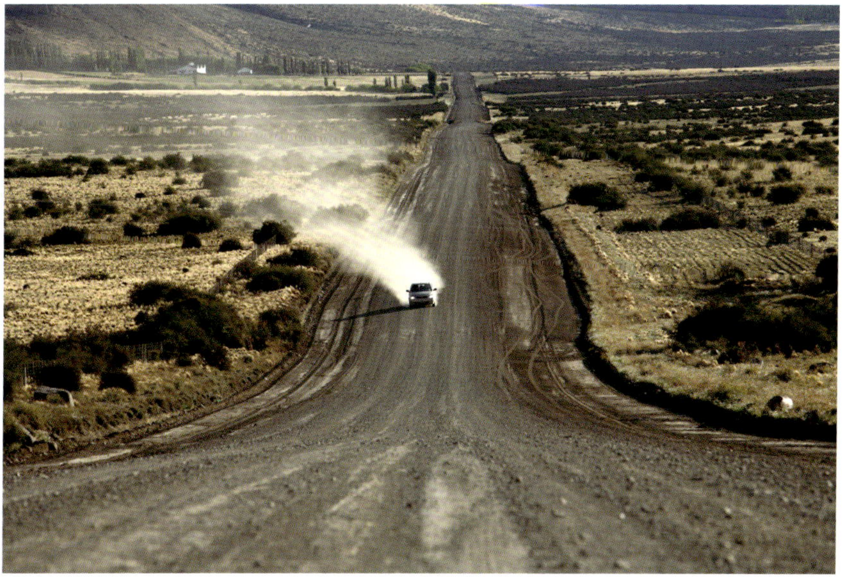

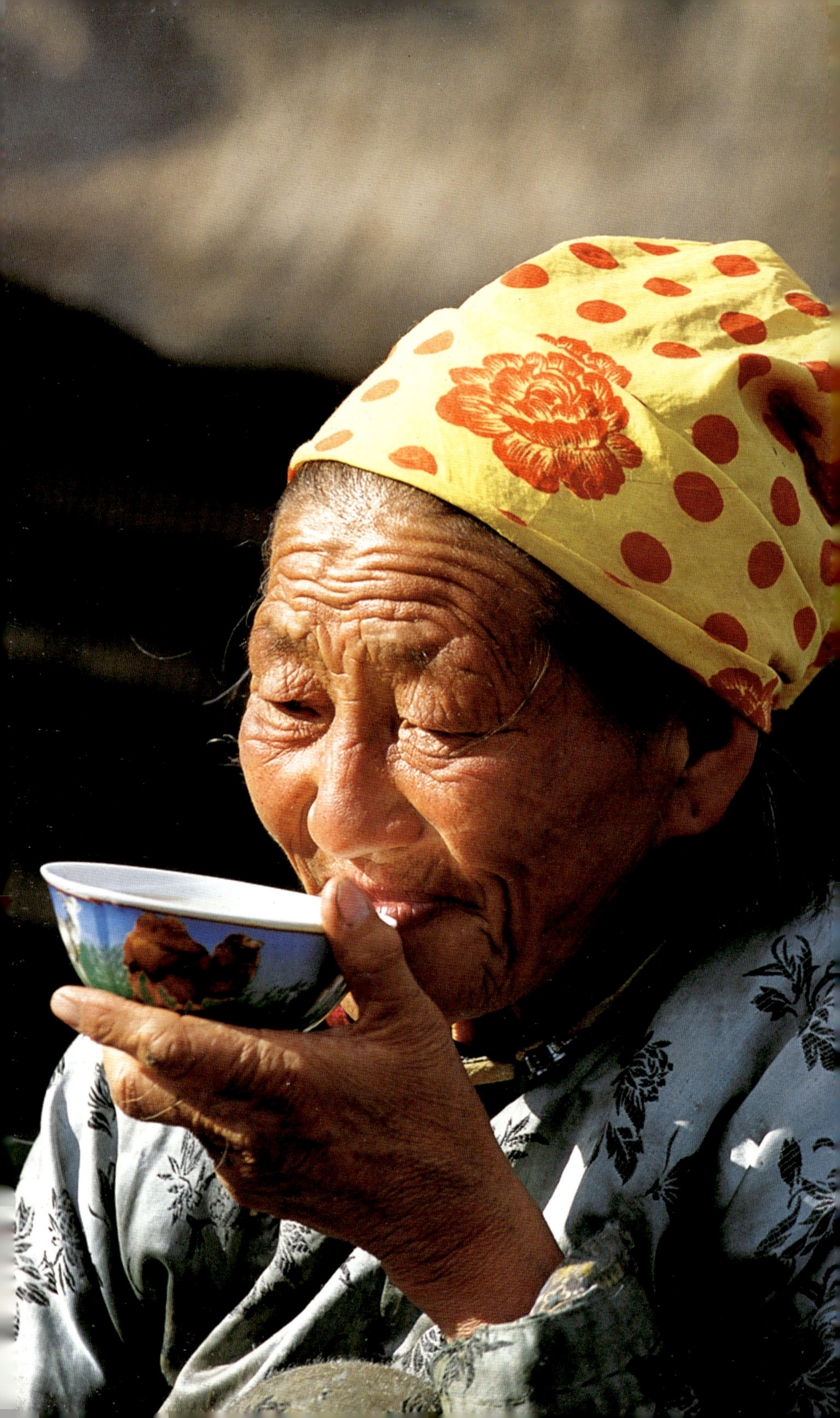

4

Composer ses images

C'est dans le cadre du viseur de l'appareil photo que se construit l'image. Réussir sa composition implique de faire des choix : le choix des éléments d'une scène qui vont être conservés dans la photo, le choix de ceux qui vont en être exclus, le choix d'un instant pour déclencher. Connaître les règles classiques de composition permet d'organiser, de façon harmonieuse, les éléments qui vont constituer l'image finale.

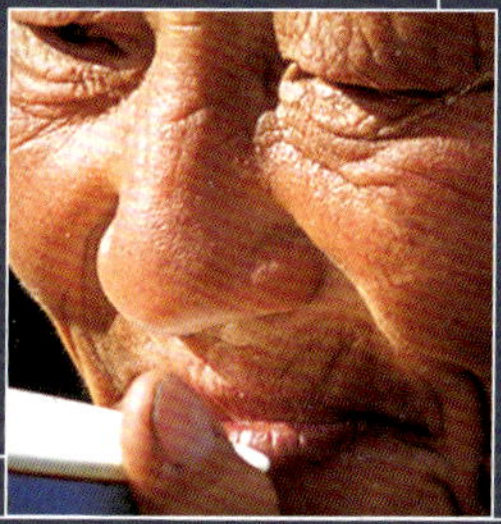

Mongolie. Grand-mère buvant son thé.

Définir son intention

À l'origine de toute image, il existe une émotion : un paysage nous arrête, une scène capte notre attention, l'expression d'un visage nous touche… La photographie n'est autre que le moyen de traduire cette émotion, d'imprimer ce que nous avons au fond de nous-même, sur le capteur numérique ou sur la pellicule photo. Cependant, s'il est un domaine dans lequel il n'existe aucune règle, c'est bien celui de la sensibilité et du regard de chacun. En photographie, il est pourtant fondamental d'identifier clairement son intention avant de déclencher. Quel message souhaitez-vous faire passer ? Quelle ambiance voulez-vous restituer ? Au delà du sujet lui-même, qui n'est qu'un simple prétexte, essayez de déterminer quelle photo vous avez envie de prendre. Pour aller plus loin, nous pouvons dire que toute perception ressentie devant un paysage, une scène, une rencontre, peut être l'occasion d'une image.

Mongolie. Geste d'origine chamanique devenu rare aujourd'hui : une poignée de lait, en offrande à l'esprit du Grand Ciel, après la traite.

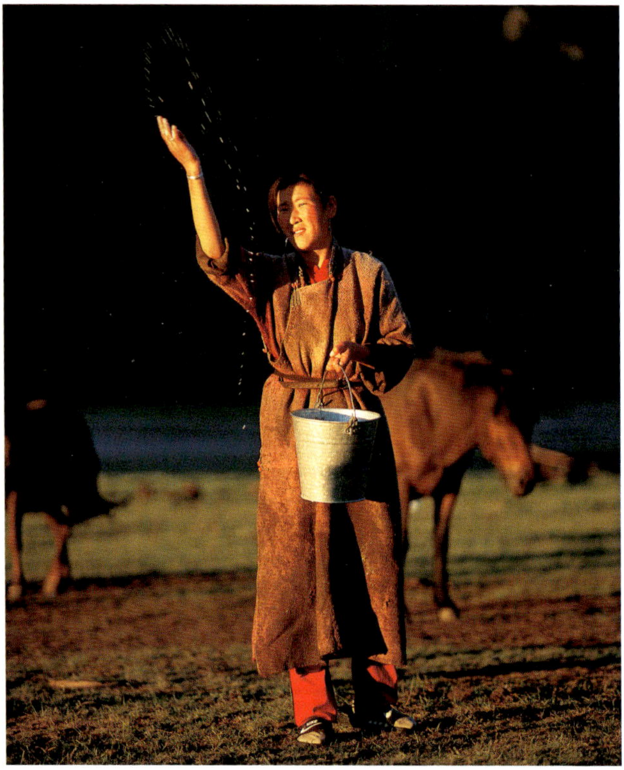

Nous avons, par exemple, réalisé plusieurs voyages en Mongolie. Ce qui nous a marqués dans ce pays, c'est à la fois l'immensité du territoire, la rusticité de la vie des familles nomades, la bonne humeur et la joie de vivre des gens de la steppe, la force du lien homme-nature alimenté par les croyances chamaniques. Nos images tournent autour de ces thèmes et sont nourries par notre connaissance de l'histoire et de la culture du pays. D'autres photographes ont voyagé en Mongolie pour témoigner de la misère de la vie sédentaire, des ravages de l'alcoolisme sur les hommes ou de la vie des enfants des rues d'Ulaan Baator. Selon notre sensibilité, nous avons réalisé des photos complètement différentes d'un même peuple et d'un même territoire.
Si vous arrivez à prendre conscience de votre intention photographique, qui est liée aux motivations de votre voyage, vos photos n'en seront que plus limpides. Celui qui les découvre à votre retour, et qui n'était pas là au moment de la prise de vue, en comprendra immédiatement le sens, sans avoir besoin de connaître ni le contexte, ni vos éventuelles explications. Combien de fois des photographes débutants nous soumettent des images pour lesquelles nous sommes obligés de demander : quel était ton sujet ? Que voulais-tu montrer ? Pourquoi as-tu pris cette photo ? Au retour d'un voyage lointain, c'est d'autant plus frustrant que vous ne retournerez peut-être jamais dans le pays visité et que, dans tous les cas, vous ne retrouveriez pas les mêmes scènes.
Ce qui va émouvoir chacun d'entre-nous varie considérablement, en fonction de notre nature personnelle, des motivations d'origine de notre voyage et, peut-être, du sens que l'on donne à sa vie.

Avant de sortir votre appareil photo...

La première étape en photographie est de définir votre intention, de comprendre ce qui vous pousse à photographier tel sujet à tel moment et ce que vous voulez dire à travers l'image. Les techniques de prise de vue et la connaissance des règles de composition ne sont alors que des outils au service de votre imaginaire de photographe.

Les règles de composition

L'œil humain est sensible à certaines règles esthétiques correspondant à son champ de vision. Les anciens avaient déjà mis en évidence ces principes à travers la peinture et le dessin ; ils s'appliquent

aussi à la photographie. En voyage, le photographe ne maîtrise ni le décor, ni les réactions du sujet, ni les changements d'éclairage. Connaître et intégrer les règles classiques de la composition permet de réagir vite à tout type de scène, y compris inattendue ou dynamique.
Comme toutes règles, elles peuvent être transgressées et vous trouverez quantité de contre-exemples. S'aventurer dans des compositions originales et personnelles implique cependant, dans un premier temps, de bien maîtriser les bases.

La règle des tiers

La règle des tiers s'applique pour des photos verticales et horizontales, pour tous les formats (rectangulaires, carrés, panoramiques...) et tous les sujets (paysage, portrait, macro, faune, architecture...).

La règle des tiers est un grand classique en photographie. Imaginez le cadre de votre viseur, ou de votre écran LCD, divisé en tiers par deux lignes verticales et deux lignes horizontales. Ces lignes sont des lignes de force qui servent de repères pour placer les différents plans, ou éléments forts, d'une photo. Apprenez à utiliser les éléments qui se présentent à vous pour les positionner sur ces lignes de tiers : la succession de plans d'un paysage, les courbes naturelles d'une rivière, d'une route, d'une montagne, les éléments d'architecture...
Si vous prêtez attention à ce qui vous entoure, vous verrez que les images des magazines, de la télévision, de la publicité, du cinéma, etc., respectent cette règle.
Un cas courant, lors d'une photographie de paysage, consiste à placer l'horizon sur l'une des lignes de force pour obtenir un tiers de ciel et deux tiers de terre, ou deux tiers de ciel et un tiers de terre. Le choix entre l'une ou l'autre des possibilités se fera en fonction de votre intention : quelle partie souhaitez-vous mettre en valeur ? Quelle partie constitue le vrai sujet ?

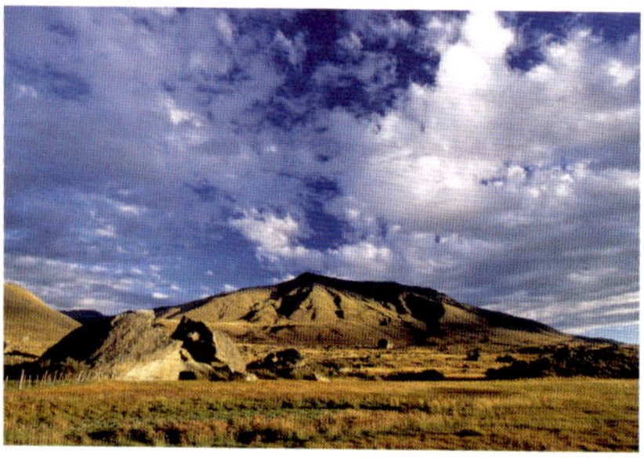

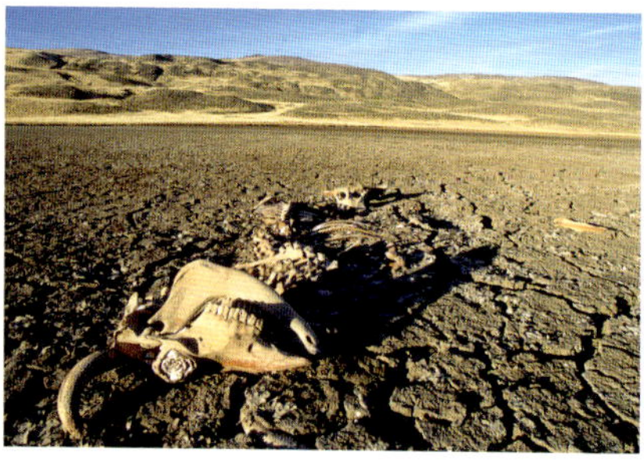

Argentine, Patagonie. Un cas courant d'utilisation de la règle des tiers consiste à donner la part belle au ciel (deux tiers de l'image) lorsqu'il est intéressant. En revanche, lorsqu'il est un peu vide, accordez deux tiers de votre image à la terre pour la mettre en valeur.

Les lignes directrices

En architecture en particulier, mais aussi dans la nature, n'hésitez pas à utiliser des lignes directrices pour donner du dynamisme à votre cadrage et diriger le regard vers le point fort où se situe le sujet. Il peut s'agir d'une diagonale (chemin, rivière, pont, route, bâtiment...) qui part d'un coin de l'image et emmène le regard vers le coin opposé, ou bien vers un point dit «de fuite», situé ou non dans la photo. Ces diagonales et lignes de fuite sont là pour accompagner le regard en complément des lignes de tiers.

La place du sujet

Les quatre points d'intersection des lignes de tiers verticales et horizontales sont des points forts de l'image sur lesquels le sujet doit être placé. Un défaut classique du photographe débutant consiste à positionner le sujet en plein centre, ce qui enlève tout dynamisme à la scène. Pour réussir à identifier clairement l'élément qui sera positionné sur un point fort, la question à laquelle vous devez répondre est donc : quel est mon sujet?

Les cas les plus simples rencontrés en voyage sont les paysages où un personnage, un animal ou un arbre, placé sur l'un des quatre points forts permet de donner l'échelle. S'il n'y a pas de personnage, vous devez choisir une zone forte de votre paysage : un relief particulier, un spot de lumière, une courbe de colline... Pour un portrait serré par exemple, vous choisirez un œil comme point fort pour mettre en valeur le regard; en macrophotographie, ce peut être le pistil d'une fleur, un pétale ou une goutte de rosée; dans un plan serré de foule ou de troupeaux, vous ferez ressortir un visage, ou une tête, en particulier.

Pour savoir sur lequel des quatre points forts placer le sujet, il faut regarder la scène dans son ensemble avant de déclencher : pensez à laisser de l'espace devant le regard, le déplacement ou le mouvement naturel du sujet.

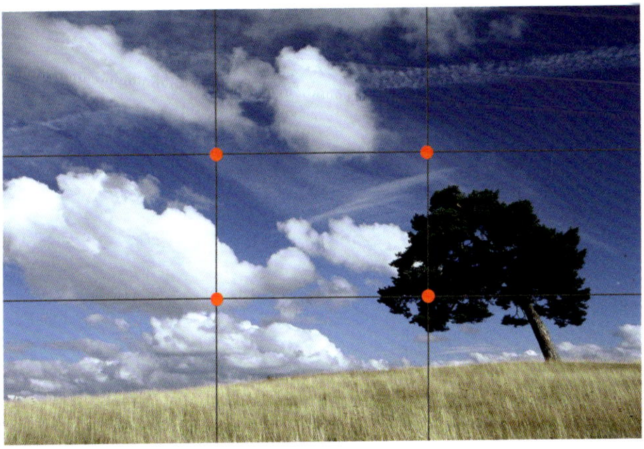

France, plateau de l'Aubrac. Le pin est placé sur un point fort, avec de l'espace vers la gauche, dans la direction de son inclinaison. Les nuages prolongent son mouvement et entraînent le regard vers le haut de la photo. Un petit tiers de l'image est occupé par un premier plan de couleur chaude et deux grands tiers par le ciel, de couleur froide.

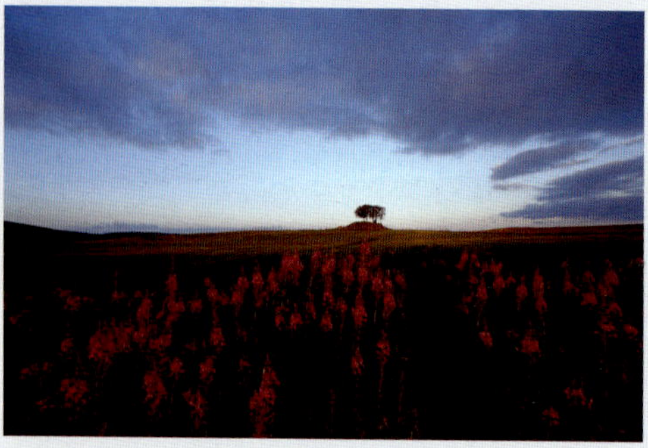

France, plateau de l'Aubrac. Le bosquet de pins est centré horizontalement et verticalement. Les diagonales formées par les épilobes roses du premier plan et les nuages entraînent naturellement le regard vers ce point fort central.

Cas particuliers des images centrées

L'image peut être centrée autour d'un axe horizontal, ou vertical, dans des cas très particuliers, par exemple pour mettre en évidence une symétrie : pour photographier un sujet et son reflet, diriger le regard vers un point fort central en utilisant des lignes diagonales comme lignes de force ou encore, en architecture, pour révéler une symétrie par rapport à un axe vertical.

Le rôle du fond

Le fond a autant d'importance que le sujet dans le sens donné à l'image : il faut en effet avoir en tête qu'il occupe parfois plus de 80 % de l'espace visuel de la photo et que son rôle est donc capital. Il faut être vigilant à ce qu'il ne nuise pas à la lisibilité du sujet mais, au contraire, qu'il le mette en valeur.

Choisir le bon décor. Comme dans une pièce de théâtre, le décor que vous allez choisir va situer le sujet dans un contexte spécifique au pays visité ; c'est lui qui, par contraste, va donner au sujet, aussi petit soit-il, toute sa dimension. Il existe un dialogue constant entre le fond et le

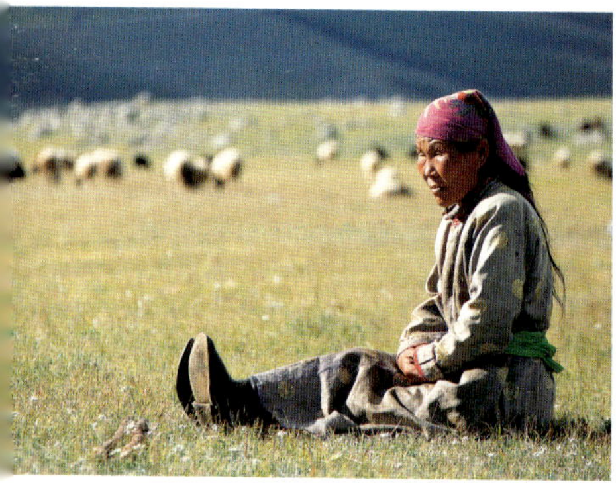

Mongolie. Cette bergère, positionnée au tiers droit de la photo, est située dans son contexte par la présence, floue mais reconnaissable, de son troupeau de brebis en arrière-plan

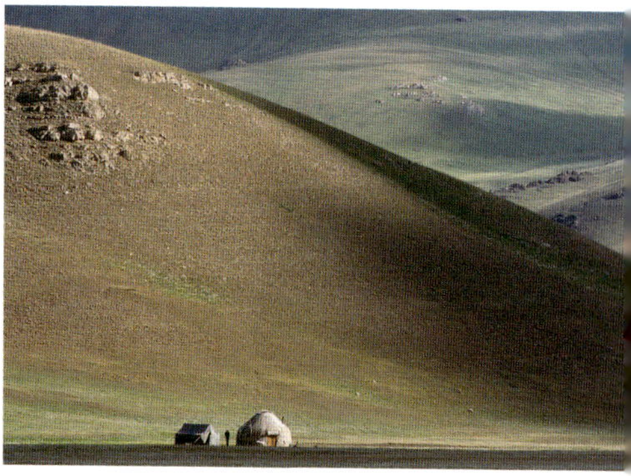

Kirghizstan. Les silhouettes du premier plan (yourtes et personnages) se distinguent très nettement, malgré leur petite taille, par contraste avec la limpidité et la simplicité du fond.

sujet. Un décor confus, trop net, trop chargé en couleurs ou en éléments graphiques, nuira à la lisibilité de l'image. Le regard doit se poser, spontanément, en un point unique de la photo et suivre un cheminement limpide, sans se disperser.

Vous pouvez faire varier la profondeur de champ pour rendre le fond plus ou moins net en fonction du rôle que vous souhaitez lui faire jouer dans votre photo (voir «Maîtriser le net et le flou» p. 117)

Nettoyer son image. Épurez votre image de façon à réellement mettre en valeur ce qui a déterminé votre acte photographique. Il est important, avant de déclencher, de faire visuellement «le tour» de votre cadre pour nettoyer l'image : supprimez les éléments parasites qui encombrent la composition (en vous déplaçant ou en changeant d'objectif), vérifiez que rien n'est coupé par les coins ou les bords du cadre, assurez-vous que vous avez laissé un espace de respiration suffisant autour de votre scène, contrôlez qu'il n'y a pas un sujet secondaire qui écrase le principal (une photo = un sujet!).

N'hésitez pas à faire plusieurs photos d'une scène, plutôt que de vouloir tout mettre en un seul cliché : les possibilités photographiques autour d'un sujet sont souvent infinies.

Conseil pratique

Avant de déclencher, lorsque votre cadre est prêt, plissez les yeux ou tournez légèrement la bague de mise au point pour rendre l'image floue. Vous verrez alors votre photo en taches de couleur, à la manière d'un tableau impressionniste, et vous vous rendrez compte de ce qui saute aux yeux. Les éléments brillants ou de couleur claire attirent le regard. Si ce n'est pas ce que vous voulez mettre en évidence, cherchez une autre composition à votre image pour la rendre plus harmonieuse.

Choisir le bon éclairage

En voyage, vous ne maîtrisez ni la météo ni les conditions d'éclairage que vous allez rencontrer dans la nature, dans les habitations ou dans un monument. Il faut donc mettre toutes les chances de votre côté en apprenant à repérer les bons moments, à anticiper les changements d'éclairage au cours d'une journée ou selon les phénomènes météorologiques, à vous positionner correctement par rapport à une source de lumière existante.

Écrire avec la lumière

Photographier signifie littéralement «écrire avec la lumière», du grec *photôs* (lumière, clarté) et *graphein* (l'écriture). La lumière est un élément capital en photographie : sans lumière, pas de photo! Elle peut même être, à elle seule, un sujet.

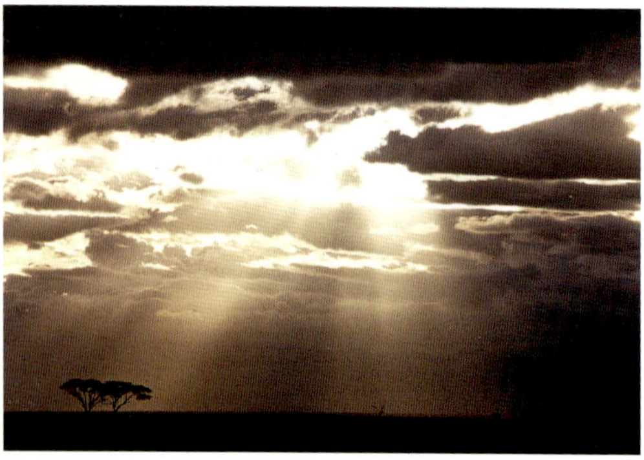

Kenya. Par temps couvert, les jeux de lumière sont généralement plus intéressants que par grand beau temps. Vous pouvez avoir la chance de tomber sur des rayons éclairant un sujet, comme ici cet acacia.

Vous pouvez photographier les plus beaux paysages du monde : si la lumière est quelconque ou écrasante, l'image sera plate et sans intérêt. De même, un sujet *a priori* inesthétique (une usine, une autoroute...) peut donner des images saisissantes dans des conditions de lumière rasante, sous des cieux d'orage ou après une averse où toutes les parties métalliques se mettent à briller.

Les meilleures lumières sont, généralement, celles de l'aube et du couchant : rasantes, aux couleurs chaudes, elles mettent en relief la moindre aspérité d'un paysage ou d'un visage. En voyage, vous pouvez décider de vous lever tôt pour profiter de ces lumières exceptionnelles et de dîner tard pour être sur le terrain en fin de journée. Le milieu de journée peut alors être consacré aux photos en intérieur, qui nécessitent un apport de lumière extérieure plus important (voir plus loin le paragraphe « Éclairages d'intérieurs »).

L'orientation de la lumière

Soyez attentif à l'évolution de l'éclairage au cours de la journée, revenez sur un même lieu à différents moments pour choisir celui où vous ferez votre photo.

Il existe trois grands types d'éclairage : de face, à contre-jour ou de côté (appelé aussi « éclairage latéral »).

De face : le soleil ou la source de lumière est dans votre dos, et votre sujet est donc éclairé directement de face. Cet éclairage est intéressant aux tout premiers et tout derniers rayons du soleil, lorsque la lumière est jaune-orangé et n'éclaire qu'une partie du sujet (sommet

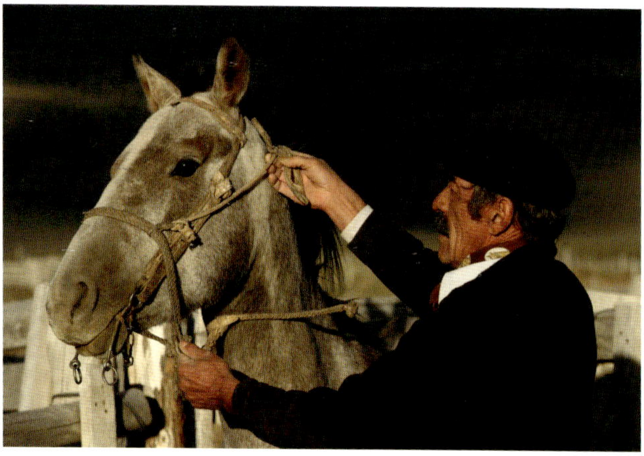

Argentine, Patagonie. Ce gaucho et son poulain, éclairés de face par une lumière rasante du soir, se détachent sur un fond plongé dans l'ombre.

d'une montagne, par exemple), le reste étant dans l'ombre. Dans les autres cas, il donne souvent des images présentant peu de relief, sauf si des zones d'ombre (des nuages, des montagnes...) apportent du contraste à l'image.

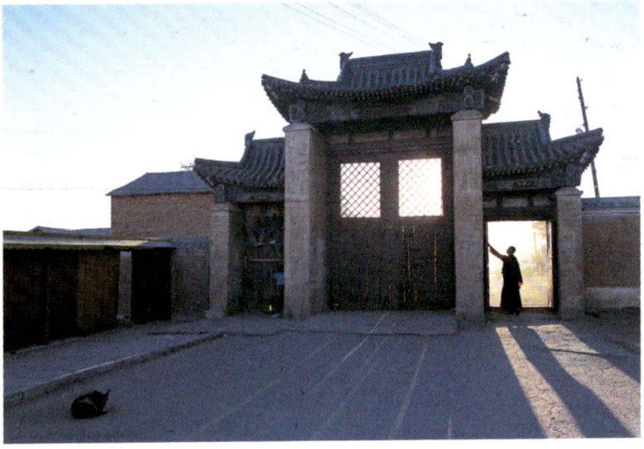

Mongolie. L'éclairage à contre-jour souligne les silhouettes du temple et du moine bouddhiste, placé sur l'un des quatre points forts de l'image.

À contre-jour : le soleil est face à vous et votre sujet est éclairé par l'arrière. Il ne faut pas avoir peur du contre-jour : lorsque la mesure de la lumière est bien maîtrisée, cet éclairage donne des images exceptionnelles où la notion d'écrire avec la lumière prend tout son sens. Il est utilisé pour créer des images en ombres chinoises, mettre en valeur un sujet réfléchissant, un visage entouré d'une auréole de cheveux éclairés...

Latéral : la source de lumière provient d'un côté ou de l'autre du sujet, avec des angles d'éclairage qui peuvent être variables. Cet éclairage est très apprécié des photographes, notamment en photo de paysage, car il met en évidence tous les reliefs en créant de longues ombres, y compris lorsque la lumière est un peu forte.

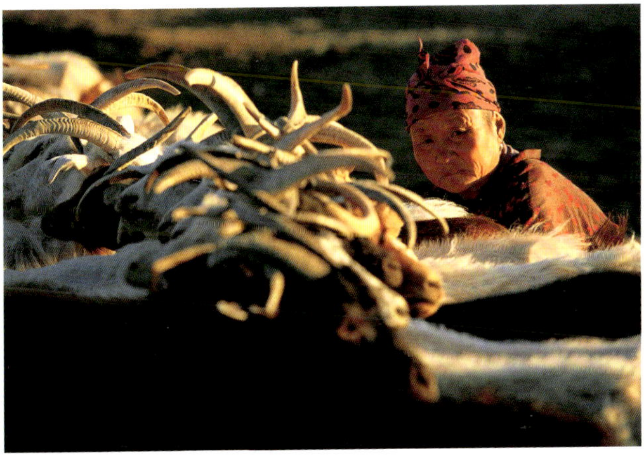

Traite des chèvres en Mongolie. L'éclairage latéral permet de mettre en évidence les contrastes entre ombre et lumière, les reliefs, matières, aspérités d'un visage.

Éclairages d'extérieur

Un bon sens de l'observation vous permettra, au bout d'un certain temps, d'anticiper des phénomènes météo et des changements d'éclairages naturels pour réaliser vos images dans les meilleures conditions possibles.

Un grand beau temps, avec un ciel dégagé, offre des lumières intéressantes pour la photographie exclusivement à l'aube et au couchant. Un orage est, en revanche, une occasion rêvée de faire des images à n'im-

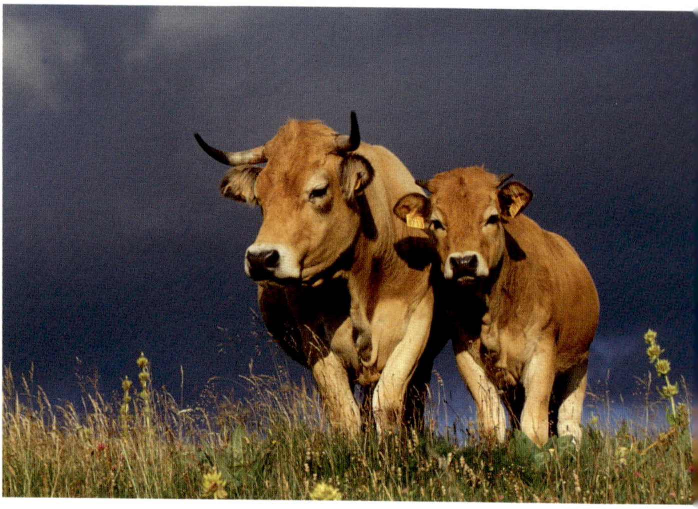

France, plateau de l'Aubrac. Cette prise de vue en contre-plongée a permis de faire surgir cette vache et son veau, à la robe claire, sur un fond de ciel d'orage.

porte quel moment de la journée en bénéficiant de cieux noirs et de lumières rasantes. Une averse peut apporter un arc en ciel et nettoyer l'atmosphère des poussières en suspension pour offrir, après la pluie, une lumière d'une grande limpidité.

Une journée de beau temps annoncée après plusieurs jours de pluie est généralement l'occasion de la montée de brumes dans les creux des vallées. À l'aube (et même avant), les premiers rayons du soleil font s'évaporer toute l'humidité accumulée les jours précédents, créant de grands pans de brume. Un vent d'altitude très fort peut générer la création de nuages lenticulaires en forme de soucoupes volantes. Un ciel chargé offre parfois des percées avec des spots de lumière qui balayent un paysage en éclairant uniquement certaines zones. Pendant votre voyage, tenez-vous au courant de la météo et observez le ciel pour apprendre à prévoir les changements d'éclairage.

Italie, Toscane. La lumière entre par la porte de la sellerie pour mettre en exergue la silhouette des cavaliers en pleine discussion et laisser deviner selles et brides dans une lumière plus douce.

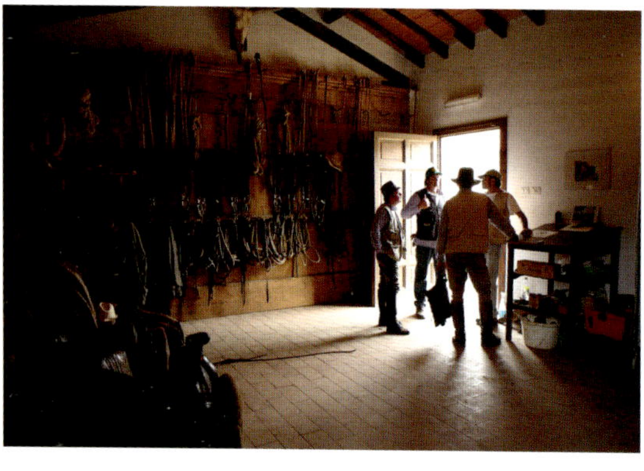

Éclairages d'intérieurs

Au cours d'un voyage, vous aurez certainement plusieurs occasions de photographier des scènes d'intérieur : chez l'habitant, dans des temples, des monastères, des musées... En pleine journée, lorsque la lumière est trop vive pour faire des photos d'extérieur, profitez-en pour vous consacrer aux photos d'intérieur. Vous pouvez bénéficier d'un éclairage naturel entrant par une ouverture : fenêtre, porte ouverte, puits de lumière... Il est souvent approprié d'attendre le milieu de la matinée, ou de l'après-midi, pour que le soleil soit suffisamment haut pour pénétrer à l'intérieur.

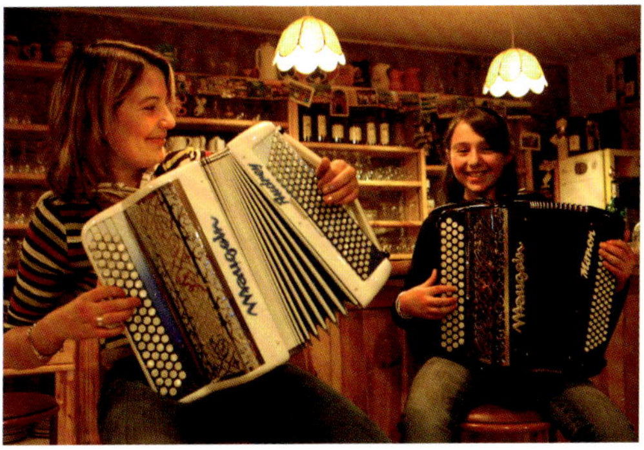

France, plateau de l'Aubrac. En éclairage artificiel, il faut jouer sur la balance des blancs pour conserver l'ambiance naturelle tout en éliminant les dominantes trop marquées de jaune ou vert.

Positionner des personnages face à la source de lumière permet de réaliser des portraits plus vivants, avec une tache de lumière dans les yeux. Photographier un sujet éclairé par un rayon de lumière venant de l'extérieur le fait surgir dans un décor resté dans l'ombre. Pensez aussi à profiter des lumières filtrées par des rideaux ou renvoyées par un mur à la manière d'un réflecteur, et qui sont souvent plus douces.

En éclairage artificiel, pensez à adapter le réglage de la balance des blancs pour corriger les excès de tonalité jaune (ampoules à incandescence) ou verte (néons). Reportez-vous au chapitre « La mesure de la lumière » (voir p. 87) pour plus de détails. En numérique, la possibilité d'augmenter la sensibilité permet de réaliser des images à main levée, sans flash, dans des conditions où la photographie argentique exige l'utilisation d'un trépied et de vitesses très lentes (voir « La mesure de la lumière »).

Trouver le bon angle

Photographe débutant, vous vous arrêtez devant un paysage, vous voulez faire un portrait ou photographier un marché et vous ne savez pas quel objectif utiliser. Avec l'expérience, vous repérerez d'un coup d'œil la focale adaptée pour réaliser l'image souhaitée. Cela ne dispense pas pour autant de tourner autour de votre sujet, d'essayer différents angles de prise de vue (plongée, contre-plongée, à hauteur du sujet) et différents objectifs.

Ces tâtonnements permettent de trouver l'image juste, celle qui traduit au mieux l'émotion d'origine. Cela pousse aussi à aller plus loin et à découvrir de nouvelles images qui apparaissent en balayant la scène, l'œil collé au viseur. Prenez le temps de travailler votre sujet : plusieurs clichés forts peuvent être pris à partir d'une même scène avec des angles de prise de vue très différents. Ne vous arrêtez pas au premier déclenchement.

Choisir le bon objectif

Les grands-angles sont généralement adaptés à la photographie de paysage, car ils permettent de traduire l'impression d'espace et de donner la part belle au ciel... lorsqu'il le mérite (présence de nuages). Vous vous en servirez aussi en photographie d'architecture pour mettre en valeur les perspectives et accentuer les lignes de fuite. Un très grand-angle (14 mm, 20 mm) peut être adapté à la photographie d'intérieur puisque l'angle couvert permet d'inclure une grande partie de la pièce.

Ces objectifs ont la particularité d'accentuer les perspectives et de déformer plus ou moins le sujet. En architecture, pour que votre photo « tienne debout », faites en sorte que les lignes qui doivent être horizontales et celles qui doivent être verticales le soient réellement. Pour un paysage, il vous faudra, dans certains cas, vous positionner légèrement en hauteur pour que les différents plans de l'image ne soient pas trop écrasés par l'effet grand-angle. Lorsque le ciel est intéressant, n'hésitez pas à relever votre appareil photo vers le haut pour composer votre image avec les dessins des nuages.

Vous pouvez tout à fait réaliser des portraits au grand-angle, en sachant que votre sujet sera déformé, et des paysages au téléobjectif.

Les téléobjectifs, à partir de 85 mm, sont idéaux pour les portraits. Avec un grand-angle, ou même un petit téléobjectif en dessous de 80 mm, les visages peuvent être légèrement déformés. Vous pouvez faire des portraits serrés (uniquement le visage) ou des plans plus larges, en prenant un peu de recul. Le portrait dit « américain » inclut le visage et le buste de la personne. Dès que vous souhaitez photographier des objets ou des détails d'architecture en gros plan, utilisez aussi un téléobjectif. Pour la faune sauvage, vous aurez besoin d'un téléobjectif assez important, au-dessus de 300 mm, voire plus si vous voulez vraiment vous consacrer à photographier les animaux sauvages. Avec un gros téléobjectif, nous vous recommandons l'utilisation d'un monopode pour vous stabiliser : vous ne vous fatiguerez pas les bras à le soutenir et pourrez faire des cadrages précis en toute tranquillité.

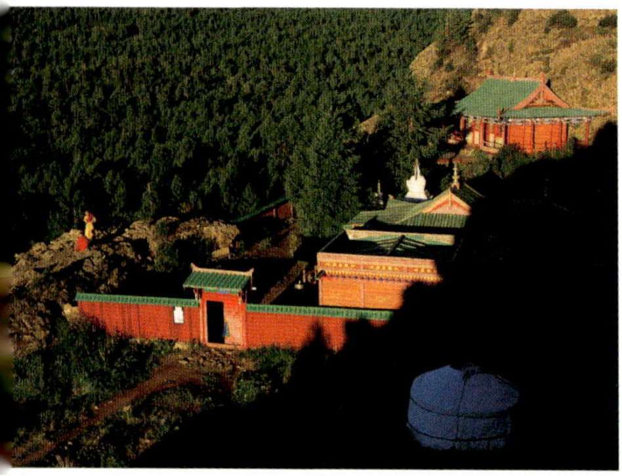

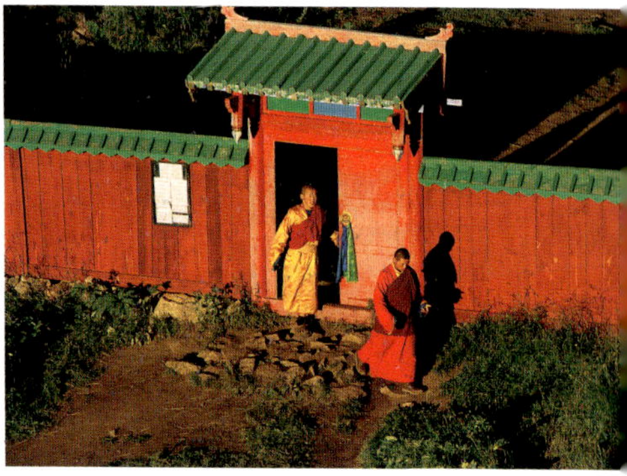

Mongolie. Ces deux images ont été prises du même endroit : l'une avec une focale de 70 mm et l'autre avec un téléobjectif de 300 mm.

Pour la macrophotographie, un objectif spécifique macro est indispensable. Sinon, vous pouvez utiliser des bagues allonges avec vos objectifs habituels; elles permettent de réduire la distance minimale de mise au point et donc de vous approcher au plus près du sujet.

Révéler le contexte

En voyage, en particulier dans le cas de portraits, il faut penser à ne pas faire uniquement des plans serrés. Photographier un personnage dans son habitat, son village ou avec sa famille, donnera une image très parlante et situera immédiatement le lieu de prise de vue. En photographie animalière également, nous avons souvent tendance à vouloir réaliser des portraits serrés quand nous avons la chance de pouvoir approcher des animaux sauvages. Pourtant, un lion situé dans un décor de savane, ou un puma dans la Cordillère des Andes, sont des images beaucoup plus rares et fortes que des portraits serrés... qui peuvent être réalisés en zoos avec beaucoup de facilité!

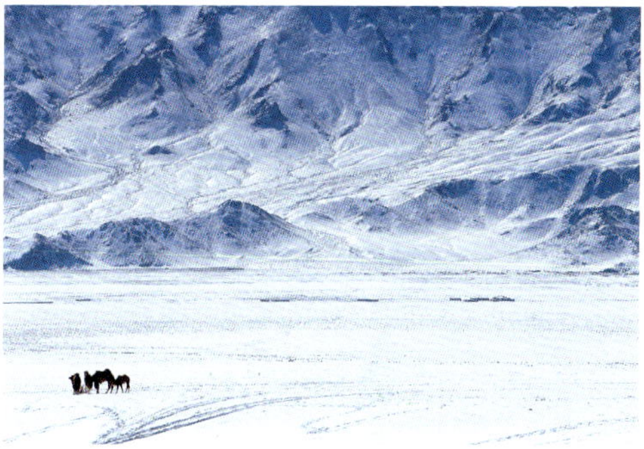

Mongolie. Situer ces chameaux de Bactriane dans le décor enneigé des Monts Altaï, donne une image plus forte qu'un plan serré.

Repérer les contrastes

Un sujet foncé placé dans un décor plongé dans l'ombre sera illisible. Tout dans une image fonctionne par contraste, par opposition d'ombre et de lumière, de couleur, de taille, de matière... Apprenez à repérer ces contrastes pour vous en servir comme éléments de la composition de l'image. Cela demande un peu d'entraînement et d'attention visuelle pour un œil non exercé, mais l'effort en vaut la peine.

Ombre et lumière

Les lumières de l'aube et du couchant sont les plus propices pour jouer sur les contrastes entre zones éclairées et zones à l'ombre. Imaginez la force de votre image si votre sujet, éclairé par les premiers rayons du soleil, est placé dans un décor encore dans l'ombre. Inversement, pensez qu'un sujet à l'ombre qui se découpe en silhouette sur un fond éclairé est tout aussi intéressant : n'attendez pas que l'ombre se déplace pour prendre votre photo!

En cas de fort contraste, il est inutile et vain (techniquement impossible à la prise de vue) de vouloir réaliser une image où toutes les zones sont correctement exposées, comme c'est souvent le souhait du photographe débutant : votre appareil photo ne peut pas exposer correctement à la fois des zones très éclairées et des zones très sombres dans une même image. Vous devrez donc faire un choix, en fonction de la zone que vous souhaitez mettre en valeur. En fait, lorsque les contrastes entre les zones d'ombre et de lumière sont importants, il vaut mieux s'en servir comme partie intégrante de la composition, que ce soit en paysage, en architecture, en intérieur, en mettant l'accent sur la partie que vous trouvez la plus forte (voir « La mesure de la lumière » p. 87).

France, Languedoc. La couleur rouge, située sur un point fort, avec de l'espace dans la direction de l'inclinaison du coquelicot, attire immédiatement l'œil, par contraste avec le fond vert.

Couleurs chaudes et froides

Les couleurs chaudes sont les jaunes, les rouges et les orangés ; les couleurs froides sont les bleus, les verts et les violets. Utiliser les contrastes entre couleurs chaudes et froides et les associations de couleurs complémentaires (vert et rouge, orange et bleu...) permet de donner de la force à votre image, de la rendre plus lisible, et de mettre en évidence votre sujet et les éléments importants de votre scène. Apprenez à repérer un coquelicot rouge vif dans un champ de blé vert au printemps, un paysage de steppe jauni par la fin de l'été sous le bleu dense du ciel, le fichu fuchsia d'une bergère au cœur du vert tendre des pâturages...

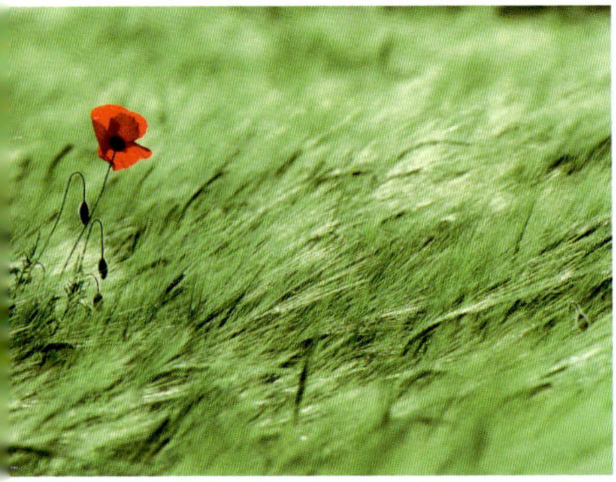

Mongolie. L'immensité du territoire saute aux yeux grâce à la présence d'un minuscule troupeau de yacks traversant la rivière.

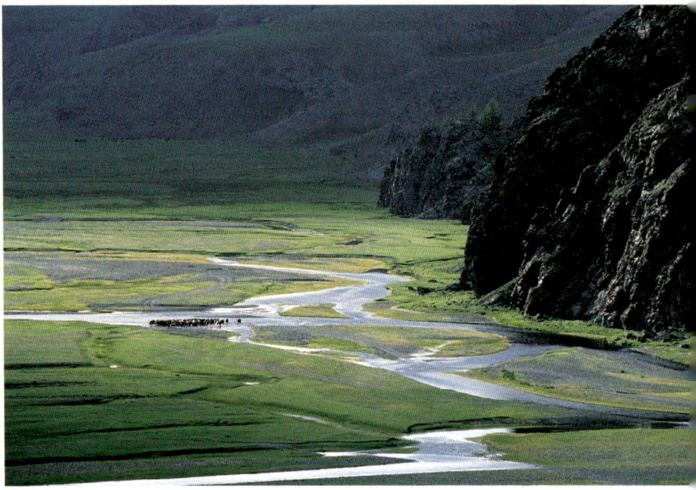

Les volumes

Jouer sur les contrastes de tailles situe un sujet dans son contexte par rapport aux autres éléments de la photo. Nous avons tous en tête une idée de la taille d'un personnage, d'un arbre, d'un bâtiment, d'un animal... Les utiliser, en les mettant en relation avec leur environnement, permet de mettre l'accent sur leur petitesse ou, au contraire, leur gigantisme. Pensez donc à inclure, dans votre composition, un personnage au pied d'un monument qui vous impressionne par sa taille, utilisez un arbre perché sur une falaise dont vous souhaitez montrer le caractère imposant, placez une petite maison au cœur d'un paysage dont vous voulez révéler l'immensité. N'hésitez pas à supprimer le ciel de votre photo pour donner une impression de gigantisme : un sujet au pied d'un pan de montagne dont on ne voit pas le sommet laisse libre court à l'imaginaire de celui qui va découvrir votre photo et qui ne sait pas où en est la limite.

Le flou et le net

La maîtrise de la profondeur de champ vous permet de décider des éléments que vous souhaitez inclure dans la zone de netteté de l'image et de ceux que vous souhaitez laisser dans le flou. La zone de flou peut être peu, moyennement ou très floue, de façon à laisser deviner ou non des formes et des détails (voir « Maîtriser le net et le flou » p. 117).

Il est courant, par exemple, de photographier un sujet net qui surgit sur un fond flou très fondu dans le cas de la macrophotographie ou de portraits serrés. Vous pouvez aussi imaginer photographier un personnage dans un décor moyennement flou qui laisse deviner dans quel environnement il se situe (habitat, paysage, marché, village...).

Birmanie. Une faible profondeur de champ a permis, au 200 mm, de détacher ce portrait sur un fond flou.

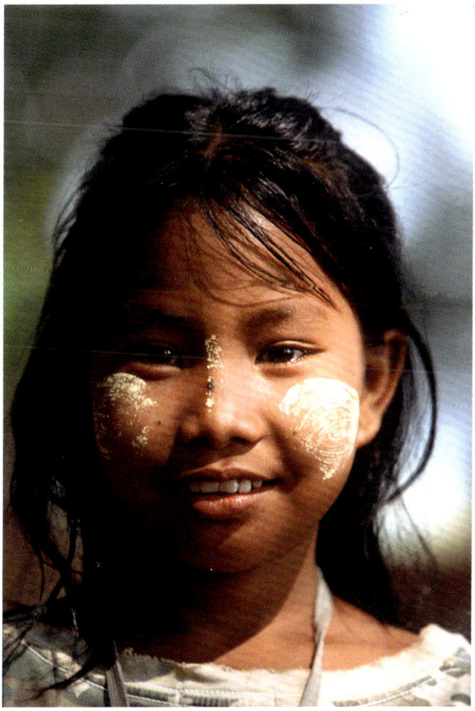

Le mouvant et le fixe

La gamme des vitesses d'obturation de votre appareil photo vous permet, lors de scènes dynamiques, de jouer sur le mouvement. Vous pouvez, par exemple, vouloir saisir un sujet en dépla-

Vous rencontrerez quantité d'occasions de réaliser des images sans contrastes de lumière, ni de couleurs, ni de volumes... d'où se dégage une grande douceur, où le sujet se fond dans son environnement.

cement de façon à ce qu'il soit complètement net ou, au contraire, légèrement flou pour traduire l'impression de vitesse. Contrairement à celui obtenu en jouant sur la profondeur de champ, il s'agit ici d'un flou qui a pour but de laisser deviner le mouvement, la vitesse et le sens du déplacement (voir «Maîtriser le net et le flou»).

Utiliser le contraste entre des éléments de votre photo qui restent nets et des sujets en mouvement qui sont flous donne du dynamisme à l'image. Par exemple, vous pouvez photographier une cascade floue dans un paysage où tous les autres éléments sont nets, suggérer le passage d'un cycliste en le laissant flou dans une ville où la rue et les bâtiments sont nets, montrer le travail d'un artisan en faisant deviner ses gestes par des mains au travail floues... Dès qu'apparaît un mouvement dans votre scène, posez-vous la question de la façon dont vous souhaitez le saisir et le traduire en image. Soyez attentif à laisser une partie de l'image nette pour la compréhension de la scène et pour son dynamisme.

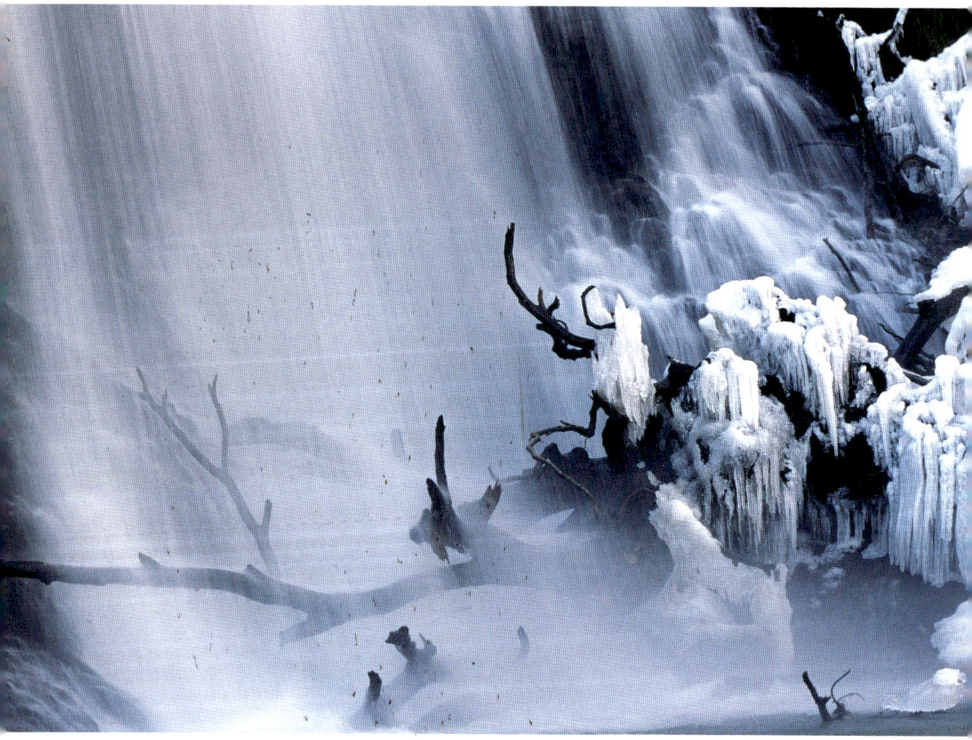

France, Cantal. Une vitesse lente (1/4 s) créé un effet de filé de la chute d'eau qui contraste avec les parties très nettes des branches prises dans la glace.

Saisir l'instant

Contrairement au cinéma qui raconte une histoire par une succession d'images, la photographie doit synthétiser en un seul cliché celle d'un instant fort de votre voyage. C'est dans le cadre du viseur de l'appareil photo que chacun va décider, au milieu de milliers d'instants, de celui qui lui semble le plus conforme à son intention pour déclencher. Ce peut être le moment où un spot de lumière éclaire un village au cœur d'un paysage, celui où le fumeur expire sa fumée de cigarette ou l'instant où le cheval balance sa queue de droite à gauche pour chasser les insectes ; ce peut être une attitude prise par un enfant, le moment d'un échange entre plusieurs personnes...

Savoir ne pas déclencher et attendre le bon moment vous permettra d'obtenir, au-delà d'une composition bien construite, ce petit plus qui fait les grandes images. Cela demande à la fois la patience du photographe animalier, qui attend et observe pendant des heures, et la rapidité du photographe sportif qui sait réagir, en une fraction de seconde, lorsque l'instant fort se présente. Dans ces cas-là, il ne faut pas hésiter à prendre des séries d'images au cœur desquelles vous sélectionnerez, à votre retour, vos clichés les plus forts. Soyez indulgent avec vous-même : il y aura forcément des loupés... mais, en particulier si vous êtes en numérique, ce n'est pas bien grave, c'est le métier qui rentre !

Argentine, Patagonie. Prendre le temps d'observer son sujet et d'anticiper ses réactions permet de saisir l'instant qui donnera tout son sens à l'image.

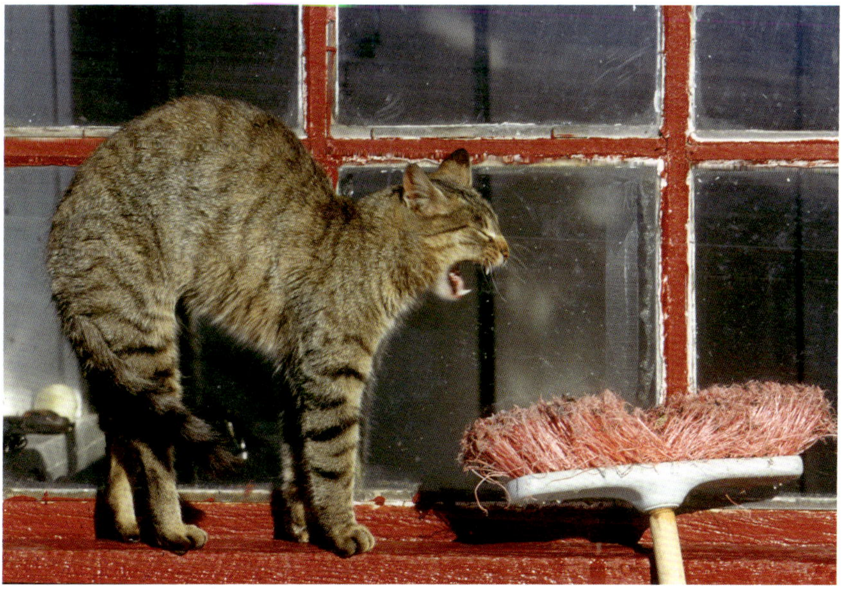

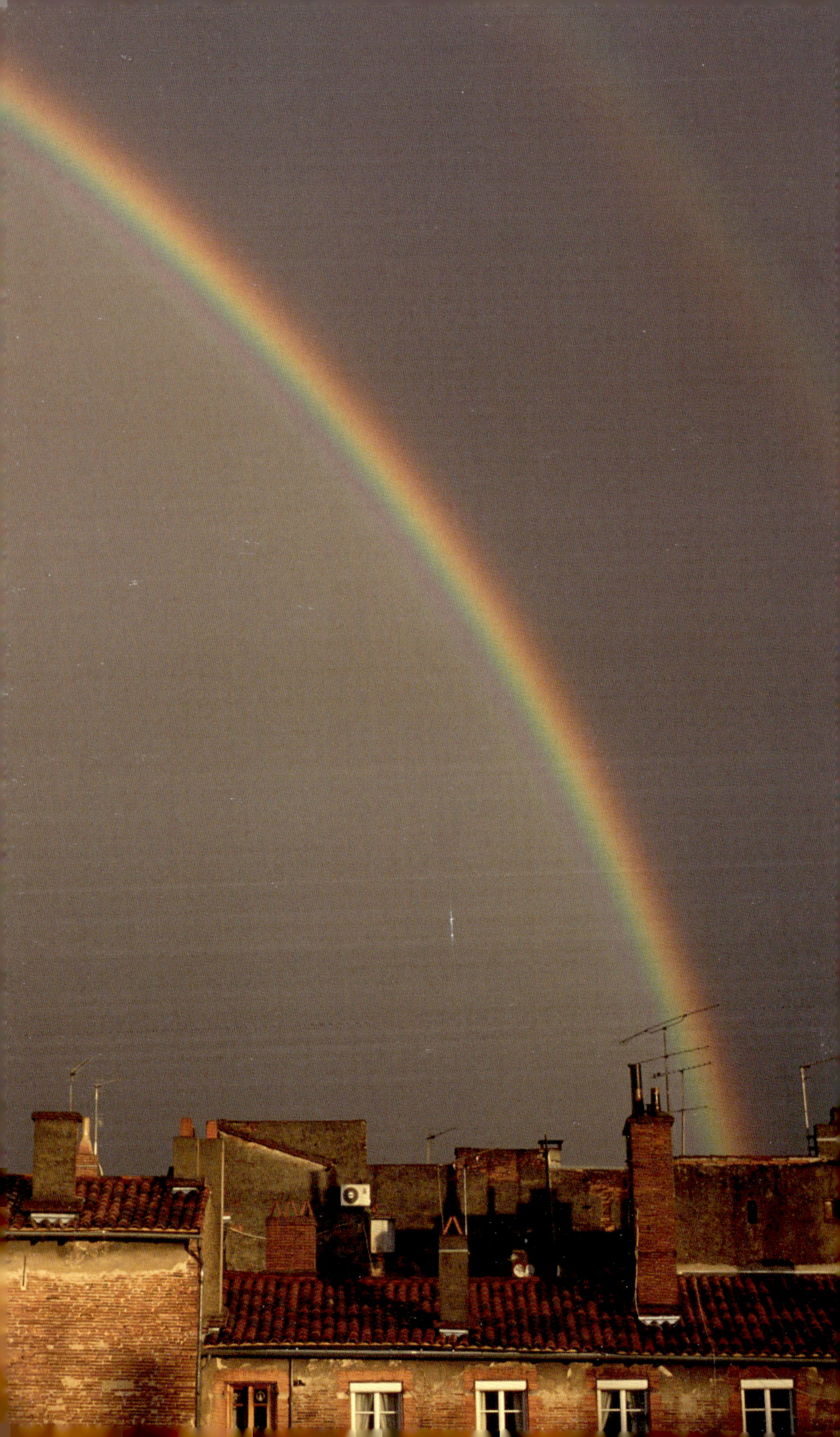

5
La mesure de la lumière

L'intensité de la lumière varie selon les heures de la journée et les matières qui la réfléchissent (verre, herbe...). La difficulté consiste à faire entrer dans le boîtier la juste quantité de lumière. Trop de lumière donne une image surexposée (à l'extrême, blanche); pas assez de lumière donne une image sous-exposée (toute noire). Sensibilité, vitesse et diaphragme sont les trois paramètres permettant de régler l'exposition.

France. Arc-en-ciel sur les toits de Toulouse.

La sensibilité

Pour vous assurer de la meilleure qualité d'image possible, nous vous conseillons de travailler dans la mesure du possible, à 100 ISO

Il existe différentes sensibilités de films et la possibilité, sur les boîtiers numériques, de la faire varier par une simple molette ou une fonction dans un menu. Plus la sensibilité est élevée, plus vous pouvez photographier en lumière faible. Elle se mesure en ISO (anciennement ASA) et ses valeurs s'étendent de 25 à 6400 ISO. Celles qui sont les plus adaptées à la photographie de voyage vont de 100 à 1600 ISO. À titre d'exemple, nous utilisons très couramment 100 ISO pour des photographies en extérieur, et montons parfois à 200, 400 et jusqu'à 1600 ISO pour certaines photos d'intérieur ou en lumière très basse.
Le grand avantage de la photographie numérique réside dans le fait que vous pouvez faire varier la sensibilité à chaque photo (voir votre mode d'emploi). En revanche, en photographie argentique, la sensibilité est choisie au moment de l'achat de la pellicule : une fois que vous avez commencé à photographier avec un film 100 ISO, vous ne pouvez plus changer la sensibilité. Vous avez la possibilité, avec certains boîtiers, de rembobiner la pellicule en cours d'utilisation pour la remplacer par une autre, de sensibilité différente. Certains boîtiers permettent même de laisser l'amorce du film à l'extérieur pour pouvoir le réutiliser par la suite. Dans ce cas, notez au marqueur, sur la pellicule, le numéro de la dernière vue exposée. Lorsque vous voulez la réutiliser, remettez-la en place normalement dans le boîtier et déclenchez dans le noir jusqu'à atteindre la dernière vue exposée, plus une, par mesure de sécurité (vous pouvez déclencher avec le cache objectif si votre appareil l'accepte). Il est également possible de « pousser » une pellicule à une sensibilité supérieure à celle indiquée : une fois qu'elle est chargée dans

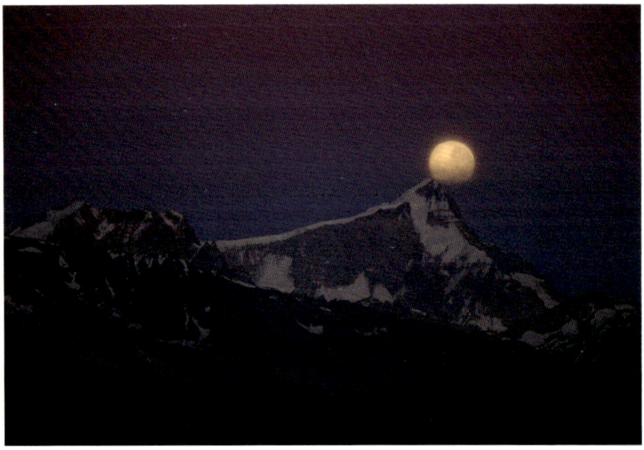

Argentine, Patagonie. Pour ce coucher de lune sur la Cordillère des Andes, une sensibilité de 800 ISO a permis de prendre la photo à main levée au 200 mm, sans risque de flou de bougé.

votre boîtier, indiquez à votre appareil que vous travaillez à 200 ISO, par exemple, au lieu de 100 ISO (voir votre mode d'emploi). Attention, vous ne pouvez plus ensuite revenir à 100 ISO et devez terminer la pellicule à 200 ISO. Enfin, n'oubliez pas de le préciser au laboratoire qui développe vos films afin qu'il en tienne compte.

Le choix de la sensibilité a un effet sur la qualité de l'image : plus la sensibilité est élevée, plus vous verrez apparaître du bruit (numérique) ou du grain (argentique). Il sera alors difficile de faire des agrandissements de bonne qualité, car l'effet de bruit, ou de grain, sera accentué et vous perdrez de la définition (netteté, « piqué » de la photo). En noir et blanc, ce peut être un choix volontaire que de travailler avec des sensibilités élevées pour donner de la matière à l'image, en particulier en argentique.

Avec un compact ou un bridge, le bruit numérique peut être gênant, même avec des sensibilités peu élevées, telles que 200 ou 400 ISO, alors qu'avec un reflex de bonne qualité, vous pouvez généralement photographier jusqu'à 800 ISO sans souci. Pour voir comment réagit votre appareil, faites la même photo à différentes sensibilités et zoomez sur des zones de couleur unie (ciel bleu, surface sombre...) : vous verrez à quel moment apparaît le bruit numérique, sorte de matière irrégulière, alors que vous devriez obtenir une couleur uniforme.

Le couple vitesse-diaphragme

La vitesse et le diaphragme sont deux paramètres clés de la mesure de l'exposition. Pour une intensité de lumière donnée, plusieurs couples vitesse-diaphragme sont possibles. Le choix d'une combinaison plutôt que d'une autre se fait alors en fonction du rendu souhaité sur l'image finale.

La vitesse d'obturation

Il s'agit du temps, en secondes ou fractions de seconde, pendant lequel l'obturateur de votre boîtier reste ouvert pour laisser entrer la lumière et « impressionner » le capteur numérique ou la pellicule photo. Il faut augmenter la vitesse pour réduire la quantité de lumière entrant dans le boîtier et la diminuer dans le cas contraire. Vous utiliserez donc des vitesses rapides lorsque la lumière est forte et des vitesses lentes

lorsque la lumière est faible. Les valeurs courantes de la vitesse sont : 2 s, 1 s, 1/2 s, 1/4 s, 1/8e s, 1/15e s, 1/30e s, 1/60e s, 1/125e s, 1/250e s, 1/500e s, 1/1 000e s. Quand vous passez d'une vitesse à l'autre, vous multipliez ou divisez par deux la quantité de lumière qui entre dans le boîtier. Votre boîtier affiche « 125 » pour 1/125e s et « 2" » pour 2 s.
La vitesse a un impact sur le rendu de l'image uniquement s'il y a un sujet en mouvement dans votre photo : une vitesse élevée fige le mouvement, une vitesse lente permet d'obtenir un effet de filé (voir « Maîtriser le net et le flou » p. 117).

Le flou de bougé

En dehors de tout choix créatif, vous devez toujours veiller à utiliser des vitesses suffisamment élevées pour éviter le flou de bougé, c'est-à-dire le flou provoqué par vos mouvements (respiration, tremblement...). À main levée, la vitesse doit être égale ou plus rapide que l'inverse de la focale : avec un 200 mm, par exemple, vous devez choisir une vitesse supérieure ou égale à 1/200e s.

L'ouverture du diaphragme

Le diaphragme est un mécanisme de lamelles métalliques dans l'objectif, qui s'ouvre plus ou moins pour laisser passer la lumière. Vous le fermez lorsque la lumière est forte et vous l'ouvrez lorsque la lumière est faible. Les valeurs du diaphragme sont exprimées par la lettre f suivie d'un chiffre ; les plus courantes sont : f/2,8 ; f/4 ; f/5,6, f/8, f/11, f/16... De même que pour la vitesse, quand vous passez d'une valeur à la suivante, vous multipliez ou divisez par deux la quantité de lumière qui entre à travers l'objectif. Fermer le diaphragme d'une unité ou augmenter la vitesse d'un cran revient donc au même en termes de quantité de lumière entrant dans l'appareil photo.
Par convention, la valeur 1 correspond à la plus grande ouverture possible et plus le chiffre est grand, plus l'ouverture est petite : f/5,6 donne ainsi un diaphragme plus ouvert que f/11. Ces chiffres, contrairement à ceux de la vitesse qui sont exprimés en secondes, ne sont pas très parlants pour le photographe débutant. La plupart des objectifs professionnels permettent d'ouvrir jusqu'à f/2,8 et les objectifs amateurs jusqu'à f/4 ou f/5,6 seulement ; cette indication est inscrite sur votre objectif. Si vous avez un zoom amateur, par exemple un 70-200 mm, vous trouverez deux valeurs du diaphragme indiquées : très probablement f/4 et f/5,6. L'ouverture de diaphragme la plus grande (f/4) correspond à l'ouverture maximale pour la focale 70 mm ; l'ouverture de diaphragme la plus fermée (f/5,6) correspond à l'ouverture maximale possible pour la focale 200 mm. En d'autres termes, cela signifie que, si vous prenez une photo au 200 mm, vous ne pourrez pas ouvrir votre diaphragme à f/4 mais uniquement jusqu'à f/5,6.

Le choix de l'ouverture du diaphragme a systématiquement un impact sur le rendu de l'image : en la faisant varier, vous jouez sur la profondeur de champ. À vous de choisir si vous voulez une image où tous les plans sont nets (petite ouverture) ou, au contraire, une image présentant une zone de netteté faible (grande ouverture) destinée à faire ressortir le sujet sur un fond flou (voir « Maîtriser le net et le flou »).

Choisir la bonne combinaison

La juste mesure de lumière résulte d'une combinaison entre la vitesse et le diaphragme, en tenant compte de la sensibilité. Votre appareil photo est équipé d'une cellule interne qui mesure la quantité de lumière de la scène que vous êtes en train de photographier. Un curseur, visible à l'intérieur du viseur et sur l'écran LCD, vous indique si le couple vitesse-diaphragme que vous avez choisi permet d'obtenir une image bien exposée. Si le curseur n'est pas sur le 0, cela signifie que votre image est surexposée ou sous-exposée. Par ailleurs, la valeur de la vitesse et/ou du diaphragme choisie clignote lorsque l'image n'est pas bien exposée. Si vous prenez la photo malgré tout, l'image sera trop claire ou trop sombre.

Pour une scène donnée, plusieurs combinaisons possibles aboutiront à une image bien exposée. Par exemple, une vitesse de 1/125e s avec un diaphragme de f/8 laisse entrer la même quantité de lumière qu'une vitesse de 1/250e s avec un diaphragme de f/5,6 : la vitesse est deux fois plus rapide, mais le diaphragme deux fois plus ouvert. Le choix d'un couple plutôt que d'un autre dépend en réalité de l'effet que vous souhaitez obtenir au final sur l'image en termes de profondeur de champ et/ou d'effet de filé, si vous photographiez une scène dynamique.

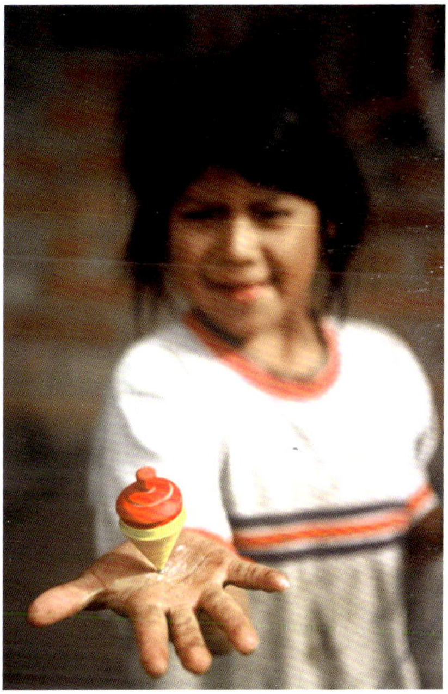

Équateur. Le choix d'une faible profondeur de champ met en évidence la toupie du premier plan, saisie par une vitesse rapide.

Mon appareil photo ne veut pas faire la mesure de lumière

Si vos paramètres vitesse et/ou diaphragme clignotent, cela signifie qu'il y a trop ou pas assez de lumière pour faire la photo. En cas de lumière faible, stabilisez votre appareil sur un trépied ou un autre support, et diminuez la vitesse ou ouvrez le diaphragme jusqu'à ce que vous puissiez prendre la photo. Pensez sinon à augmenter la sensibilité pour vous laisser une plus grande marge de manœuvre à main levée. Si la lumière est trop forte, utilisez votre plus faible sensibilité, augmentez la vitesse et fermez le diaphragme.

La balance des blancs

Avec des fichiers RAW, la balance des blancs peut être modifiée au moment de la postproduction sans perte de qualité. Au format JPEG, au contraire, elle n'est plus modifiable après la prise de vue.

Le réglage de la balance des blancs est une spécificité du numérique qui a plus à voir avec la colorimétrie qu'avec la mesure de la lumière. Il a pour but de neutraliser les dominantes de couleur pour obtenir une photo où le blanc (et toutes les autres tonalités) est le plus neutre et le plus naturel possible. Il existe une balance des blancs automatique, des réglages de balance des blancs prédéfinis pour différentes conditions de lumière, ou encore la possibilité de procéder à une balance des blancs personnalisée.

- **La balance des blancs automatique** fonctionne très bien dans la plupart des situations de lumières naturelles ou artificielles (sauf pour des éclairages au néon). Elle peut trouver une limite dans le cas de lumières à forte coloration, par exemple pour un lever de soleil aux tonalités orangées : la balance automatique essaye de neutraliser les dominantes de couleur et l'image pourra perdre une grande partie des lumières chaudes... qui font tout l'intérêt de la photo ! De même, dans une situation de lumières naturelles et artificielles mélangées, l'automatisme ne saura pas toujours gérer correctement les dominantes de couleur.
- La balance réglée sur **Lumière du jour** est relativement neutre. Elle a été conçue pour les lumières naturelles d'extérieur. Elle est parfois plus juste que la balance des blancs automatique pour les prises de vue en extérieur, y compris pour les levers et couchers de soleil à dominantes plutôt chaudes. Pensez que vous pouvez aussi l'utiliser pour des photos en intérieur, lorsque la scène est éclairée par la lumière du jour provenant de l'extérieur.
- La balance réglée sur **Nuageux** réchauffe les lumières froides en apportant des tons chauds à l'image. Elle est intéressante pour intensifier les dominantes orangées de lumières rasantes ou réchauffer l'atmosphère par temps gris. Dans certains cas, l'effet peut être un peu exagéré : des images de paysages enneigés prennent alors un aspect jauni un peu vieillot.
- La balance réglée sur **Incandescent (ou Tungstène)** s'utilise dans le cas de prises de vue en éclairage à incandescence (ampoules standard). Ce réglage est l'équivalent des filtres utilisés en argentique pour compenser la dominante de couleur jaune. La correction est parfois trop forte et il arrive que la scène perde son ambiance chaleureuse pour donner une image aux tons un peu froids. Dans ce cas-là, la balance des blancs automatique est plus appropriée.

- La balance réglée sur **Fluorescent** supprime la dominante verte produite par les éclairages au néon.
- La balance réglée sur **Flash** compense l'effet froid de la lumière du flash en rendant les couleurs plus naturelles. Elle s'utilise lorsque vous photographiez au flash.
- **La balance des blancs personnalisée** permet de choisir, dans une lumière donnée, le blanc (ou, encore mieux, le gris à 18 %) qui sert d'étalonnage pour le reste de l'image. Elle a peu d'intérêt en voyage, car la balance des blancs automatique et les balances préréglées offrent généralement suffisamment de choix pour chaque situation rencontrée. Elle peut être utile lors de spectacles, par exemple lorsque les éclairages artificiels apportent des rouges, jaunes, bleus… qui ne sont pas pris en compte par les balances préréglées.

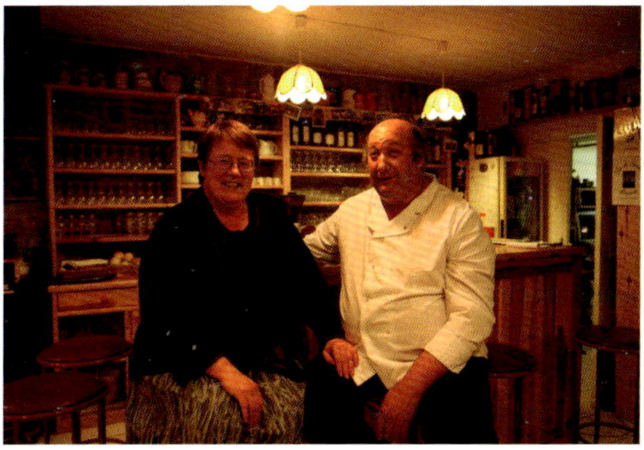

France, plateau de l'Aubrac. En intérieur, la balance des blancs automatique permet de ne pas supprimer complètement la dominante jaune qui donne un côté chaleureux.

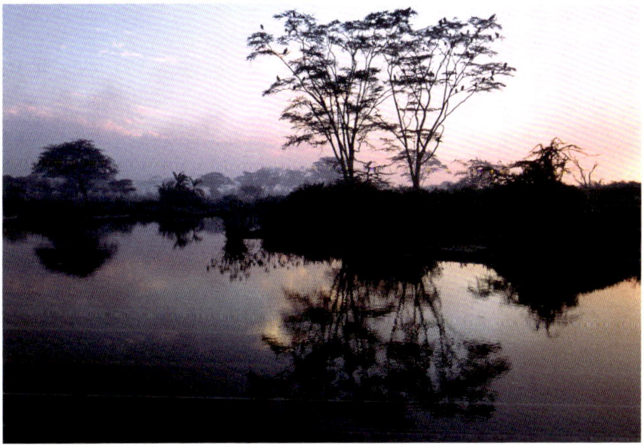

Tanzanie. La balance des blancs réglée sur Lumière du jour, relativement neutre, est adaptée à une grande diversité de situations d'extérieur.

Dans la pratique…

Chaque marque d'appareil photo réagit différemment. Prenez la même photo avec différents réglages de balance des blancs pour choisir celle qui vous semble la plus juste. Faites cet exercice en lumière artificielle et en lumière naturelle. De notre côté, nous travaillons très souvent avec la balance des blancs Lumière du jour pour les éclairages naturels, et la balance des blancs automatique ou Tungstène pour les éclairages incandescents.

Quel mode d'exposition utiliser ?

Votre appareil photo vous propose différents modes pour régler l'exposition : des modes automatiques (Tout-automatique, Paysage, Portrait, Macro, et P pour Programme), des modes semi-automatiques (Tv ou S, Av ou A) et le mode Manuel (M). Si vous souhaitez réellement faire de la photo, vous pouvez abandonner tous les modes automatiques qui, s'ils peuvent être rassurants au début, ne vous offrent en réalité aucune maîtrise du résultat final : c'est l'appareil photo qui choisit le couple vitesse-diaphragme et parfois même la sensibilité.

Les modes semi-automatiques

Les modes Priorité vitesse (Tv ou S) et Priorité ouverture (Av ou A) sont ceux que les photographes utilisent le plus couramment car ils permettent de réagir rapidement, tout en choisissant tous les paramètres de prises de vue. Pour comprendre leur fonctionnement, faites des tests avec votre appareil photo. Positionnez-vous, par exemple, en mode Priorité vitesse, visez une scène, sélectionnez une vitesse et regardez le diaphragme que vous propose votre appareil photo ; ce couple permet de prendre une photo bien exposée. Vous pouvez alors déclencher (si aucun des deux paramètres ne clignote). Changez la vitesse et vous verrez que votre appareil photo adapte la valeur du diaphragme pour conserver une exposition correcte. Le mode Priorité ouverture fonctionne de la même manière : vous sélectionnez un diaphragme et l'appareil vous indique la vitesse correspondante pour obtenir une image bien exposée.

Dans la pratique, il y a deux écoles. Certains préfèrent le mode Priorité ouverture pour se concentrer sur la profondeur de champ. Sachez que cela ne dispense pas, pour autant, de surveiller la valeur de la vitesse proposée par le boîtier : si vous photographiez un sujet en mouvement, vous devez vous assurer qu'elle est suffisamment rapide pour que le sujet soit net. En outre, sujet en mouvement ou pas, vous devez toujours être attentif à utiliser une vitesse permettant d'éviter le flou de bougé.

Nous préférons travailler en mode Priorité vitesse, car il permet d'être plus réactif lorsqu'un sujet en mouvement surgit à l'improviste dans votre scène. Imaginez que vous photographiez un gaucho à cheval menant tranquillement son troupeau de vaches. Soudain, une vache s'échappe, les chiens se mettent à la poursuivre, le gaucho lance son cheval au galop pour la rattraper. Vous n'avez qu'à tourner la molette des vitesses et, en une fraction de seconde, vous êtes prêt à saisir la scène : votre appareil photo aura adapté le diaphragme correspondant. Ce mode oblige, dans tous les cas, à « penser vitesse » et permet d'éviter plus facilement le flou de bougé. Il ne vous dispense pas, bien au contraire, de regarder la valeur du diaphragme correspondant à une vitesse donnée : si elle ne vous convient pas, tournez la molette des vitesses jusqu'à obtenir le couple qui vous convient.

Conseil pratique

Quel que soit le mode choisi (Priorité ouverture ou vitesse), nous vous conseillons de toujours travailler avec le même. Si vous changez en fonction des scènes, vous perdrez du temps et vous risquez de vous embrouiller. Dans tous les cas, vous devez vérifier vitesse et diaphragme et les faire varier jusqu'à obtenir la combinaison correspondant au résultat que vous souhaitez obtenir sur l'image.

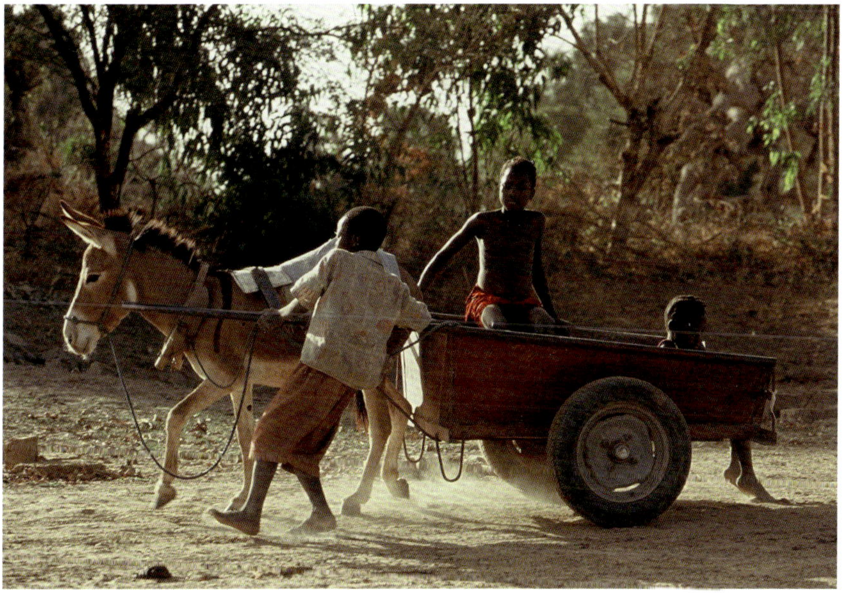

Burkina Faso. Le mode Priorité vitesse a permis de réagir vite, en tournant la molette des vitesses, pour saisir cette scène inattendue.

Le mode Manuel

Avec le mode d'exposition Manuel (M), vous devez régler la vitesse et le diaphragme, un peu au hasard les premiers temps, et l'appareil photo vous indique si le couple choisi permet de réaliser une photo bien exposée. Même avec beaucoup d'entraînement, vous tombez rarement sur la bonne combinaison du premier coup et devez continuer à chercher, par tâtonnements, le bon couple vitesse-diaphragme.

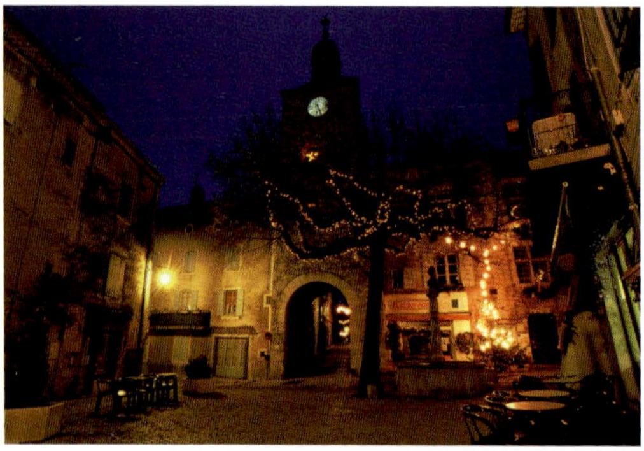

France, Vercors. En photo de nuit, le mode Manuel permet de garder en mémoire le couple vitesse-diaphragme choisi sans avoir à utiliser la mémorisation d'exposition.

En voyage, vous avez besoin de réagir vite, d'être discret dans certains endroits et vous ne pouvez pas vous permettre de chercher pendant de longues minutes comment régler votre exposition.

Ce mode est utile pour les photos de nuit ou en très faible lumière, si vous voulez photographier une place ou les bâtiments éclairés d'une ville, par exemple. La faible luminosité globale vous oblige à travailler avec des vitesses très lentes et donc à stabiliser votre appareil photo. Faites d'abord une mesure de la scène, à main levée, en mode Priorité ouverture ou Priorité vitesse pour déterminer le bon couple vitesse-diaphragme. Passez ensuite en mode Manuel pour sélectionner la vitesse et le diaphragme que vous avez trouvés. Vous avez alors tout le temps d'installer un trépied, d'ajuster votre cadre, de faire la mise au point, sans perdre la mesure de lumière qui a été faite et sans avoir besoin de maintenir enfoncée la touche de mémorisation d'exposition (voir plus loin le paragraphe « Mémoriser l'exposition »). Avec cette même mesure, vous pouvez prendre plusieurs photos, dans la même ambiance de lumière, avec des cadrages différents.

Le mode de mesure de la lumière

Par défaut, l'appareil photo règle l'exposition en faisant une moyenne de la luminosité de l'ensemble de la scène présente dans le cadre du viseur ou de l'écran LCD. Ce mode fonctionne parfaitement dans la grande majorité des cas rencontrés en voyage. Il existe, cependant, d'autres modes qui permettent de mesurer l'exposition sur une zone plus réduite de votre viseur et qu'il est indispensable de maîtriser pour certaines conditions de lumière.

Les différents modes de mesure

Si vous avez un reflex, vous avez certainement le choix entre deux à quatre modes de mesure différents pour régler l'exposition. Leur nom varie selon les marques d'appareil photo mais leur principe reste le même. Certains compacts et bridges offrent aussi cette possibilité. Les deux modes qui vous seront les plus utiles en voyage sont la mesure Évaluative et la mesure Spot.

- **La mesure Évaluative** : il s'agit du mode de mesure standard de l'appareil photo, adapté à la grande majorité des situations rencontrées en voyage, y compris certains cas de contre-jour. C'est celui qui s'approche le plus du fonctionnement de l'œil humain. L'appareil mesure l'intensité de la lumière sur différentes zones réparties sur la surface du viseur ou de l'écran LCD. Le calcul prend ainsi en compte tous les plans de la photo : celui du sujet, l'arrière-plan et le premier plan. Ce mode fonctionne très correctement dans tous les cas où la lumière n'est pas très contrastée. Dès qu'apparaissent des zones d'ombre et de lumière en revanche, il peut avoir des difficultés à produire un résultat satisfaisant. La mesure Évaluative est aussi appelée «mesure Matricielle», «Multizone», «Globale», selon les marques d'appareils photo.
- **La mesure Spot** : c'est le mode le plus précis que vous trouverez. Il permet de mesurer la lumière sur une zone très réduite de votre viseur ou de votre écran LCD, généralement matérialisée par un cercle central qui couvre 3 à 5% de la surface totale du cadre (attention à ne pas le confondre avec le carré du collimateur central de mise au point). Vous utiliserez ce mode dans tous les cas de lumières difficiles ou contrastées.

En dehors de ces deux modes, vous pouvez trouver la mesure Sélective ou Pondérée centrale.

- **La mesure Sélective** : c'est une sorte de mesure Spot plus large qui couvre 8 à 10% de votre viseur ou écran LCD. Elle présente peu d'intérêt si vous disposez de la mesure Spot, beaucoup plus précise. Elle est aussi appelée «mesure Partielle».
- **La mesure Pondérée centrale** : c'est une sorte de mesure évaluative qui donne une plus grande importance à la luminosité du centre de l'image. Elle n'est pas évidente à utiliser et, si vous voulez mettre l'accent sur le centre de l'image, autant passer en mesure Spot. Elle est aussi appelée «mesure à Prépondérance centrale».

La correction d'exposition

Quel que soit le mode de mesure utilisé, vous pouvez choisir de surexposer ou sous-exposer automatiquement une ou plusieurs images, au moment de la prise de vue, en utilisant la fonction de correction d'exposition (voir votre mode d'emploi). Cela peut être utile dans le cas de lumières difficiles (neige, peaux noires...) où la cellule de l'appareil a du mal à faire une mesure de lumière correcte.

Mesure Évaluative ou Spot ?

Vous pouvez utiliser la mesure Évaluative lorsque vous photographiez des scènes dans lesquelles l'éclairage est relativement uniforme sur toute la surface de votre photo : par temps gris, pour une scène où tout est à l'ombre, pour une image où la surface occupée par les zones à l'ombre est à peu près équivalente à celle occupée par les zones éclairées. Ce mode de mesure fonctionne alors très bien et vous donne un résultat très satisfaisant.

La mesure Spot présente un intérêt lorsque la mesure Évaluative trouve sa limite, c'est-à-dire dès que vous avez dans votre photo des zones de lumière très contrastées. Ce peut être le cas si vous photographiez un spectacle ou un concert dans la pénombre et où seuls les artistes sont éclairés. C'est aussi le cas chaque fois que vous photographiez en intérieur, éclairé par la lumière naturelle qui entre par une porte ou une fenêtre : certaines zones de la pièce sont très lumineuses, alors que d'autres restent dans l'ombre. Si vous êtes dans un sous-bois et que vous voulez mettre en évidence des rayons qui tombent « en douche » par le haut pour éclairer un animal ou une clairière, la mesure Évaluative donnera un résultat médiocre. De même, dans tous les cas où vous photographierez un paysage dans les lumières rasantes de l'aube et du couchant, vous vous retrouverez dans des conditions où les contrastes entre ombre et lumière seront difficilement pris en compte par cette mesure.

Argentine, Patagonie. Avec une lumière uniforme de milieu de journée, la mesure Évaluative fonctionne très bien.

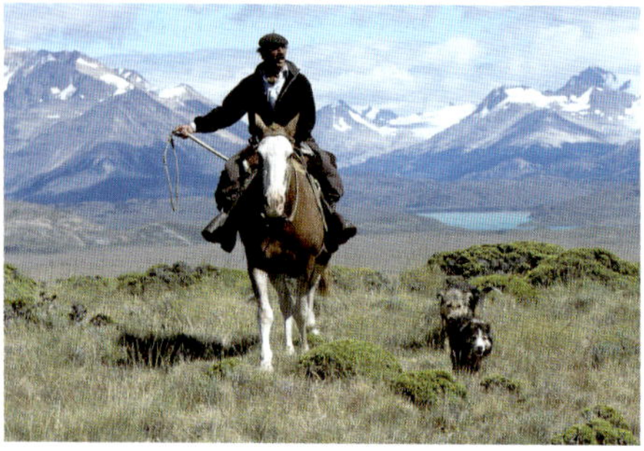

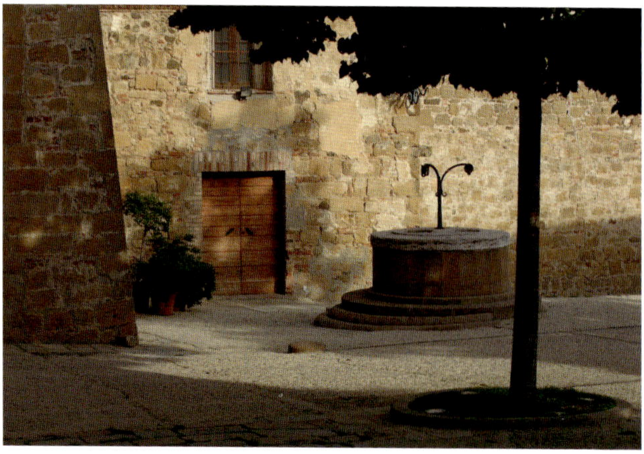

Italie, Toscane. Dans tous les cas où l'image présente des zones d'ombre et de lumière contrastées, la mesure Spot est plus adaptée.

Comprendre la mesure Spot

Pour tester le fonctionnement de la mesure Spot, vous devez tout d'abord repérer précisément la limite du cercle de mesure dans votre viseur ou sur votre écran LCD (voir votre mode d'emploi). Faites un essai en cadrant un bout de ciel bleu, en mode Priorité vitesse par exemple. Appuyez à mi-course sur le déclencheur pour voir quel couple vitesse-diaphragme propose votre appareil photo. Descendez progressivement jusqu'à l'horizon en observant comment varie la valeur du diaphragme, sans changer la vitesse (appuyez à mi-course sur le déclencheur chaque fois que vous faites une nouvelle mesure de la lumière). Vous verrez que, tant que le cercle central de mesure Spot ne contient que du ciel bleu, l'exposition ne change pas, même si le reste du cadre comprend un bout de terre ou des nuages. Votre appareil photo ne tient compte que de la luminosité présente dans le cercle central.
Vous pouvez vous entraîner à faire des mesures Spot de différents points d'un paysage pour voir comment varie la lumière, en gardant toujours un paramètre fixe (la vitesse ou le diaphragme). Imaginez une petite yourte blanche, éclairée par un rayon de lumière, posée au pied

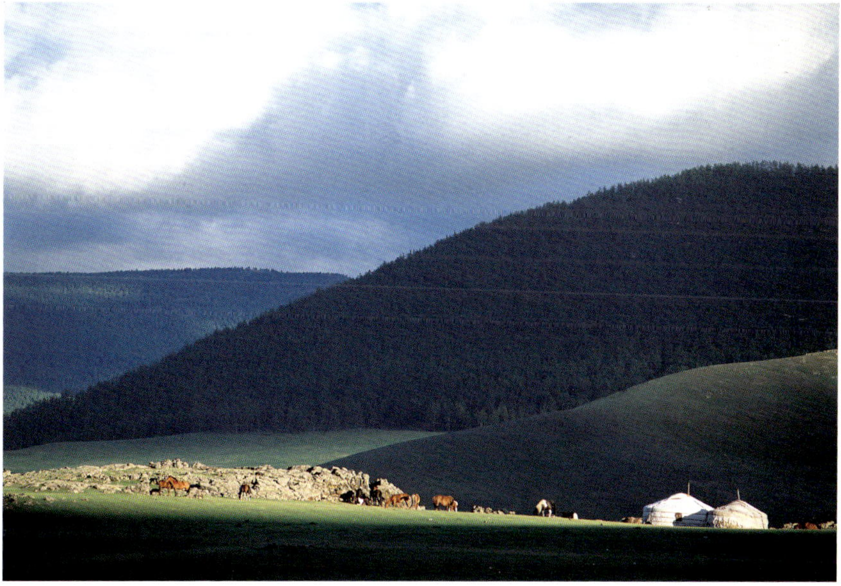

Mongolie. Une mesure Spot sur l'herbe verte éclairée permet d'exposer correctement les zones lumineuses, tout en sous-exposant légèrement les parties à l'ombre.

d'une montagne restée dans l'ombre, aux flancs couverts d'une forêt de pins. Choisissez le mode Priorité vitesse et conservez toujours la même vitesse, par exemple 1/250e s. Positionnez votre cercle de mesure Spot sur l'herbe éclairée devant la yourte et votre appareil photo vous donnera le diaphragme correspondant. Choisissez de mesurer la lumière sur la pente sombre de la montagne et votre appareil vous proposera un diaphragme plus ouvert pour laisser entrer plus de lumière. Faites une mesure Spot sur la toile blanche de la yourte et vous verrez le diaphragme se fermer. Vous constatez ainsi que, dans une même image, la luminosité est très variable selon les conditions d'éclairage et les propriétés réfléchissantes de chaque matière. La difficulté consiste à savoir où faire la mesure Spot pour bien exposer votre photo.

Argentine, Patagonie. Mesurer l'exposition en Spot sur les valeurs claires (joue de la fillette) permet de ne pas surexposer l'image, comme l'aurait fait une mesure Évaluative.

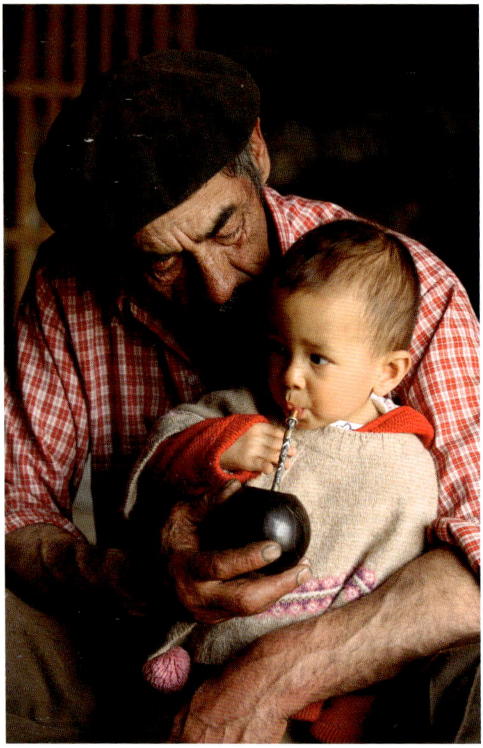

Où faire la mesure Spot ?

Si vous photographiez la scène donnée en exemple dans le paragraphe précédent en mesure Évaluative, votre appareil photo vous donnera, par exemple, le couple 1/250e s et f/5,6, alors que si vous réalisez une mesure Spot sur l'herbe éclairée devant la yourte, vous obtiendrez 1/250e s et f/11. Si vous prenez la photo avec les réglages donnés par la mesure Évaluative, la partie éclairée sera surexposée car le diaphragme proposé est trop ouvert pour la luminosité de cette zone. Pour que cette partie soit bien exposée, mesurez la lumière en mode Spot sur l'herbe au soleil ; le reste sera légèrement sous-exposé mais cela ne fera qu'accentuer le contraste entre ombre et lumière, qui est justement le point fort de la photo.

Choisir entre ombre et lumière

Les cas les plus simples, pour lesquels vous comprendrez rapidement où faire votre mesure Spot, sont les images très contrastées, c'est-à-dire avec des zones franchement éclairées et des zones à l'ombre. Une photo comprenant des éléments surexposés est beaucoup plus inesthétique qu'une image présentant des zones sous-exposées, qui peuvent apporter un côté dense à la photo. Dans la grande majorité des cas, nous vous conseillons donc de faire la mesure Spot sur les hautes valeurs de l'image : ces zones éclairées seront correctement exposées alors que les zones à l'ombre, légèrement sous-exposées de ce fait, accentueront le contraste entre ombre et lumière.

Cependant, lorsque les zones éclairées occupent une toute petite partie de la photo, il vaut mieux faire la mesure Spot sur la zone à l'ombre qui sera alors correctement exposée. Ainsi, par exemple, dans le cas d'un portrait à contre-jour où seuls les cheveux sont dans la lumière, le visage sera correctement exposé si la mesure Spot est réalisée sur la peau à l'ombre ; les cheveux seront surexposés mais cela renforcera le contraste avec le visage.

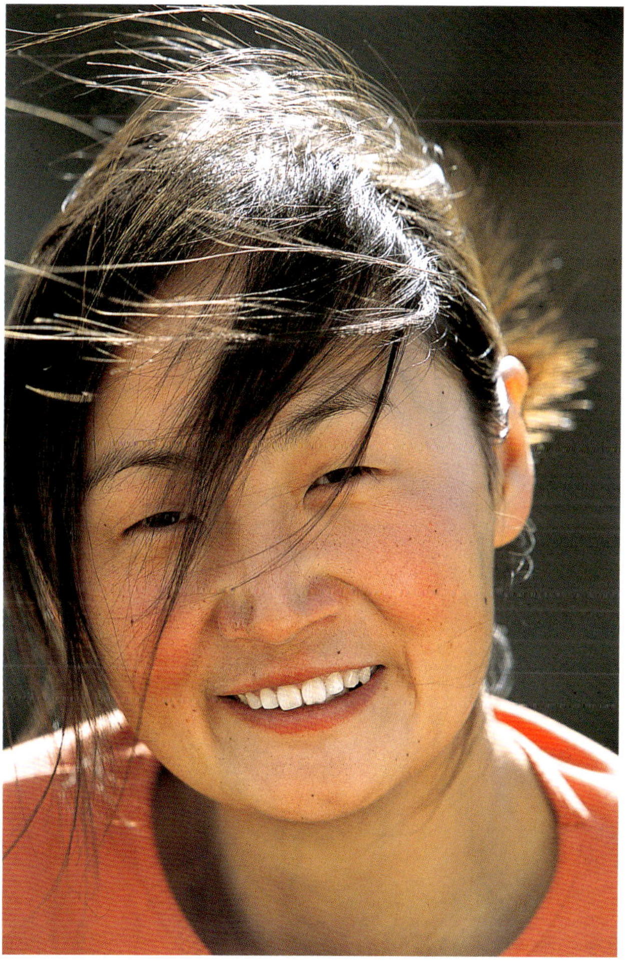

Mongolie. Lorsque la zone éclairée est petite, comme dans ce contre-jour, il ne faut pas hésiter à laisser des zones surexposées (les cheveux) en mesurant l'exposition sur la zone à l'ombre.

Trouver un gris neutre

Vous vous trouverez rapidement dans des situations où vous ne saurez pas où faire la mesure de lumière en mesure Spot car, même si vous décidez par exemple de la faire sur une zone éclairée, vous constaterez qu'à l'intérieur de cette zone, il existe aussi une quantité de couples vitesse-diaphragme différents selon la matière que vous photographiez et son pouvoir réfléchissant. Il n'est pas évident au début de repérer les différentes valeurs de la lumière pour trouver la mesure juste.

Imaginez votre photo en noir et blanc. Vous ne distinguez plus les couleurs et vous voyez que les éléments et les différents plans se démarquent les uns des autres par leur valeur de gris. Certaines matières donnent des gris clairs à très clairs, d'autres des gris plus soutenus à sombres. Lorsque vous ne savez pas où faire votre mesure de lumière, vous devez chercher autour de vous l'équivalent d'un gris neutre à 18 % (gris composé de 72 % de blanc et de 18 % de noir). Ce gris est, en réalité, une valeur moyenne qui sert d'étalon à la mesure de l'exposition.

Il existe dans le commerce des planches cartonnées de gris à 18 %. Vous pouvez en acheter une et la découper de façon à ce que la surface du carton couvre entièrement le cercle de mesure Spot de tous vos objectifs : pour en être sûr, mesurez la taille la plus adaptée du carton en utilisant votre plus grand grand-angle et en visant le carton de gris à 18 % à 1 mètre de distance environ. Votre cercle de mesure Spot doit être entièrement rempli de gris à 18 % pour que la mesure de l'exposition soit correcte. Il existe aussi, pour le même usage, des supports plastiques repliables en huit et qui se logent dans un sac photo.

Sur le terrain, orientez le bout de carton de telle sorte qu'il soit éclairé de la même façon que la scène que vous êtes en train de photographier. Si vous travaillez au grand-angle, vous pouvez le tenir à bout de bras ; si vous êtes au téléobjectif, demandez de l'aide ou trouvez un endroit pour le poser. Mesurez la lumière sur le gris à 18 % et prenez votre photo ; retenez le couple vitesse-diaphragme obtenu. Cherchez ensuite autour de vous une zone qui vous donne la même exposition : vous avez trouvé l'équivalent de votre gris. Vous pouvez ranger le bout de carton et, tant que vous photographiez avec la même d'orientation et dans les mêmes conditions de

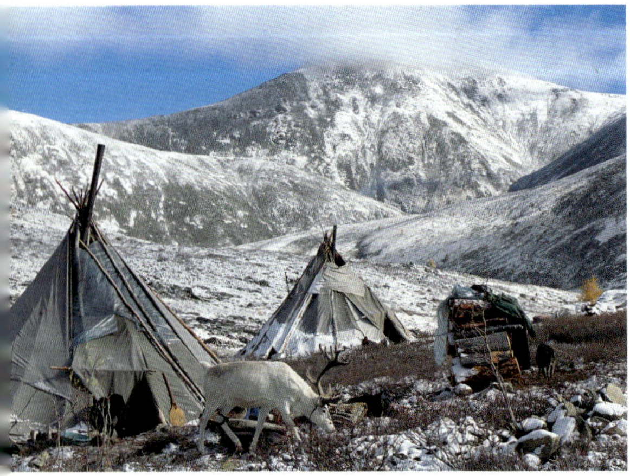

Mongolie. L'utilisation du gris à 18 % nous a permis de découvrir que le gris de la toile des tipis était neutre et pouvait servir d'étalon pour la mesure de lumière de toutes nos images.

lumière, faites votre mesure Spot sur la zone que vous avez repérée, en faisant varier, si besoin, le couple vitesse-diaphragme selon l'effet souhaité. Cette méthode est plus rapide et plus pratique que de sortir le carton de gris chaque fois que vous voulez faire varier le couple vitesse-diaphragme ou que vous avez perdu votre mesure de lumière. Selon votre couleur de peau, le dos ou la paume de votre main peut faire office de gris à 18 %, mais aussi une façade de maison peinte en rouge, le goudron d'une route, une zone précise d'un paysage…
Avec la pratique, vous apprendrez à repérer les valeurs de gris et vous saurez exactement où faire votre mesure Spot. Vous ne sortirez alors votre carton de gris à 18 % que dans de rares cas. L'herbe verte éclairée est un repère très fiable : n'hésitez pas à vous en servir pour faire votre mesure, même si elle ne fait pas partie de votre photo. Vous pouvez aussi faire la mesure Spot sur le ciel bleu à 45° au-dessus de l'horizon : près de l'horizon, il est souvent trop clair et, au-dessus de votre tête, trop dense. Cette méthode donne de bons résultats si le soleil n'est ni de face, ni dans votre dos : vous devez choisir un bout de ciel bleu éclairé, globalement, à 90° d'angle par rapport au soleil.
Lorsque vous hésitez, prenez la mesure à différents endroits pour voir comment varie le couple vitesse-diaphragme. Vous repérerez les zones qui vous donnent des couples identiques et les zones qui s'en éloignent. Vous aurez ainsi une idée du résultat final : si vous choisissez de faire votre mesure sur telle zone, vous savez que telle autre zone sera sous- ou surexposée, car vous avez vu le couple vitesse-diaphragme proposé par votre appareil photo. Avec un appareil photo numérique, n'hésitez pas à déclencher pour voir le résultat.

Vous devez absolument éviter de faire votre mesure sur des blancs éclairés très réfléchissants (neige, sable, sel, toile blanche, mur…) et sur des noirs (peau d'un Africain, vêtement ou toile de tente…).

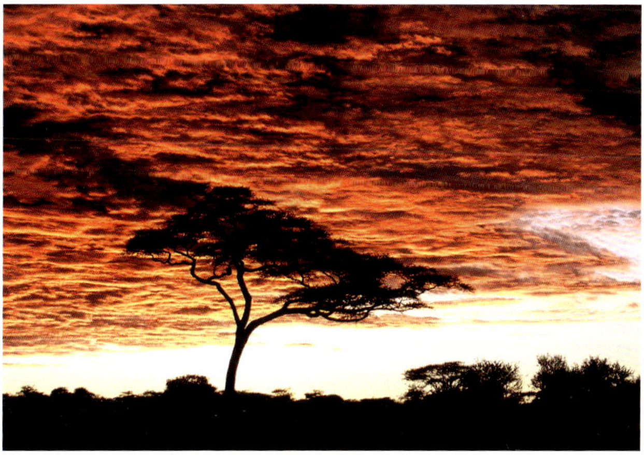

Kenya. L'élément fort de cette photo est la couleur du ciel : dans une telle situation, faites votre mesure Spot sur le rouge des nuages pour qu'il soit bien exposé.

Posez-vous surtout la question de savoir quel est l'élément de la scène qui vous intéresse. Si c'est la couleur turquoise d'un lac, faites la mesure sur celui-ci et vous serez sûr qu'il sera correctement exposé ; si c'est un ciel chargé de nuages rougis par le coucher du soleil, faites votre mesure sur les nuages rouges pour qu'ils ressortent tels que vous les voyez...

Le bracketing

Votre appareil photo dispose certainement d'une fonction bracketing qui permet de prendre automatiquement trois photos avec des expositions différentes, dont vous pouvez généralement régler les paliers. Nous vous conseillons vivement de faire votre bracketing manuellement. Si vous ne savez pas où mesurer votre lumière, prenez la photo avec différents couples vitesse-diaphragme et cherchez par vous-même la bonne mesure de lumière. Vous aurez des difficultés au début mais vous verrez, à terme, que vous n'aurez plus d'hésitation et que vous tomberez juste, du premier coup, sur la bonne exposition. C'est la meilleure école pour comprendre la lumière.

Mémoriser l'exposition

Lorsque vous avez trouvé la zone où vous souhaitez faire votre mesure de lumière, appuyez à mi-course sur le déclencheur pour afficher le couple vitesse-diaphragme proposé. Faites-le varier jusqu'à obtenir la combinaison qui correspond à l'effet que vous voulez donner à l'image, en termes de profondeur de champ en particulier. Vous devez ensuite conserver cette exposition en appuyant sur la touche de mémorisation d'exposition (voir votre mode d'emploi). Il s'agit souvent d'un bouton marqué AEL ou d'une petite étoile. Quand l'exposition est mémorisée, gardez le doigt appuyé sur le bouton de mémorisation et relâchez le déclencheur. Vous pouvez recadrer votre image, faire la mise au point et prendre la photo sans perdre votre mesure d'exposition. Sur certains boîtiers amateurs, c'est le fait d'appuyer sur la touche de mémorisation d'exposition qui active la mesure Spot. Dans d'autres cas, mémorisation d'exposition et mise au point se font simultanément à partir du déclencheur ou d'un autre bouton. Cela signifie que la mesure de l'exposition se fait toujours sur la luminosité du sujet et que vous n'avez pas le choix de la faire ailleurs. Vous devez regarder, dans votre mode d'emploi, comment dissocier ces deux fonctions.

Je n'ai pas de mesure Spot

Votre appareil photo vous propose peut-être d'autre types de mesures, moins précis que la mesure Spot mais plus restreints que la mesure Évaluative : par exemple, la mesure Sélective. Utilisez le mode de mesure le plus précis disponible sur votre appareil photo. Si vous n'avez que la mesure Évaluative, vous pouvez vous en servir comme d'une mesure Spot grâce à cette astuce : zoomez sur la zone où vous souhaitez faire votre mesure de lumière de façon à en remplir tout votre cadre, mémorisez l'exposition et revenez ensuite à votre cadrage d'origine. Si vous voulez faire une image au grand-angle, vous aurez du mal à zoomer suffisamment pour remplir votre cadre de la zone qui vous intéresse. La solution, un peu laborieuse, consiste alors à utiliser un téléobjectif pour faire votre mesure de lumière puis à repasser au grand-angle pour prendre la photo, une fois que vous avez choisi le couple vitesse-diaphragme qui vous convient. Vous serez limité par l'ouverture maximale de l'objectif le moins lumineux, généralement le téléobjectif.

Les basses lumières

Une soirée autour d'un feu de camp, un dîner à la bougie chez l'habitant, un temple bouddhiste où règne le silence des fumées d'encens… autant de moments forts de votre voyage passés entre pénombre et touches de lumière. Traduire ces instants en images implique l'utilisation de vitesses très lentes et donc de stabiliser votre appareil photo ; nous allons voir comment.

France, plateau de l'Aubrac. Un trépied est indispensable en cas de faible lumière pour éviter les flous de bougé.

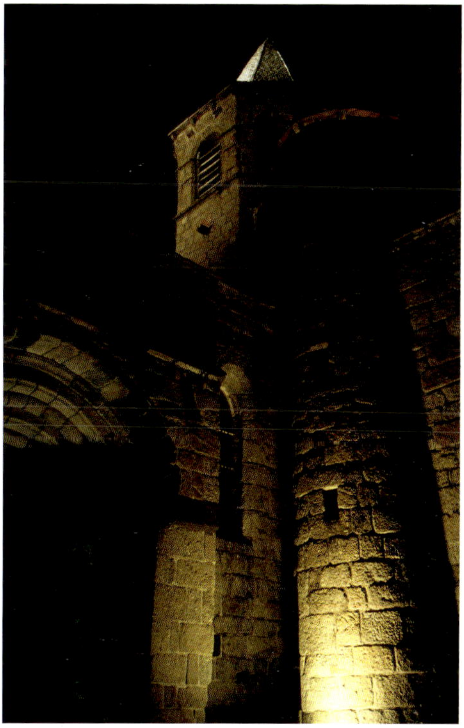

À quoi sert un trépied ?

Le trépied, ou tout autre support qui permet de stabiliser votre appareil, vous autorise à faire des photos en lumières très basses sans risque de flou de bougé. Il est inutile de sortir votre trépied en journée si vous pouvez faire des photos à main levée : il vous encombrera plus qu'il ne vous aidera, et vous perdrez en mobilité et en réactivité. Nous partons souvent en voyage sans trépied et trouvons sur place des supports pour stabiliser l'appareil quand cela est nécessaire : chaise, table, capot de véhicule, muret, sac photo… Vous pouvez aussi emporter un sac de grains (riz, lentilles), très pratique pour poser votre appareil en lui donnant la forme et l'orientation précises dont vous avez besoin pour prendre la photo. Partez avec le sac vide et achetez les grains sur place pour réduire le poids de vos bagages dans l'avion et vous éviter des soucis de douanes dans certains pays.

Lorsque votre appareil est stabilisé, pour éviter tout risque de flou de bougé, prenez la photo avec le retardateur si vous utilisez une vitesse très lente (à partir du 1/4 s). Si, de ce fait, votre œil ne recouvre pas l'oculaire du viseur, des rayons de lumière parasite peuvent y entrer et entraîner une exposition incorrecte. Vous devez donc boucher le viseur avec votre main ou utiliser le volet oculaire prévu à cet effet (petit carré de plastique souple accroché à la sangle du boîtier). Certains reflex vous offrent, de plus, la possibilité de bloquer le miroir en position relevée pour éviter les vibrations provoquées lorsqu'il se soulève pour la prise de vue (voir votre mode d'emploi).

Vous devez faire votre mesure de lumière en mode Spot sur les zones éclairées pour qu'elles soient bien exposées, le reste sera dans l'ombre, légèrement sous-exposé. Pour vous faciliter la tâche, vous pouvez passer en mode Manuel tant pour la mesure de lumière que pour la mise au point.

Flash ou lumière naturelle ?

Attention aux flashs intégrés des reflex ou des bridges : utilisés avec de longues focales, ils peuvent créer des ombres noires sur le bas de l'image car ils ne sont pas placés suffisamment hauts sur le boîtier.

En voyage, nous préférons travailler en lumière naturelle plutôt que d'utiliser un flash. Lorsque la lumière est très faible, vous pouvez, avec un appareil photo numérique, augmenter la sensibilité, tout en sachant que vous perdez en qualité.

Une mauvaise utilisation du flash peut donner des photos sur lesquelles les sujets sont trop blancs, avec parfois des ombres portées, très disgracieuses, en arrière-plan. Vous perdez tout le côté chaleureux de la soirée autour du feu de bois ou du repas à la bougie ! Régler votre balance des blancs sur le mode Flash permet de réduire un peu cet effet. Pour un paysage ou des vues d'ensemble, le flash est inutile puisqu'il n'a généralement pas la portée suffisante pour éclairer au-delà du premier plan, le reste restant plongé dans l'obscurité.

Si vous devez photographier au flash malgré tout (parce que vous ne pouvez pas vous poser ou que le sujet bouge), utilisez de préférence un flash cobra, qui se fixe sur le haut du boîtier. Évitez d'envoyer sa lumière directement sur le sujet, mais dirigez plutôt l'éclair du flash vers un plafond blanc, s'il n'est pas trop haut, ou vers des murs latéraux qui renvoient la lumière, pour donner une image plus douce avec une lumière mieux répartie. Il est aussi possible, avec un flash cobra ou même un flash intégré au boîtier, d'atténuer l'effet froid du flash en y fixant un diffuseur (papier-calque, tulle, gaze...) qui filtre la lumière. Vous pouvez utiliser cette solution si vous êtes en plein air (sans plafond réfléchissant) ou dans la pénombre (soirée à la bougie).

Lumières difficiles

En voyage, les conditions de lumière rencontrées sont très variées, et il est important d'avoir en tête celles qui sont difficiles à gérer pour la cellule de votre appareil photo. Immensités enneigées, portraits d'Africains, contre-jour sur la mer, coucher de soleil, désert de sel... autant de situations pour lesquelles vous devez être vigilant pour ne pas être déçu du résultat obtenu.

Neige, sel, sable blanc...

Si vous vous fiez à la cellule de votre appareil photo pour mesurer la lumière sur la neige au soleil, ou sur toute surface blanche éclairée très réfléchissante, vous obtiendrez une image sous-exposée : le blanc n'est pas blanc mais légèrement grisâtre. La cellule de votre appareil détecte une quantité de lumière très importante (accentuée par le côté réfléchissant) et vous propose des couples vitesse-diaphragme qui ne laissent pas entrer suffisamment de lumière dans l'appareil photo. Pour compenser cet effet, vous avez le choix entre les deux solutions suivantes.

- Faites votre mesure de lumière en mesure Spot sur du blanc situé à l'ombre. Par exemple, pour la neige, trouvez un endroit à l'ombre d'un relief ou utilisez votre propre ombre pour mesurer l'exposition.
- Faites la mesure Spot sur la neige au soleil et surexposez toutes vos photos d'une valeur et demie. Pour une surface moins réfléchissante telle que du sable blanc, une valeur, ou une demi-valeur, pourra suffire. Faites-le manuellement ou utilisez la fonction correction d'exposition de votre appareil photo (voir votre mode d'emploi).

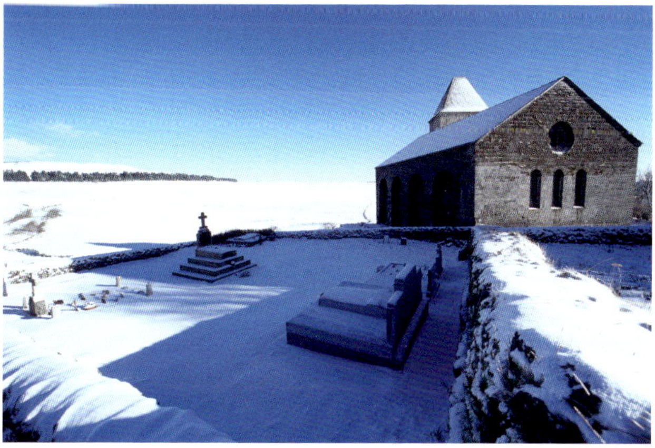

France, plateau de l'Aubrac. Une mesure Spot sur la neige à l'ombre ou une correction d'exposition permet d'obtenir une prise de vue correcte, où la neige est bien blanche.

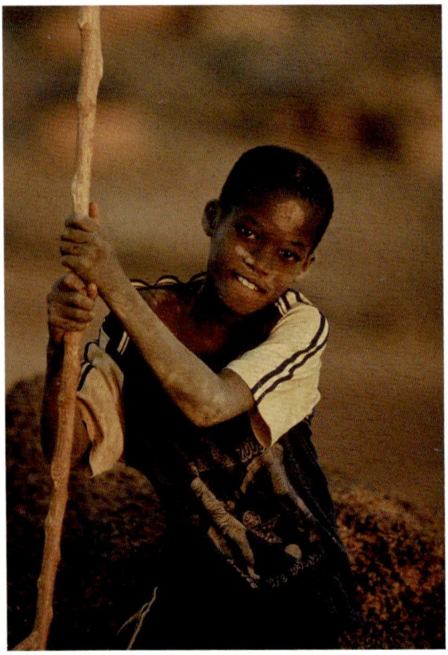

Burkina Faso. Les peaux noires sont trompeuses pour la cellule de l'appareil photo. Faites la mesure Spot sur une zone proche d'un gris neutre telle que le bras ou le fond, plus clairs.

Peaux noires

Pour réaliser des portraits d'Africains à la peau très noire, ne mesurez surtout pas la lumière sur leur visage, qu'il soit éclairé ou à l'ombre. Comme dans le cas de la neige, la cellule de votre appareil photo donne des résultats erronés : elle détecte une très faible quantité de lumière et surexpose l'image en laissant entrer trop de lumière. Au final, vous obtenez un portrait à la peau grisâtre. Vous avez deux solutions pour compenser cet effet.

- Trouvez une zone équivalente à un gris à 18 % autour de vous pour mesurer votre lumière : la paume de la main de l'Africain en question peut vous fournir un bon gris neutre.
- Utilisez la fonction correction d'exposition de votre appareil (voir votre mode d'emploi) pour sous-exposer vos images. À vous de faire des tests pour trouver la valeur de la correction car, selon la densité du noir que vous photographiez, cela peut être variable.

Brumes et mers de nuages

Très photogéniques, les paysages de mers de nuages ou de levers de brumes sont difficiles à exposer, en particulier à contre-jour. La brume a un très fort pouvoir réfléchissant et, comme dans le cas de la neige,

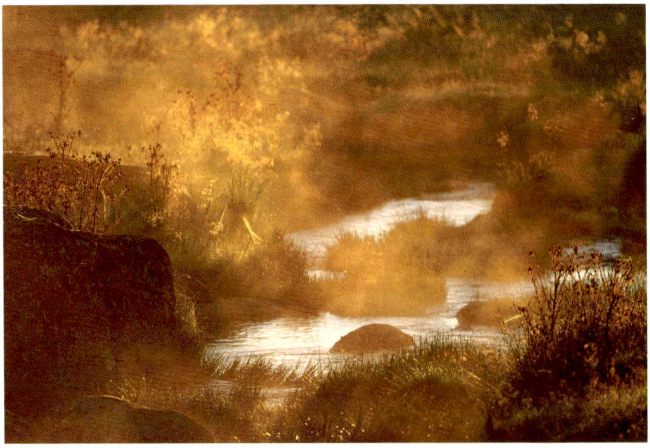

France, plateau de l'Aubrac. Mesurer la lumière sur une zone de brume éclairée, mais pas trop réfléchissante, permet de bien exposer la photo.

si vous mesurez la lumière en mesure Spot sur une zone trop lumineuse, vous obtenez des images sous-exposées. Il n'est pas possible de vous donner de recette pour trouver la bonne exposition : vous devez tâtonner pour trouver une zone équivalente à un gris à 18 %. Soyez donc vigilant, si vous vous trouvez dans cette situation, à ne pas mesurer votre lumière sur une zone trop lumineuse.

Couchers et levers de soleil

Une boule rouge monte de l'horizon au-dessus d'un paysage encore plongé dans la pénombre ; le ciel, d'un orange dense, est strié de bandes de nuages bleutés. Pour exposer correctement un lever ou un coucher de soleil, en restituant toutes ses nuances de jaunes, de rouges et d'orangés, vous trouverez généralement le bon couple vitesse-diaphragme en mesurant la lumière dans une zone de ciel proche de la boule du soleil.

Si vous mesurez l'exposition sur le soleil, très lumineux, le reste de l'image risque d'être sous-exposé et vous perdrez les nuances de couleur du ciel. Ne faites surtout pas votre mesure de lumière sur le sol (terre ou mer) qui est très sombre et vous donnera une image complètement surexposée. Concentrez-vous sur ce qui vous intéresse : le soleil et la zone qui l'entoure. Cette partie de l'image sera ainsi correctement exposée et le sol apparaîtra en ombre chinoise... sauf si des reflets dans l'eau lui donnent une touche de lumière !

France, plateau de l'Aubrac. Ne faites surtout pas de mesure d'exposition sur le soleil : vous risquez de plonger le reste de l'image dans l'obscurité et de perdre tous les détails.

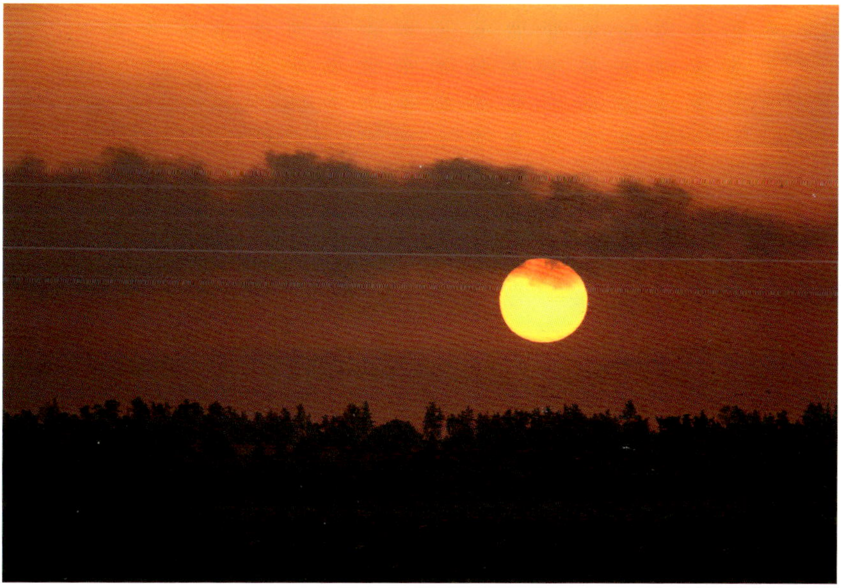

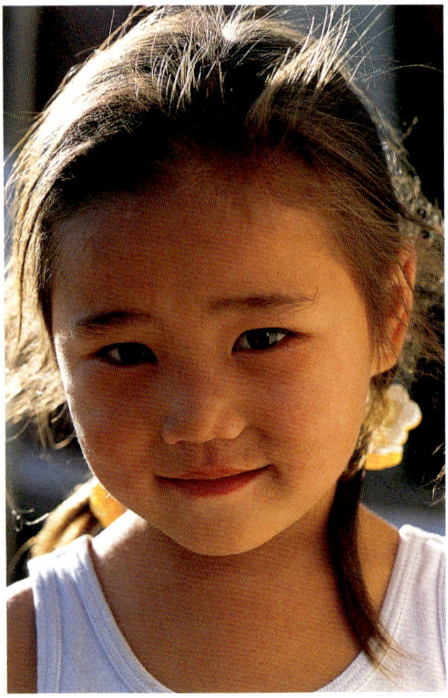

Mongolie. Ce portrait à contre-jour a été réalisé en utilisant pour réflecteur un mur blanc, situé à droite de la fillette, qui renvoie la lumière sur son visage.

Contre-jour, soleil de face

Le contre-jour fait peur à beaucoup de photographes débutants. Lorsque vous arrivez à percevoir les différentes valeurs de lumière et que vous maîtrisez la mesure Spot, cette situation n'est plus une difficulté. Dans une grande majorité de cas, vous pouvez faire la mesure de la lumière sur votre sujet, placé dans l'ombre (choisissez bien la partie du sujet que vous mesurerez). Celui-ci sera correctement exposé et les zones éclairées de l'image seront surexposées. Si elles occupent une petite partie de votre photo, cela n'est pas du tout gênant ; au contraire, elles mettent certainement en valeur la partie restée à l'ombre.

Dans le cas contraire, lorsque c'est la zone éclairée qui occupe une part importante de la photo, nous vous conseillons de mesurer la lumière sur cette partie. Si votre sujet à l'ombre est de couleur foncée, il risque d'être peu visible, et vous aurez alors peut-être besoin de déboucher les ombres, c'est-à-dire de lui renvoyer un peu de lumière. Si les conditions s'y prêtent, vous pouvez utiliser pour cela une feuille de papier blanc orientée de façon à renvoyer de la lumière sur le sujet, ou bien un petit réflecteur (il vous faudra trouver un assistant pour tenir la feuille ou le réflecteur). Vous pouvez aussi utiliser le flash, mais cette technique peut donner un mauvais résultat (sujet trop éclairé, coup de flash trop visible) car la lumière du flash est plus forte que la lumière ambiante. Pour atténuer cet effet, utilisez un diffuseur ou réduisez la puissance du flash pour rendre la lumière plus douce et naturelle.

Si votre sujet est de couleur claire, ou réfléchissant, pas de souci : il ressortira dans votre photo même s'il est à l'ombre et que la mesure de lumière a été faite sur une zone lumineuse.

Vous pouvez réduire l'impact du flash en sous-exposant légèrement votre image, en orientant l'éclair de façon à ce qu'il ne soit pas face au sujet ou grâce à une fonction adaptée, présente sur certains boîtiers numériques.

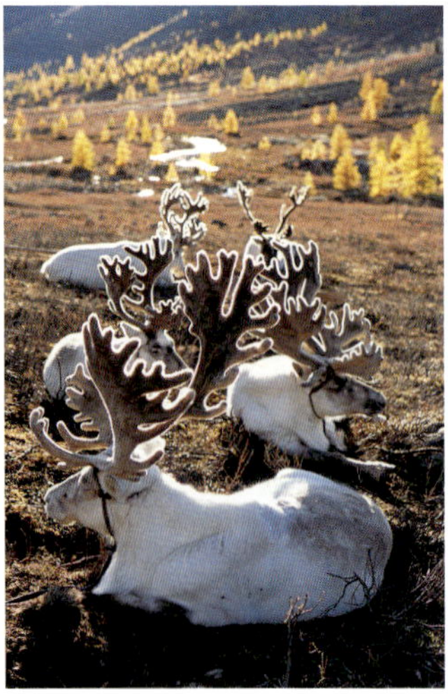

Mongolie. Avec des sujets de couleur claire, il n'est pas utile de déboucher les ombres car elles présentent suffisamment de détails.

Un dernier cas de figure consiste à utiliser le contre-jour pour réaliser une image en ombre chinoise. Vous devez alors simplement faire votre mesure de lumière Spot sur le fond éclairé pour que le reste, sous-exposé de ce fait, ressorte noir ou presque. Il faut que le sujet s'y prête, c'est-à-dire que la partie qui est en ombre chinoise ait un sens, et que les formes soient reconnaissables par celui qui découvre la photo.

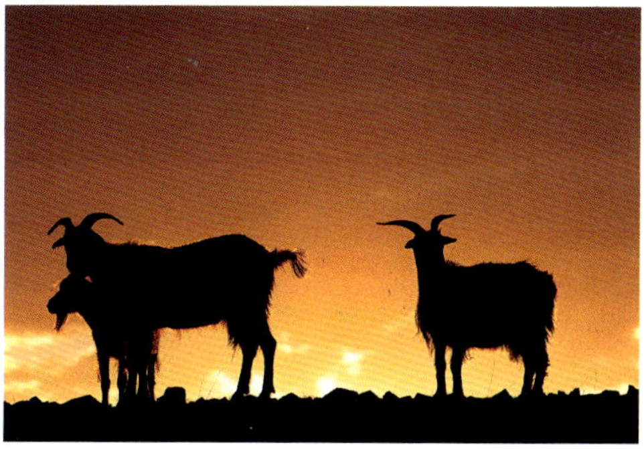

Mongolie. Le contre-jour peut être utilisé pour créer des ombres chinoises en faisant alors la mesure de lumière sur l'arrière-plan éclairé.

Si vous décidez d'inclure le soleil dans votre image, les règles de mesure de lumière sont les mêmes. En revanche, un soleil trop haut dans le ciel ou trop en face peut générer des rayons parasites sur la photo. Le bouton de test de profondeur de champ (voir votre mode d'emploi et «Maîtriser le net et le flou» p. 117) vous permet de les visualiser très distinctement. Attendez qu'un nuage filtre la lumière directe du soleil, ou positionnez-vous de façon à ce que votre lentille frontale soit à l'ombre (d'un arbre, de votre véhicule, d'un bâtiment, de quelqu'un qui vous accompagne...).

L'effet de *flare*

En contre-jour, quand la lentille frontale de votre objectif n'est pas complètement à l'ombre, vous devez faire attention à l'effet de *flare* (éblouissement, reflet) : il s'agit d'une sorte de voile lumineux qui donne un effet terne à l'image et enlève du contraste aux couleurs, surtout visible dans les parties sombres. Utilisez systématiquement un pare-soleil sur votre objectif et, si cela ne suffit pas, arrangez-vous pour que la lentille frontale soit à l'ombre. Vous pouvez, avec votre main gauche, vous faire vous-même de l'ombre, ou bien demander à quelqu'un de le faire pour vous. Vous pouvez également vous positionner dans l'ombre d'un arbre, de votre véhicule, d'un bâtiment... Une autre solution consiste à avoir un carton noir dans son sac pour faire de l'ombre.

La pleine lune

Il n'est pas évident de trouver la juste exposition pour photographier la pleine lune. Vous pouvez avoir envie de prendre une photo de paysage au moment du lever ou du coucher de lune, lorsque le ciel est encore bleu-gris et que la lumière ambiante permet de distinguer des éléments du paysage. Dans ce cas, faites votre mesure Spot sur le ciel, qui sera correctement exposé. La lune sera probablement surexposée (vous n'en distinguerez pas les reliefs), sauf s'il s'agit d'une grosse pleine lune un peu jaune-orangé. Si la mesure de la lumière sur le ciel donne un résultat où la lune est trop surexposée, vous pouvez faire des tests en intégrant

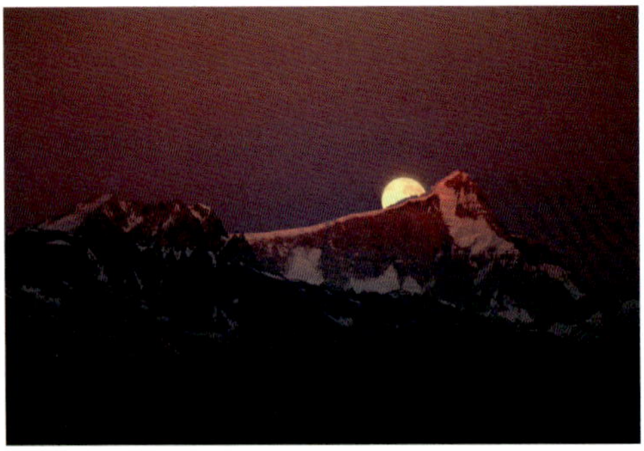

Argentine, Patagonie. Par tâtonnements, vous réussirez à trouver la juste mesure de lumière permettant de garder du détail dans le paysage sans surexposer la lune.

un bout de lune dans votre rond de mesure Spot. Tout dépend de ce que vous souhaitez mettre en évidence : le paysage dans son ensemble, dont la lune est l'un des éléments, ou bien la lune elle-même parce qu'elle est particulièrement visible et que vous en distinguez, à l'œil nu, tous les détails ? La lumière étant très basse, si vous n'avez pas d'endroit où poser votre appareil photo pour vous stabiliser, n'hésitez pas à augmenter la sensibilité pour être sûr d'obtenir une photo nette.

S'il fait nuit noire, c'est la pleine lune que vous allez mettre en valeur et non le paysage. Faites alors votre mesure de lumière en intégrant la lune et un peu de ciel noir dans le cercle de mesure Spot (par exemple, deux tiers de noir et un tiers de lune). Faites plusieurs essais car le résultat n'est pas garanti.

Les reflets sur l'eau

Lorsque vous photographiez un paysage où la lumière se reflète sur la surface d'un lac, de la mer ou d'une rivière, vous percevez, à l'œil nu, une forte réverbération et des brillances qui pourront donner, sur votre image, des taches blanches surexposées. Ne mesurez surtout pas la lumière sur les reflets, vous vous retrouveriez dans le même cas de figure que pour la neige, c'est-à-dire avec une photo sous-exposée. Vous devez trouver, dans votre paysage, une zone équivalente à un gris neutre, comme pour n'importe quel autre paysage. Vous trouverez parfois la bonne exposition sur la surface de l'eau, dans une zone où se reflète le ciel, à proximité des reflets brillants.

Vous pouvez, si vous le souhaitez, utiliser un filtre polarisant pour « casser » le reflet et voir le fond de l'eau par transparence (si vous faites un gros plan sur l'eau), ou pour atténuer la réverbération (si vous photographiez le paysage dans son ensemble).

Mongolie. Un filtre polarisant aurait pu atténuer les reflets sur la surface du lac et accentue ainsi l'effet de transparence de l'eau.

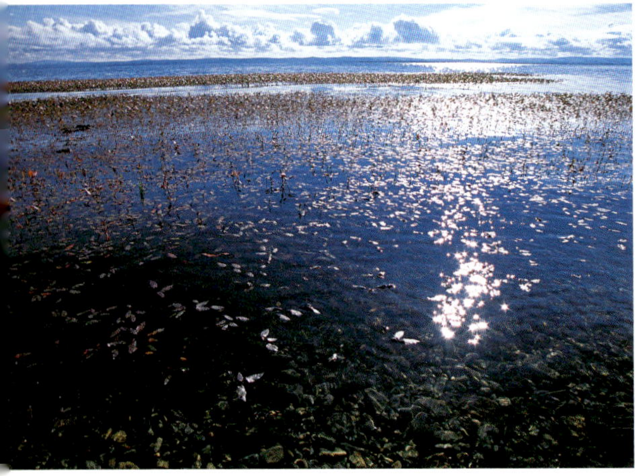

Ma photo est-elle bien exposée ?

Vous êtes nombreux, en particulier lorsque vous avez un appareil photo numérique, à vous poser la question, en cours de prise de vue, de savoir si votre photo est correctement exposée. La plupart du temps, un coup d'œil sur l'écran LCD suffit à vous donner une indication, à condition qu'il soit réglé correctement. Si vous êtes en argentique, ce n'est qu'au retour que vous découvrirez vos images et pourrez en apprécier la qualité...

Régler la luminosité de l'écran

Pour régler la luminosité de votre écran LCD, prenez en photo votre carton gris à 18 % en réalisant une mesure Spot sur le carton. Visualisez la photo sur l'écran LCD et comparez sa luminosité avec celle du carton posé devant vous. Si la photo est plus sombre que l'original, augmentez la luminosité de votre écran. Inversement, si la photo est plus claire, diminuez la luminosité de l'écran jusqu'à obtenir des luminosités comparables. Si vous n'avez pas de carton gris à 18 %, vous pouvez réaliser la même opération avec le dessus de votre main.

Savoir lire un histogramme

Les appareils photo numériques offrent la possibilité de vérifier la bonne exposition d'une photo grâce à l'histogramme de luminosité. Il s'agit d'un graphique qui représente la répartition des pixels en fonction de leur luminosité : l'axe horizontal indique le niveau de luminosité (plus sombre à gauche et plus clair à droite) et l'axe vertical, le nombre de pixels existants pour chacun de ces niveaux. Entre les extrêmes s'étend toute la gamme des valeurs de lumière, allant du noir au blanc. Il existe 256 niveaux, gradués de 0 (noir profond) à 255 (blanc pur).

Une erreur classique consiste à croire que la photo n'est correctement exposée que lorsque l'histogramme est centré, en forme de cloche, et qu'il s'étend sur la totalité de l'axe horizontal. En réalité, plus l'image est sombre, plus la courbe doit être décalée vers la gauche ; cela ne signifie pas pour autant qu'elle est sous-exposée. Si vous faites, par exemple, des photos de nuit ou en très faible lumière, il est tout à fait normal d'avoir davantage de pixels sombres que de pixels clairs. Inversement, avec une image majoritairement composée de blanc (paysages enneigés, par exemple), la courbe doit être décalée vers la droite. Dans ces cas extrêmes, il est important de vérifier, malgré tout, la présence de pixels tout le long de l'axe horizontal, même s'ils sont en très faible quantité : cela indique que, même dans le cas d'une image plutôt claire,

L'écran LCD permet de détecter les images franchement mal exposées, mais ne doit en aucun cas être utilisé pour juger de l'exposition des images dans les autres cas.

Comme en argentique, évitez la surexposition en numérique : les zones brûlées sont rarement rattrapables en postproduction, elles ont perdu tout détail et les dégradés y sont pixelisés

les quelques noirs présents dans l'image sont bien noirs ; et inversement avec une photo à dominante sombre.

Une image dont les tons sont doux, qui ne contient ni blanc ni noir, fait apparaître une courbe ramassée au centre de l'histogramme. Un histogramme qui occupe tout l'axe des abscisses traduit, au contraire, une image contrastée (existence de pixels clairs et sombres). Si vous notez un pic à l'extrême gauche, ou à l'extrême droite, qui sort du cadre de l'histogramme, cela correspond à une zone de l'image complètement noire ou complètement blanche, c'est-à-dire sous- ou surexposée. En contre-jour par exemple, il peut arriver qu'il y ait quelques points surexposés qui occupent une toute petite partie de la photo : vous ne pouvez pas faire autrement, l'image est correctement exposée malgré tout.

L'histogramme sert également à vérifier que les noirs sont vraiment noirs (dans ce cas, il faut que la courbe aille bien jusqu'à l'extrême gauche de l'histogramme) et que les blancs sont complètement blancs (la courbe doit révéler une certaine quantité de pixels à l'extrême droite).

Avec une photo aux tons doux, l'histogramme est plutôt centré. Des images à forte dominante claire ou sombre génèrent des courbes décalées, respectivement vers la droite ou la gauche de l'axe horizontal.

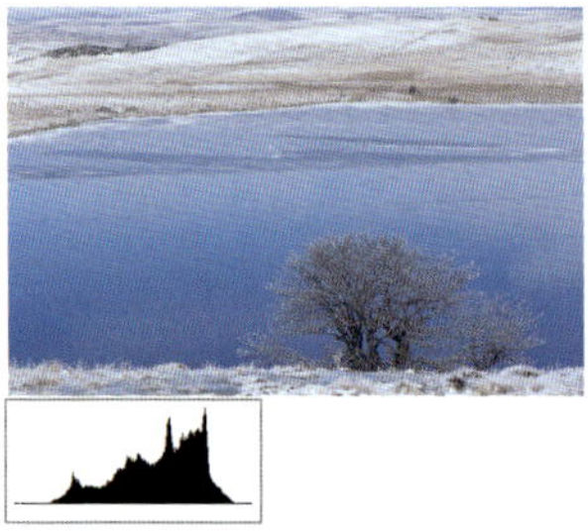

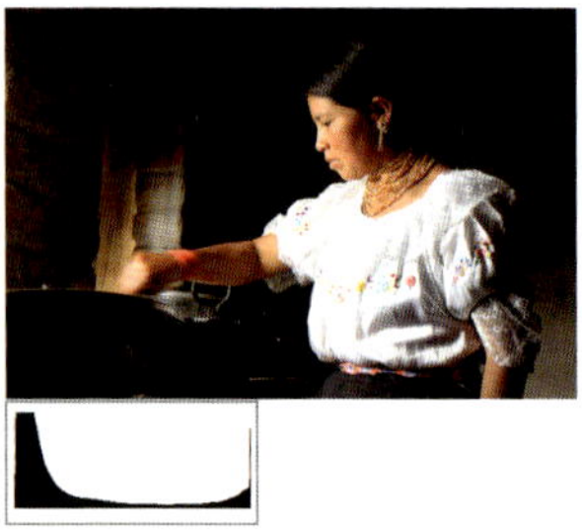

En pratique…

Retenez que l'histogramme doit être le reflet fidèle des différentes zones de luminosité d'une image. Dans la plupart des cas, il atteste de la bonne exposition de l'image s'il couvre la totalité de l'axe horizontal, sans en déborder à droite ou à gauche. Il affiche des masses plus importantes sur la droite, sur la gauche ou au centre, en fonction de la densité du sujet photographié.

Vous pourrez ainsi détecter une image de neige sous-exposée (un peu grisâtre, sans pixels blancs) que vous n'auriez pas vue en regardant simplement l'écran LCD.

Dans le cas de prises de vue au format RAW, gardez en tête que plus un pixel est lumineux, plus il enregistre de niveaux d'informations. Ainsi, contrairement à la photographie argentique où une image dense est généralement plus esthétique qu'une image trop claire, il est préférable, en numérique et avec le format RAW, d'obtenir au moment de la prise de vue des histogrammes plutôt à droite (sans tomber dans la surexposition). Cela permet d'optimiser le nombre de niveaux d'informations disponibles dans l'image et donne alors une plus grande liberté d'action au moment de la retouche. Inversement, si votre histogramme comporte beaucoup de pixels sombres, parce que vous avez sous-exposé l'image au moment de la prise de vue, vous verrez apparaître du bruit dans les zones sombres lorsque, en postproduction, vous chercherez à obtenir une image correctement exposée : vous déplacez, vers la droite de l'histogramme, des pixels sombres contenant peu de niveaux d'informations. Avec le format JPEG, ce conseil ne s'applique pas : vous devez directement exposer correctement votre image car ce format offre moins de latitude en postproduction.

En argentique

En photographie argentique, vous ne pourrez juger de la qualité de l'exposition de vos photos que si vous travaillez en diapo. Si vous avez choisi de partir avec des pellicules photo papier, vous avez déjà dû vous apercevoir qu'une même image tirée par un laboratoire et retirée ensuite par un autre, donne un résultat différent. Ce qui est juste, c'est le négatif de la photo parce qu'il a simplement été développé, sans interprétation humaine ni réglages de machines... mais il est difficile de juger de l'exposition d'un négatif !

Si vous avez des diapos, vous identifierez rapidement les images franchement sur ou sous-exposées en les regardant simplement à travers une fenêtre. Pour vérifier les images pour lesquelles vous avez des doutes sur la justesse de l'exposition, prenez le temps de les projeter sur un mur blanc ou, mieux encore, de les visualiser à la loupe (ou au compte-fils) sur une table lumineuse. Assurez-vous, dans un premier temps, que les parties qui doivent être blanches le sont réellement et qu'elles ne sont pas grisâtres (neige, blanc de l'œil des portraits, vêtements, façades de bâtiments...) et que les noirs sont bien noirs. Balayez ensuite le reste de l'image pour vérifier que les visages, l'herbe verte, le ciel, ne sont ni trop clairs, ni trop denses. Vérifiez enfin que les parties à l'ombre ou au soleil présentent des détails et ne sont pas uniquement des surfaces de couleur unie ayant perdu toute nuance.

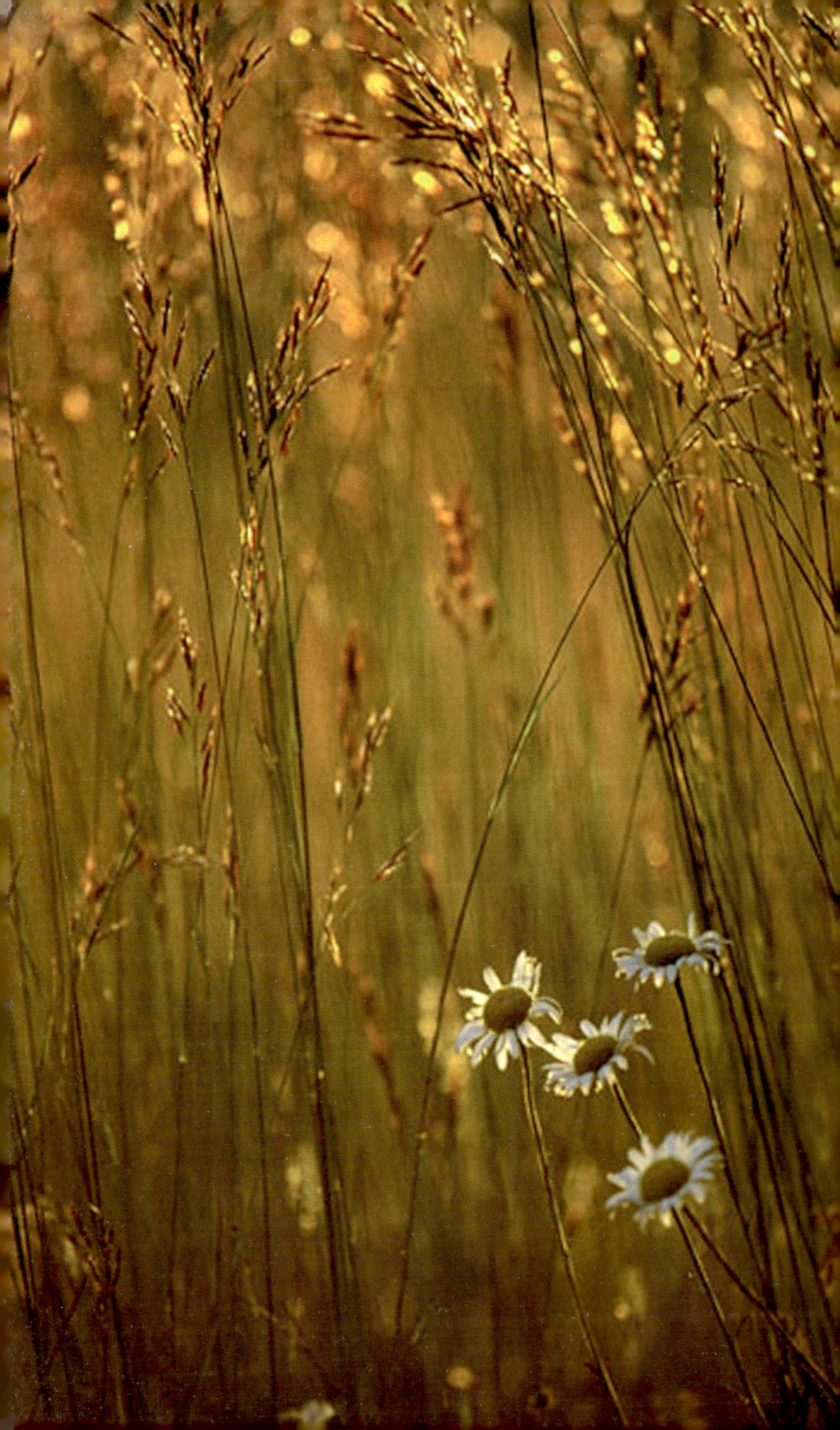

6
Maîtriser le net et le flou

N'avez-vous jamais été déçu devant une photo floue qui vous tenait à cœur et que vous pensiez avoir réussie ? Pour limiter ces « flous de hasard », vous devez maîtriser la mise au point et comprendre l'impact du diaphragme et de la vitesse sur le rendu final de l'image. Vous obtiendrez alors des photos nettes, et c'est vous qui choisirez la place laissée aux zones de flou.

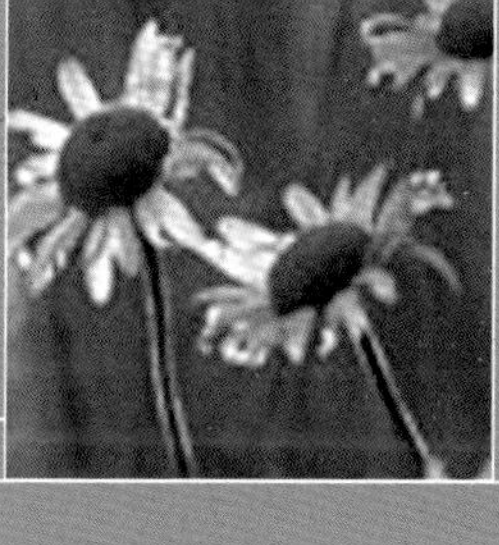

France, Causse Méjean. Marguerites au cœur des graminées.

Réussir la mise au point

Réussir la mise au point consiste à faire en sorte que votre sujet soit net. Tous les éléments situés dans le même plan que celui-ci, c'est-à-dire à la même distance de votre capteur (ou pellicule photo), seront également nets. Cette étape primordiale est souvent négligée par le photographe débutant. Vous pouvez faire la mise au point en utilisant le système autofocus de votre appareil photo ou manuellement, en tournant la bague de mise au point de l'objectif.

Où faire la mise au point ?

Sur chaque objectif, il est indiqué une distance minimale de mise au point (1,2 m, 1,5 m, 3 m...). En deçà de cette distance, il n'est pas possible d'avoir un sujet net : reculez-vous ou changez d'objectif !

Il est parfois difficile de choisir l'endroit où doit se faire la mise au point. Cette question est pourtant capitale car une image où le point a été fait au mauvais endroit est très inesthétique : imaginez le portrait serré d'un enfant dont l'oreille serait nette et les yeux flous. Dans la plupart des cas, vous ferez le point sur le sujet, ou l'élément du sujet, que vous avez positionné sur l'un des quatre points forts de l'image (voir « Composer ses images » p. 69).
Si le sujet est un portrait, le point doit être fait sur l'œil le plus proche de vous, ou le plus éclairé. Si le sujet est un paysage ou une vue d'ensemble (village, rue, marché...), le point se fait généralement au premier tiers de l'image pour optimiser la profondeur de champ, ou sur un élément (personnage, arbre, maison...) qui donne l'échelle.

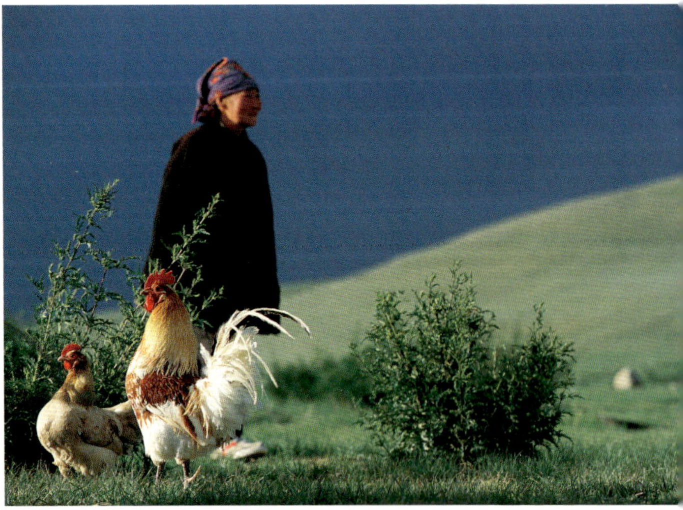

Mongolie. Sur cette photo, la mise au point est faite sur le coq et la poule, et non sur le personnage du second plan qui reste flou. L'inverse aurait été possible, avec pour résultat une tout autre image.

Les cas les plus difficiles sont ceux où la zone de netteté est très faible, car un léger déplacement du sujet ou de vous-même peut décaler la mise au point de quelques millimètres : la tête de la libellule que vous êtes en train de photographier en macro passe dans le flou ! Ce type d'images demande une grande concentration et une grande précision.

Mise au point autofocus

Le mode autofocus (mode AF) est adapté à la grande majorité des situations rencontrées en voyage : paysages, portraits, faune, architecture... Appuyez à mi-course sur le déclencheur : l'appareil vous indique qu'il a pu faire la mise au point par l'émission d'un bip sonore (s'il est activé), ou par un voyant qui s'allume dans votre viseur ou sur votre écran LCD (généralement un rond lumineux). Lorsque ce voyant clignote, cela signifie que votre appareil photo n'a pas réussi à faire la mise au point : si vous déclenchez, la photo sera floue.

Le rôle des collimateurs

Si vous avez un reflex ou un bridge, vous avez certainement remarqué que votre viseur comporte plusieurs petits carrés ou rectangles : les collimateurs. Ce sont eux qui permettent d'évaluer la distance entre l'appareil photo et le sujet visé, et qui réagissent lorsque vous appuyez à mi-course sur le déclencheur pour faire la mise au point. Généralement, par défaut, tous les collimateurs de votre appareil photo sont actifs. Vous pouvez choisir d'en mettre certains en veille et de ne garder actifs qu'une sélection de collimateurs, ou un seul d'entre eux (voir votre mode d'emploi).

Par expérience, nous vous conseillons de laisser uniquement le collimateur central actif et de mettre tous les autres en veille. En effet, si plusieurs collimateurs sont actifs, votre mise au point est moins précise car c'est l'appareil photo (et non vous-même) qui sélectionne l'élément qui sera accroché par les collimateurs, selon un principe qui n'est pas forcément expliqué dans votre mode d'emploi (sujet le plus proche, zone la plus contrastée...). Cela ne présente pas de problème si toute l'image est sur un même plan, ce qui est rare. Avec uniquement le collimateur central actif, vous gagnez du temps car vous savez exactement où va se faire la mise au point. Si vous décidez de changer de collimateur en fonction de la scène, vous perdrez du temps entre chaque prise de vue. En outre, le collimateur central est généralement plus sensible que tous les autres : dans le cas d'un sujet en mouvement, vous avez ainsi davantage de chances d'avoir un sujet net.

Les sujets statiques

Dans la grande majorité des cas, votre sujet n'est pas au centre de l'image (voir « Composer ses images » p. 69). Pour réaliser la mise au point d'un sujet décentré lorsque seul le collimateur central est actif, vous devez positionner celui-ci sur le sujet, appuyer à mi-course sur le déclencheur et vous assurer que l'appareil photo a bien fait la mise au point (voyant allumé). Vous pouvez alors déplacer votre cadre, tout en maintenant votre doigt appuyé à mi-course sur le déclencheur. Lorsque vous avez retrouvé votre cadrage d'origine, prenez la photo !

Sujet décentré : les pièges à éviter

Lorsque, ayant fait la mise au point sur un sujet décentré, vous revenez à votre cadre d'origine, attention à :
- ne pas bouger (ni avancer, ni reculer votre appareil photo) car vous ne seriez plus à la même distance du sujet, qui pourrait alors être flou ;
- ne pas changer de focale pour corriger votre cadre, même légèrement, car vous changeriez alors la profondeur de champ et risqueriez, là encore, d'avoir un sujet flou.

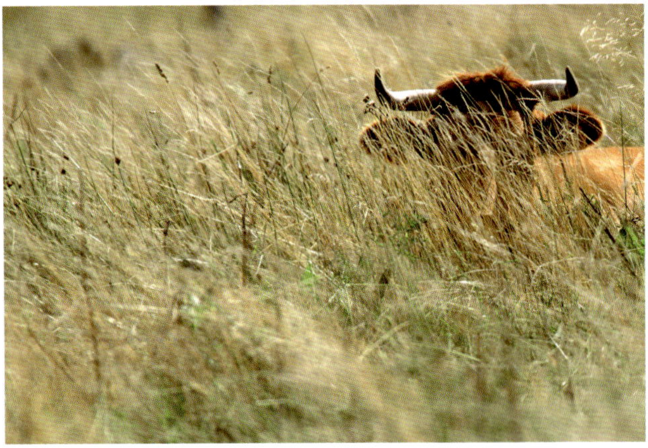

France, plateau de l'Aubrac. Le sujet est placé sur l'un des points forts de l'image. La mise au point, faite avec le collimateur central, a été mémorisée en maintenant le doigt appuyé sur le déclencheur.

Les sujets en mouvement

Un cavalier traverse au galop la steppe de Mongolie, une femme et son enfant se dirigent vers vous au cœur d'un marché, un berger arrive du lointain avec ses brebis... Les occasions de photographier des sujets en mouvement au cours d'un voyage sont innombrables. Quand le sujet bouge, la mise au point est bien évidemment plus difficile à effectuer. **La « vieille » méthode** : lorsque l'autofocus n'existait pas, une technique simple consistait à faire la mise au point à l'avance sur un point donné, où le sujet allait passer, et à déclencher au moment de son passage sur ce point. Vous pouvez toujours utiliser cette technique et, si votre boîtier est doté d'un mode Rafale, réaliser plusieurs clichés au moment du passage du sujet au point choisi. Si le sujet se déplace relativement lentement, vous pouvez répéter l'exercice plusieurs fois, à différents points de passage. Cette technique est facile à utiliser et donne de bons résultats lorsque vous pouvez anticiper la trajectoire du sujet. En revanche, elle relève du coup de chance dans le cas, par exemple, d'enfants en train de jouer ou d'oiseaux en vol, aux déplacements imprévisibles !

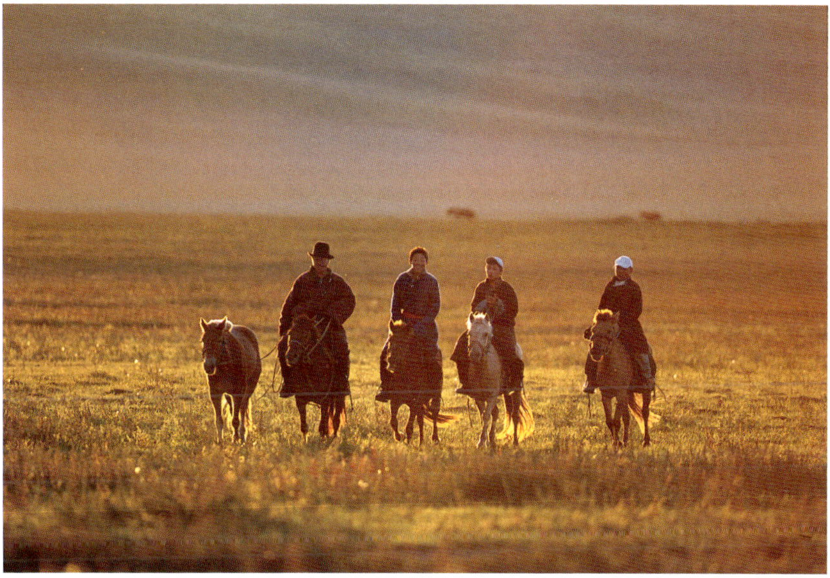

Mongolie. La mise au point a été faite, à l'avance, sur les herbes de la zone éclairée. Nous avons déclenché lorsque les cavaliers sont passés sur ce point. Comme ils sont tous sur le même plan, ils sont tous nets.

Le mode Suivi continu : aujourd'hui, la plupart des appareils photo possèdent un mode de suivi continu (mode AI-Servo chez Canon, Continuous Servo chez Nikon, AF-C chez Pentax...). Pour suivre un sujet qui se déplace, ou qui bouge légèrement et risque de changer de plan (visage, herbe dans le vent...) entre l'instant où vous faites votre mise au point et celui où vous prenez la photo, il suffit d'activer ce mode. Positionnez alors le collimateur central sur le sujet, appuyez à mi-course sur le déclencheur de l'appareil photo, suivez le sujet (le collimateur central doit rester positionné sur la zone où vous souhaitez faire la mise au point) et prenez la photo quand vous le souhaitez. Pour décentrer

Décentrer un sujet en mouvement

Si, en mode de suivi continu, vous utilisez uniquement le collimateur central, vous êtes obligé de centrer votre sujet... et vous ne respectez donc plus les règles classiques de composition ! C'est en partie vrai, et en partie faux. En réalité, vous accrochez, avec le collimateur central actif, un point du sujet qui sera au centre de l'image (œil d'un animal, visage d'un personnage), mais la masse globale du sujet peut être décentrée (berger avec son chien et son troupeau, tête et corps d'un animal). Vous pouvez faire des essais en activant tous les collimateurs, ou un seul collimateur décentré. Cela peut fonctionner avec des sujets au déplacement peu rapide (car ces collimateurs fonctionnent moins vite que le central) ou qui restent globalement dans un même plan par rapport à vous.

Argentine, Patagonie. Ce vol de canards a été saisi en activant le mode de suivi continu. Même en utilisant le collimateur central, nous avons pu décentrer légèrement le groupe de volatiles pour laisser de l'espace à droite.

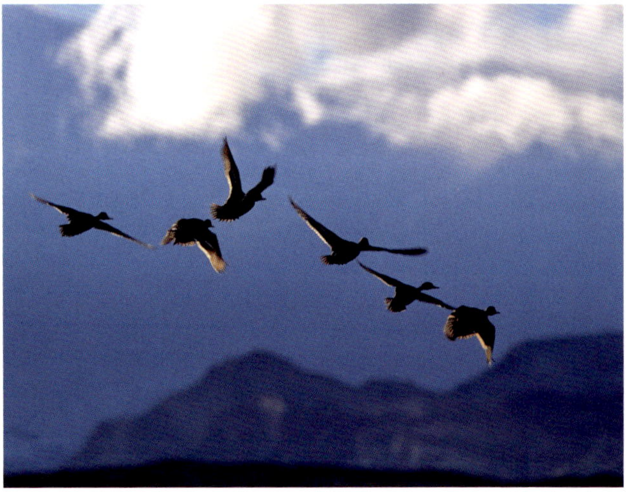

le sujet en utilisant cette méthode, reportez-vous à l'encadré ci-dessus. Ne vous inquiétez pas si vos premiers essais sont décevants : le sujet bougeait et votre collimateur central a peut-être accroché un point du paysage derrière le sujet sans que vous ne vous en rendiez compte ; ou bien, vous avez déclenché alors que le collimateur n'avait pas encore réussi à fixer le sujet.

Dans le cas d'un déplacement latéral, inutile de passer en suivi continu car votre sujet reste dans un même plan, parallèle au capteur ou à la pellicule photo.

Entraînez-vous en prenant en photo un ami qui marche vers vous. Faites vos premiers essais en lui demandant de marcher lentement, puis prenez d'autres photos en lui faisant accélérer le pas. Vous vous habituerez à entendre le bruit de l'autofocus qui travaille en continu (donc qui fonctionne) et à repérer le moment où le sujet est réellement net pour que vous puissiez prendre la photo. La prise de vue de sujets en mouvement est, bien évidemment, plus aisée avec des sujets dont vous pouvez anticiper la trajectoire et qui ont une vitesse de déplacement assez lente.

Lorsque le mode de suivi continu est activé, le voyant qui signale que la mise au point est faite clignote en permanence car le système ajuste le point au fur et à mesure du mouvement du sujet : n'attendez donc pas que le voyant s'allume fixement pour prendre la photo. Quand vous avez terminé la prise de vue de sujets en mouvement, n'oubliez pas de repasser en mode normal (One-Shot pour Canon, Single-Servo pour Nikon, AF-S pour Pentax...) pour vos prochaines photos !

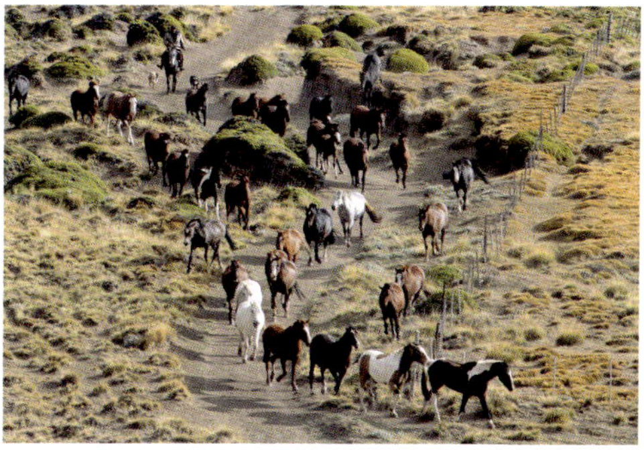

Argentine, Patagonie. Avec un sujet qui occupe tout le cadre (foule, troupeau, gros plan...) et qui se situe sur un même plan par rapport au plan-film, vous pouvez activer tous les collimateurs.

La mise au point ne se fait pas

Il arrive parfois que votre appareil photo ne veuille pas faire la mise au point ; le voyant, qui devrait s'allumer fixement pour vous confirmer que le point est fait, ne cesse de clignoter. Dans un premier temps, vérifiez que vous n'êtes pas en mode Suivi continu alors que vous êtes en train de photographier un sujet fixe (voir précédemment le paragraphe « Les sujets en mouvement »). Vérifiez ensuite que vous n'êtes pas trop près du sujet et que vous respectez bien la distance minimale de mise au point.

Il se peut aussi que votre image ne soit pas suffisamment contrastée pour que les collimateurs accrochent un point précis. Essayez de photographier un carré de ciel bleu et vous verrez que votre appareil ne parvient pas à faire la netteté : il ne trouve aucun point à accrocher. Dans ce cas, cherchez un autre élément situé dans le même plan que votre sujet pour faire le point (un nuage dans le ciel ou un relief loin-

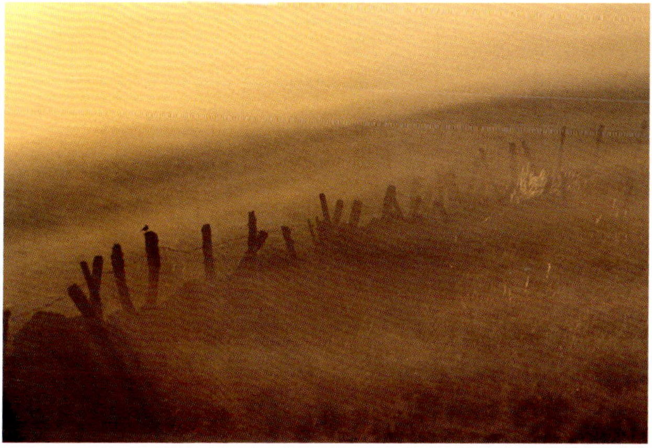

France, plateau de l'Aubrac. Dans ce type d'ambiance, le collimateur ne trouve pas de zone de contraste à accrocher. Positionnez-le sur l'un des poteaux de clôture pour faire le point.

tain). Vous rencontrerez également cette difficulté face à un paysage de brumes, où les éléments se devinent plus qu'ils ne se voient réellement, ou encore si vous photographiez des surfaces unies, des motifs répétitifs (fenêtres d'immeuble, grillage...), des sujets en partie masqués (animaux en cage ou cachés dans de la végétation...). Vous pouvez, dans ces cas-là, passer en mode Manuel.

Mise au point en mode Manuel

France. En macro, le mode Manuel permet de faire la mise au point de façon très précise. Vous pouvez aussi vous déplacer très légèrement d'avant en arrière, jusqu'à ce que le plan choisi soit net.

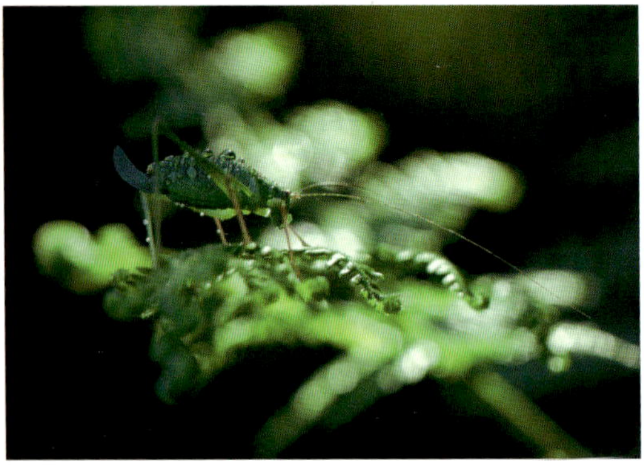

En mode Manuel (mode M), la netteté de l'image s'obtient en tournant la bague de mise au point située sur l'objectif jusqu'à ce que l'image apparaisse nette dans le viseur. Vous pouvez utiliser ce mode dans tous les cas où l'autofocus ne permet pas d'obtenir de résultats satisfaisants.

Pour la macrophotographie, qui demande une extrême précision car la zone de netteté est très réduite, le mode de mise au point Manuel permet de se concentrer sur la composition et d'ajuster la netteté au dernier moment, sans avoir à bouger le cadre pour faire le point sur un élément décentré. Les photos prises avec un trépied sont aussi plus faciles à réaliser en mode Manuel car vous n'avez pas à le déplacer, une fois que le cadre est prêt, pour effectuer la mise au point sur un élément décentré.

Le réglage dioptrique

Certains modèles d'appareils photo peuvent être réglés à votre vue en tournant une petite molette située sur le viseur (voir votre mode d'emploi). Ce réglage vous permet de voir net sans verres correcteurs et d'utiliser le mode de mise au point Manuel en toute confiance. Dans le cas contraire, vos photos prises en mode Manuel risquent d'être floues. Pour faire un réglage dioptrique précis, zoomez sur une page de texte parallèle au plan de votre capteur ou de votre pellicule photo et tournez la molette jusqu'à ce que les lettres soient bien nettes.

Maîtriser la profondeur de champ

La profondeur de champ désigne la zone de netteté de l'image. Vous avez tous rêvé de réaliser des portraits serrés se détachant sur un fond flou, ou de faire des photos de paysages où tous les éléments sont nets du premier plan à l'infini. Le réglage de la profondeur de champ vous permet de décider, au moment de la prise de vue, où commence et où s'arrête la zone de netteté.

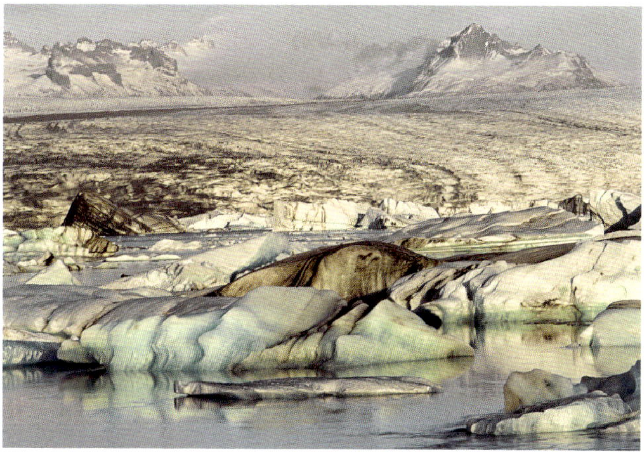

Islande. La très grande profondeur de champ permet d'obtenir une image nette, du premier plan à l'arrière-plan.

Le réglage du diaphragme

C'est le réglage du diaphragme qui vous permet de jouer sur la profondeur de champ : plus il est ouvert, plus la profondeur de champ est faible ; plus il est fermé, plus la profondeur de champ est importante. Ainsi, une ouverture du diaphragme de f/5,6 donnera une profondeur de champ plus réduite qu'une ouverture de f/11.

En voyage, les marchés sont des endroits rêvés pour faire des tests. Entraînez-vous en photographiant un étal de marchandises avec, dans votre cadre, d'autres stands en arrière-plan. Faites la mise au point sur l'étalage que vous avez choisi de mettre au premier plan, réglez l'appareil en mode Priorité ouverture (voir « La mesure de la lumière » p. 87) et faites deux photos en utilisant des valeurs extrêmes d'ouverture du diaphragme : f/16, par exemple, et la valeur la plus ouverte possible (f/5,6, f/4 ou f/2,8 selon les possibilités de votre objectif). Vous verrez, en comparant

Plus les plans sont éloignés les uns des autres, plus il est facile d'obtenir une zone de flou importante, en arrière ou en avant du sujet.

Bon à savoir

En regardant des tests techniques (sites Internet, magazines spécialisés...), vous vous apercevrez que la grande majorité des objectifs amateurs ou semi-professionnels donnent des images de meilleure qualité pour des ouvertures du diaphragme situées entre f/5,6 et f/11. Cela signifie, par exemple, que si vous pouvez obtenir une profondeur de champ satisfaisante à f/11, il est inutile de fermer à f/22 pour « être sûr » car vous perdriez en qualité d'image. Prenez le temps de chercher les tests concernant vos propres objectifs pour les utiliser au mieux de leurs possibilités.

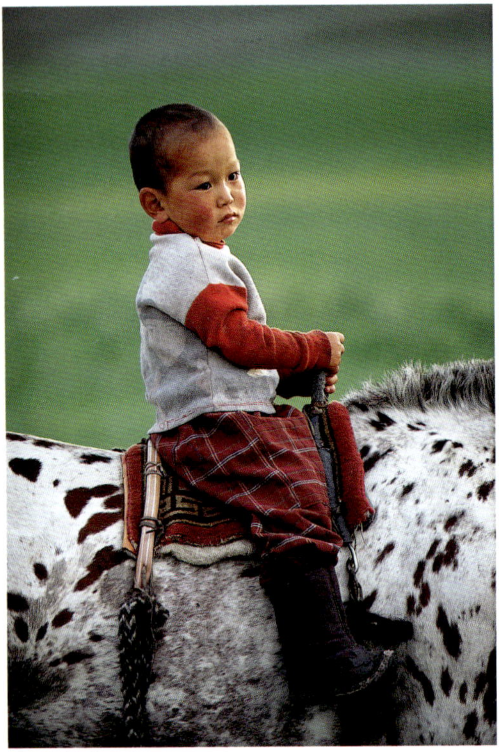

Mongolie. Ce petit nomade se détache sur un fond flou très fondu grâce à un diaphragme très ouvert de f/2,8.

les deux images, que la différence est flagrante : sur la première photo, tous les éléments de la scène sont nets ; sur la seconde, le premier étal est net mais ceux situés à l'arrière-plan sont flous.

Le rôle de la focale

Un autre paramètre entre en ligne de compte dans l'étendue de la profondeur de champ : la valeur de la focale utilisée. Il est plus facile d'obtenir de faibles profondeurs de champ avec un téléobjectif qu'avec un grand-angle.

Vous pouvez de nouveau faire un test sur un marché : prenez deux photos en réglant le diaphragme à sa plus grande ouverture (f/5,6, f/4 ou f/2,8 selon les possibilités de votre objectif). Faites une première photo avec votre plus grand-angle et la même scène avec votre plus gros téléobjectif, en faisant toujours la mise au point au même endroit. Vous verrez que vous n'obtenez pas la même profondeur de champ : avec le grand-angle, tout est quasiment net dans la photo, alors qu'avec le téléobjectif, vous obtenez une zone de flou à l'arrière et à l'avant de l'endroit où vous avez fait la mise au point.

Utilisez donc un téléobjectif lorsque vous souhaitez une très faible profondeur de champ, par exemple dans le cas de portraits serrés ou de gros plans, et chaque fois que vous voulez qu'un élément de votre scène se détache au cœur d'une zone de flou. Pour les paysages ou les vues d'ensemble, un grand-angle vous permet d'obtenir tous les plans nets.

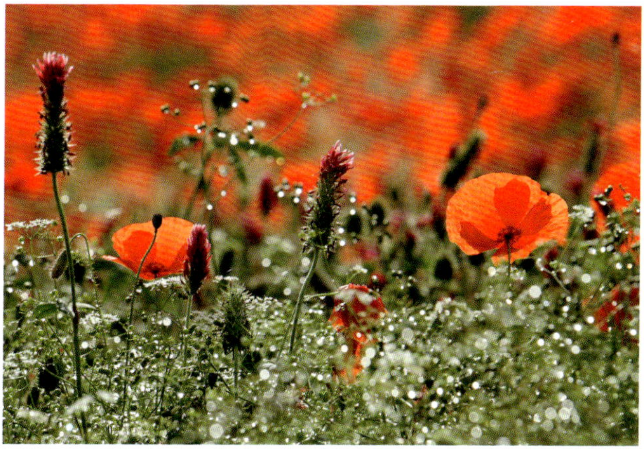

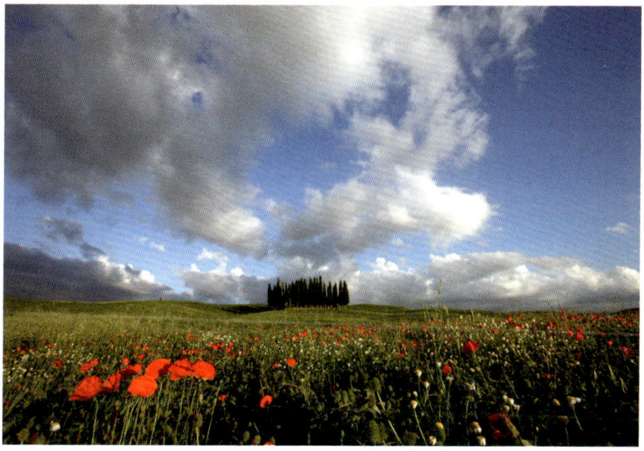

Italie, Toscane. Photographié avec un 200 mm, ce champ de coquelicots donne une image serrée avec une faible zone de netteté. Avec un 16 mm, la profondeur de champ est importante.

Le test de profondeur de champ

Certains appareils photo sont équipés d'un bouton de test de profondeur de champ (voir votre mode d'emploi). Il permet de vérifier, avant de déclencher, où commence et où s'arrête la zone de netteté de l'image. Pour comprendre son fonctionnement, faites un essai en plaçant sur une table une série de quatre à cinq verres, légèrement espacés les uns des autres. Positionnez-vous au début de la rangée de verres, de façon à les voir tous en enfilade les uns derrière les autres. Réglez votre diaphragme à f/22 et faites la mise au point sur l'un des verres du milieu. Regardez dans le viseur, sans appuyer nulle part, où commence et où s'arrête la zone de netteté dans la rangée de verres. Appuyez alors sur le bouton de test de profondeur de champ : l'image s'obscurcit, ce qui est normal car le diaphragme se ferme à f/22 et

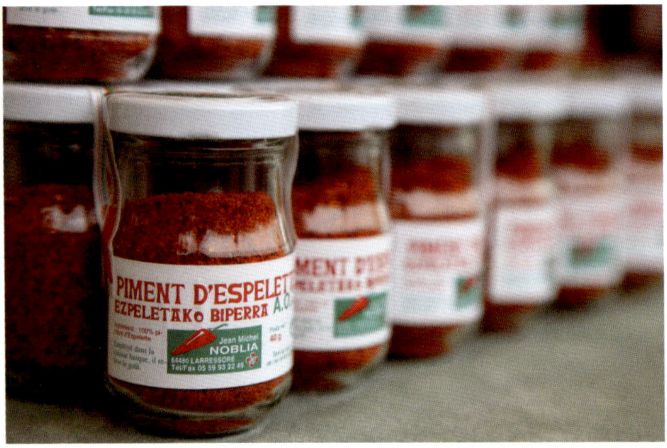

France, Pays Basque. L'utilisation du bouton testeur de profondeur de champ permet de visualiser, avant de déclencher, où commence et où s'arrête la zone de netteté.

laisse donc entrer moins de lumière. Concentrez-vous sur la netteté de l'image et regardez quels sont les verres nets et ceux restés dans le flou. Vous verrez que la zone de netteté est plus importante qu'avant d'appuyer sur le bouton de test de profondeur de champ : elle correspond à la profondeur de champ du diaphragme f/22, c'est-à-dire celle que vous obtiendrez sur votre photo si vous déclenchez. Votre image finale ne sera, heureusement, pas aussi sombre car ce bouton de test sert uniquement à simuler une fermeture du diaphragme. Si vous lâchez le bouton, l'image est à nouveau claire car, par défaut, le diaphragme est ouvert à son maximum afin de laisser entrer le plus de lumière possible, pour un meilleur confort visuel du cadrage. La zone de netteté que vous voyez dans votre viseur, ou sur votre écran LCD, quand vous n'activez pas le test de profondeur de champ, correspond ainsi au diaphragme le plus ouvert possible de votre objectif. Sur le terrain, nous vous recommandons d'utiliser au maximum ce bouton de test de profondeur de champ avant de déclencher. Pour un paysage, assurez-vous que tous les plans sont nets du premier plan de la photo jusqu'à l'infini ; pour un portrait, vérifiez que la zone de netteté couvre les yeux, le nez, la bouche et, éventuellement, les oreilles. Si, en faisant le test de profondeur de champ, vous vous apercevez que la zone de netteté obtenue n'est pas celle que vous souhaitez, modifiez la valeur d'ouverture du diaphragme ou changez l'endroit où vous avez fait la mise au point afin de décaler cette zone de netteté.

En utilisant souvent le bouton de test de profondeur de champ, vous finirez par savoir quel diaphragme choisir pour obtenir le rendu souhaité selon la focale utilisée.

Bon à savoir

La zone de netteté se répartit autour du plan où vous faites la mise au point de la façon suivante : un tiers devant ce plan et deux tiers derrière. En deçà et au-delà, vous tombez dans le flou. Pour une photographie de paysage, nous vous conseillons ainsi de faire votre mise au point au premier tiers bas du cadre de votre image pour que tous les plans soient nets, du premier plan de la photo à l'infini.

L'impact de la vitesse

La vitesse d'obturation a un effet sur la netteté de l'image dès qu'apparaît un sujet en mouvement dans la scène photographiée : déplacement d'un personnage, chute d'eau, passage de véhicule... Une vitesse rapide vous permet de figer ce mouvement tandis qu'une vitesse lente donnera un flou qui, s'il est bien maîtrisé, permettra de traduire la sensation de déplacement ou la vitesse.

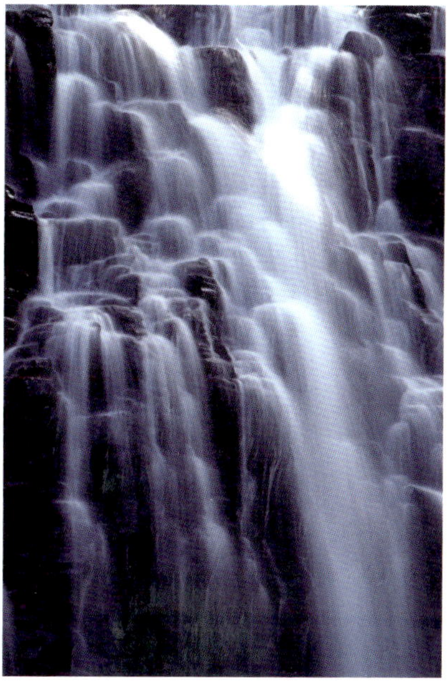

France, Cantal. L'effet de filé sur cette cascade a été obtenu grâce à une vitesse de 1/4 s.

Choisir la bonne vitesse

C'est la pratique qui vous amènera, au bout d'un certain temps, à connaître les valeurs de la vitesse d'obturation permettant de fixer un mouvement ou, au contraire, de produire un effet de « filé ». Par exemple, un condor en vol se déplace plus lentement qu'une hirondelle. Une vitesse d'obturation de 1/500e s peut suffire à figer le vol du condor ; pour l'hirondelle, il faudra monter autour de 1/2 000e s.

Pour créer un effet de filé, lorsque vous photographiez une chute d'eau ou une rivière, choisissez une vitesse de 1/8e s, ou plus lente encore selon l'effet souhaité. Un cheval au galop saisi au 1/250e s pourra être net, avec un effet de flou dans le mouvement des sabots, qui bougent

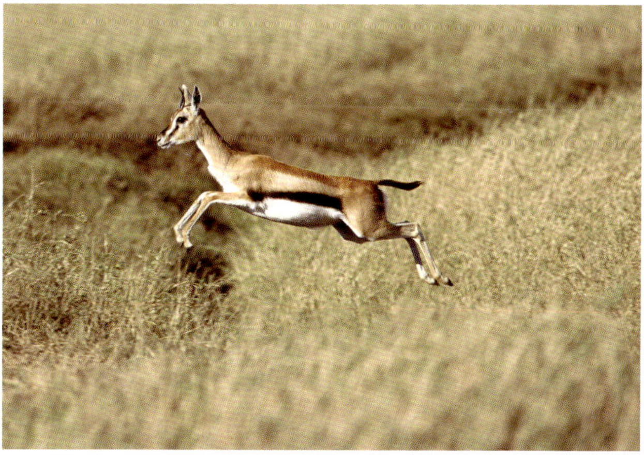

Tanzanie. Cette gazelle de Thomson a été saisie en pleine course avec une vitesse de 1/500e s.

plus vite que le reste du corps. Ces valeurs sont bien évidemment indicatives, car tous les chevaux et toutes les rivières du monde n'ont pas la même vitesse de déplacement.

Pour bien comprendre l'effet produit sur l'image par le réglage de la vitesse d'obturation, vous pouvez faire des tests simples en utilisant des valeurs de vitesse extrêmes. Par exemple, photographiez une fontaine au 1/500e s : vous figerez toutes les gouttes d'eau, alors qu'au 1/15e s, vous obtiendrez un effet de filé.

Éviter le flou de « bougé »

Pour gagner en stabilité au moment de la prise de vue, écartez légèrement les pieds, collez vos coudes au corps, la main gauche sous le fût de l'objectif.

Au moment de la prise de vue, même s'il est attentif à rester immobile, le photographe bouge (respiration, tremblement...). Si la vitesse d'obturation est trop lente, ces légers mouvements peuvent produire une image complètement floue : c'est le flou de bougé. Pour l'éviter, lorsque vous photographiez à main levée, veillez à choisir une vitesse d'obturation plus rapide que l'inverse de la valeur de la focale. Par exemple, si vous prenez une photo en utilisant une focale de 125 mm, ne descendez pas la valeur de la vitesse en dessous de 1/125e s. Attention, si vous avez un appareil numérique, à prendre en compte son coefficient multiplicateur pour connaître la valeur de la focale équivalente en 24 × 36 (voir votre mode d'emploi).

L'utilisation d'un objectif (ou d'un boîtier) stabilisé optiquement ou d'un monopode permet de gagner une ou deux vitesses : ainsi, avec une focale de 125 mm, il est possible d'obtenir des photos nettes au 1/30e s, en faisant attention, malgré tout, à ne pas trop bouger. Vous pouvez aussi, avec un appareil photo numérique, augmenter la sensibilité pour vous donner plus de liberté dans le choix de la vitesse (avec pour conséquence une montée du bruit).

Les jours de vent, soyez particulièrement attentif au flou de bougé et choisissez des vitesses plus élevées qu'à l'habitude.

Si vous faites des photos de nuit ou en faible lumière, vous devrez utiliser des vitesses lentes. Pour éviter le flou de bougé, installez un trépied ou trouvez un moyen de stabiliser votre appareil photo en le posant sur une chaise, une table, un muret, le capot de la voiture... Vous pouvez aussi vous appuyer sur un poteau ou un mur en bloquant votre respiration au moment du déclenchement.

Pense-bête

Attention lorsque vous photographiez des sujets en mouvement avec un grand-angle. Sachant que vous pouvez éviter le flou de bougé avec des vitesses relativement lentes (1/20e s avec un 20 mm, 1/30e s avec un 30 mm...), vous risquez d'oublier que, pour figer le mouvement, il vous faut utiliser une vitesse rapide. C'est une erreur courante.

Pourquoi ma photo est-elle floue ?

Votre photo est floue et vous ne savez pas pourquoi. Il peut y avoir plusieurs raisons à cela. Observez attentivement votre image pour comprendre l'origine du flou.

- **Si certains plans sont nets**, mais que le sujet est flou, cela peut être dû au fait que vous n'avez pas fait la mise au point au bon endroit : vos collimateurs ont pu accrocher un élément devant ou derrière le sujet.
- **Si votre sujet était en mouvement** et qu'il est flou, alors que le reste de l'image est net, vous avez très certainement utilisé une vitesse trop lente pour pouvoir figer le mouvement.
- **Si votre photo est nette uniquement sur certains plans**, alors que vous l'imaginiez entièrement nette de bas en haut, cela signifie que la profondeur de champ choisie est trop faible.
- **Si votre photo est complètement floue** et que vous ne trouvez aucune zone de netteté, vous avez peut-être oublié de faire la mise au point avant de déclencher, ou vous ne vous êtes pas aperçu que le point n'était pas fait et vous avez pris la photo (non-respect de la distance minimale de mise au point, par exemple). Vous pouvez également vous trouver dans le cas d'un flou de bougé : votre vitesse était trop lente et vous avez bougé légèrement au moment de prendre la photo.

Argentine, Patagonie. La vitesse utilisée est trop faible et n'a pas permis de saisir cette petite fille dans sa course.

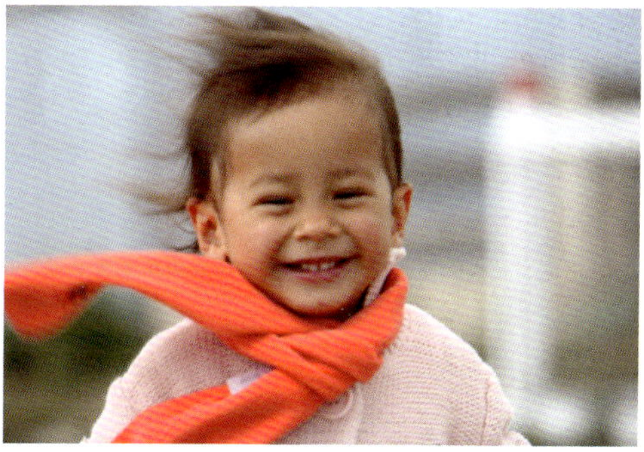

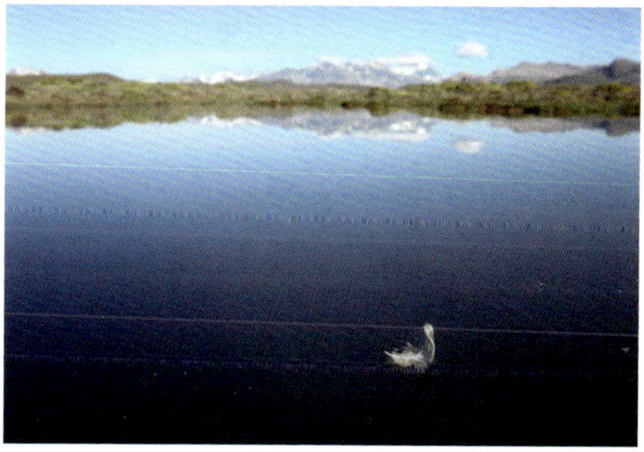

Argentine, Patagonie. La profondeur de champ n'est pas assez importante : le dernier plan est flou. Il aurait été plus intéressant qu'il soit net.

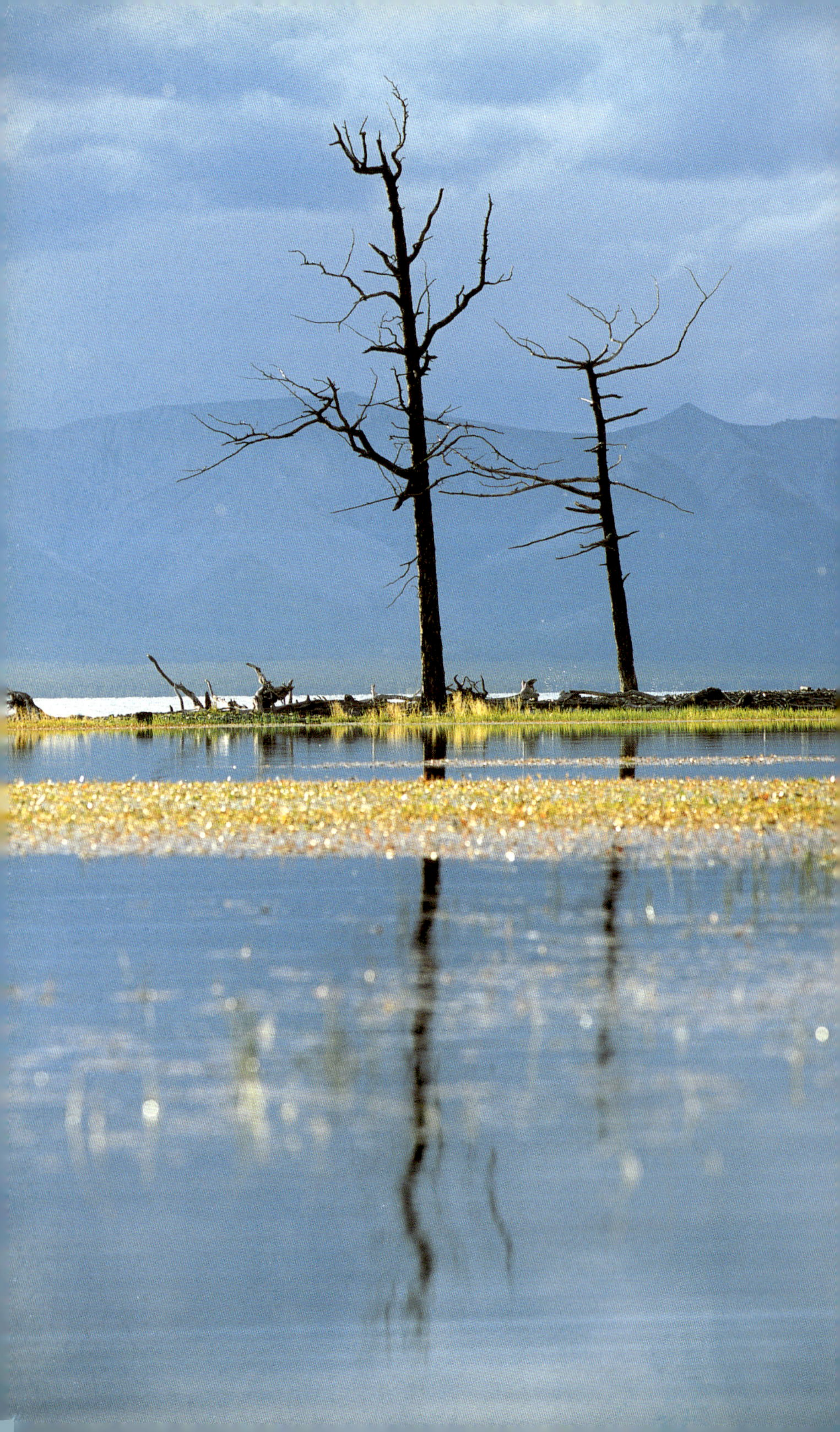

7

Astuces de terrain

Intégrer toutes les notions techniques et les cas particuliers demande un certain temps de pratique photo, même si cela paraît clair sur le papier. Pour vous aider sur le terrain, voici une check-list des étapes à ne pas oublier avant de prendre votre photo et des astuces de terrain concernant les sujets les plus couramment rencontrés en voyage.

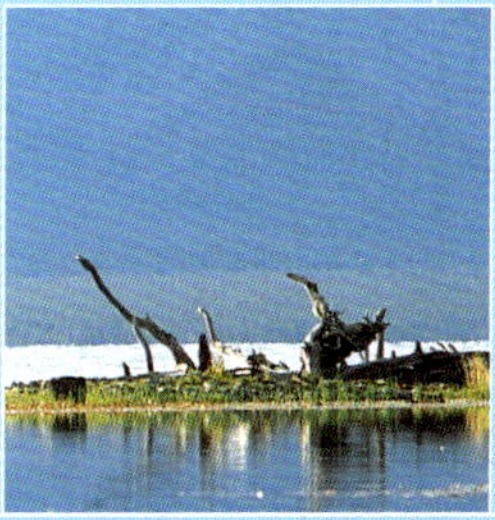

Mongolie. Reflets sur le lac Khövsgöl.

Le pense-bête du photographe

Ayez en tête les différentes étapes à suivre avant de prendre votre photo. Cela peut paraître un peu laborieux mais, au bout d'un certain temps, vous verrez que vos doigts seront familiarisés avec votre boîtier et se poseront tout seuls au bon endroit ; vous irez très vite, sans même y penser !

1. **Avant la prise de vue**, en fonction de la scène et de la luminosité de ce que vous vous apprêtez à photographier, vérifiez rapidement quelques points : réglage de la balance des blancs et de la sensibilité si vous êtes en numérique, du mode de mesure (Spot ou Évaluative), du mode de mise au point (autofocus standard ou suivi continu pour un sujet en mouvement).
2. **Faites votre cadrage** (voir « Composer ses images » p. 69). Sans penser à la mesure de l'exposition, à la balance des blancs ou à la mise au point. Prenez le temps qu'il faut pour construire votre composition et savoir quelle photo vous allez réaliser. N'hésitez pas à changer d'objectif, ou de point de vue, jusqu'à trouver l'image juste.
3. **Réglez l'exposition** (voir « La mesure de la lumière » p. 87). Réalisez votre mesure de lumière et choisissez le couple vitesse-diaphragme qui vous convient pour obtenir la profondeur de champ souhaitée et, si besoin, un effet de filé ou un mouvement figé. N'oubliez pas de changer la sensibilité, ou d'utiliser un support pour vous stabiliser, si vous vous apercevez que vous n'avez pas assez de lumière pour réaliser votre image. Si vous disposez de cette fonction, vous pouvez aussi utiliser le stabilisateur de votre objectif ou du boîtier.

Pensez à vérifier que la vitesse choisie vous permet d'éviter le flou de bougé, en fonction de la focale avec laquelle vous avez fait votre cadrage.

4. **Faites la mise au point** (voir « Maîtriser le net et le flou » p. 117) et appuyez sur le bouton de test de profondeur de champ pour vérifier que la zone de netteté obtenue est correcte. Sinon, changez le couple vitesse-diaphragme et recommencez l'opération.
5. **Prenez la photo !**
6. **Réglez votre boîtier pour les prochaines photos.** À la fin d'une séance de prises de vue, remettez vos réglages habituels en place pour les prochaines photos : réglez à nouveau la sensibilité à 100 ISO si vous venez de prendre des photos avec une sensibilité plus élevée, vérifiez que vous êtes en mode de mesure Spot ou Évaluative, selon ce que vous utilisez le plus fréquemment ; réglez la vitesse ou le diaphragme à une valeur moyenne si vous avez dû utiliser des valeurs extrêmes ; repassez la balance des blancs en mode automatique, ou Lumière

du jour, selon ce que vous utilisez le plus fréquemment ; repassez en mode de mise au point standard, et non de suivi continu, si vous venez de photographier des sujets en mouvement. Si vous l'avez utilisée, pensez à remettre à zéro la correction d'exposition.

Photographier les paysages

Une belle image de paysage est celle qui permet de saisir l'âme ou l'esprit d'un lieu. Il ne s'agit pas de montrer, à la manière de certaines cartes postales, mais de transmettre une émotion, une ambiance : le silence des premières lueurs du jour, l'éveil de la nature après la dissipation des brumes matinales, le flamboiement des couleurs d'automne, la démesure d'un territoire...

Pour bien photographier un paysage, il est important de comprendre la topographie du lieu. Cela vous permet de prévoir, en fonction des heures de la journée et de la saison, quelle sera l'orientation idéale de la lumière et de choisir ainsi le meilleur moment pour réaliser l'image que vous avez en tête.

Ne confondez pas un beau paysage et un beau décor : le premier se suffit à lui-même ; le second sert plutôt de fond et demande la présence d'un sujet (personnage, animal, arbre...) pour faire une belle image. Certains paysages beaux à regarder donnent des photos banales.

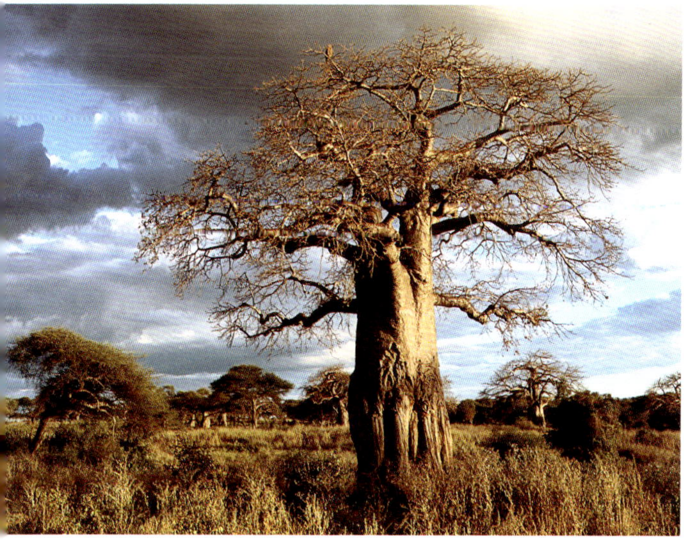

Tanzanie, Parc du Tarangire. Positionner le baobab au premier plan et en légère contre-plongée renforce son caractère imposant.

Enfin, équipez-vous d'un objectif grand-angle pour mettre en valeur l'espace et, éventuellement, d'un petit téléobjectif (70-200 mm) si vous êtes dans des pays de grands espaces.

Astuces de terrain

- Un temps couvert et une lumière dure de milieu de journée se prêtent généralement peu à la photographie de paysage. Utilisez plutôt les lumières rasantes de l'aube et du couchant qui offrent des tons plus chauds, mettent en évidence tous les reliefs et toutes les nuances de couleur. Soyez sur le terrain avant le lever du jour et revenez-y en fin de journée. Restez-y jusqu'aux derniers rayons du soleil, même par temps couvert, vous aurez parfois des bonnes surprises !
- Pensez à utiliser le ciel quand il présente un intérêt : mouvement des nuages, arc-en-ciel, couleur particulière (gris-noir d'un ciel d'orage...), etc. Pour cela, orientez votre grand-angle vers le haut et donnez la part belle au ciel. La terre peut n'occuper que le tiers inférieur de la photo pour donner l'échelle et situer le territoire, ou apparaître en ombre chinoise.
- Au contraire, évitez de mettre du ciel dans votre image quand il est inintéressant (blanchâtre, grand bleu uniforme). N'hésitez pas, dans ces cas-là, à le supprimer complètement de votre cadrage. Il est inutile de garder une petite bande de ciel pour « finir la photo » : ce bout de ciel, par sa luminosité, attirera le regard au détriment du reste de l'image, où se situent les points d'intérêt.
- Un filtre polarisant est utile pour densifier les cieux un peu fades, faire ressortir le blanc des nuages, par contraste avec un ciel dense, et accentuer les couleurs chaudes (feuillages d'automne, prairies jaunies à la fin de l'été, par exemple). Ne le laissez pas monté en permanence sur votre objectif : vous perdriez de la luminosité (environ deux valeurs) et pourriez obtenir des images légèrement sous-exposées. Ne l'utilisez que lorsque les conditions s'y prêtent.
- Un petit sujet, placé au premier tiers de l'image (pierre, personnage, arbre...), donne de la mesure et de la profondeur au paysage.
- Repérez les éléments naturels qui peuvent vous servir de lignes directrices pour diriger le regard vers un point fort : méandres d'une rivière, ligne de crête d'une colline, pente de montagne, courbe d'un chemin ou d'une route...
- Choisissez une grande profondeur de champ pour que le paysage soit net du premier plan à l'infini. Si la lumière est faible, cela

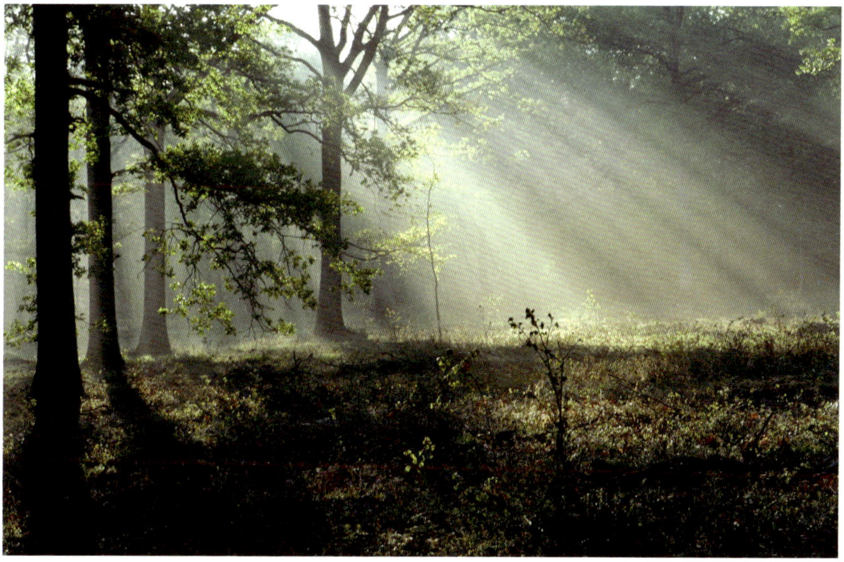

implique l'utilisation d'un trépied ou d'un support pour rester stable avec une vitesse d'obturation lente, ou d'augmenter la sensibilité si vous êtes en numérique.

- Pour optimiser la profondeur de champ, réalisez la mise au point au premier tiers de l'image. N'oubliez pas d'utiliser votre bouton de test de profondeur de champ pour être sûr de ne pas avoir de zone floue, en particulier au premier plan.
- Regardez le ciel en permanence pour anticiper les changements d'éclairage, les percées de lumière, les mouvements des nuages, la venue d'un arc-en-ciel entre pluie et soleil, la montée de brumes...

France, forêt de Rambouillet. La lumière venant du haut et filtrant à travers le feuillage crée des percées dans le sous-bois, d'autant plus visibles qu'il y a de la poussière en suspension dans l'air.

Portraits et scènes de vie

hotographier les gens, du portrait à la scène de foule, doit se faire le plus ouvertement possible. Face à des personnes gênées, une technique qui peut aider à démystifier l'appareil photo consiste à leur proposer de regarder elles-mêmes dans le viseur, ou à leur montrer des images réalisées avec un appareil numérique.

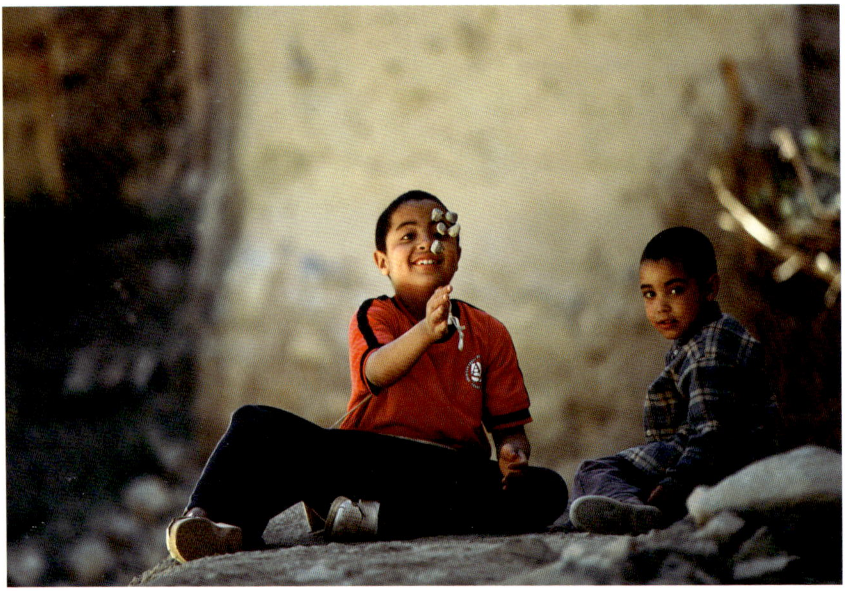

Maroc, vallée des Aït Bougmez. Ces enfants ont été photographiés au 200 mm avec une faible profondeur de champ et un arrière-plan neutre, ce qui rend l'image limpide.

Un petit téléobjectif (70-200 mm) et un objectif transtandard (du type 24-105 mm) permettent de couvrir une grande variété de cadrages.

Astuces de terrain

- N'oubliez pas que les règles classiques de composition s'appliquent aussi pour les portraits, les images mettant en scène des personnages ou les vues de foule. En portrait serré, positionnez de préférence l'œil du sujet sur l'un des points forts de l'image ; en plan large, décentrez le personnage et laissez de l'espace dans la direction de son regard ou de son déplacement.
- Utilisez le lieu, l'environnement ou l'habitat pour situer les personnages dans un contexte lié au pays et tirer parti du décor.
- N'ayez pas peur de vous approcher des gens, une fois que le contact est établi et qu'ils ont manifesté leur accord pour que vous les preniez en photo.
- Jouez sur la profondeur de champ : une zone de netteté réduite fera ressortir un portrait sur un fond flou ; au contraire, une zone de netteté étendue situera des personnages dans leur contexte ou montrera l'importance d'une foule.
- Pour les portraits serrés, préférez une focale supérieure ou égale à 85 mm afin d'éviter les déformations liées aux grands-angles.
- Faites attention aux lumières de milieu de journée qui viennent d'en haut et créent des ombres disgracieuses sous les yeux et le

nez des personnages. Préférez des lumières rasantes de début ou de fin de journée, ou des sujets à l'ombre ou en intérieur pour des ambiances plus douces.

- Observez votre sujet, soyez patient, attendez le bon moment pour déclencher : expression du visage, scène entre plusieurs individus, geste particulier, regard...
- Dans le cas de fêtes ou de marchés, prenez garde à ne pas réaliser des clichés confus, où les personnages sont coupés, les lignes directrices contradictoires et les scènes peu lisibles. Il est important de réussir à isoler des personnages en plans serrés au téléobjectif et à trouver des points de vue qui permettent de donner une vision d'ensemble de la foule, de l'ambiance et du contexte.

Photographier le mouvement

Les règles de composition restent les mêmes que pour des paysages statiques. L'élément essentiel qui entre en compte dans la photographie de scènes dynamiques est la vitesse d'obturation qui permet de figer ou de filer le mouvement.

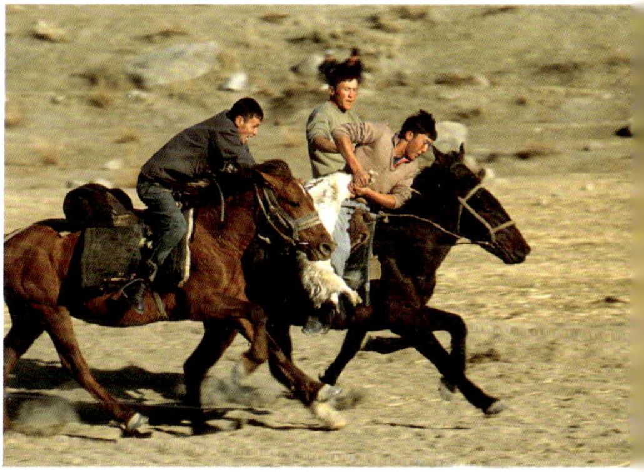

Kirghizstan. Cette scène a été saisie en pleine action lors de fêtes équestres traditionnelles, en mode Suivi continu et avec une vitesse de 1/250e s.

Astuces de terrain

- Une vitesse d'obturation élevée permet de figer un sujet en plein mouvement. Il faut, au début, tâtonner en faisant plusieurs essais, pour déterminer quelle vitesse choisir. Cela dépend, bien sûr, de la rapidité avec laquelle se déplace le sujet suivi.
- Inversement, une vitesse d'obturation lente permet d'obtenir un flou qui peut traduire l'impression de vitesse, indiquer le sens du déplacement ou suggérer un mouvement. Dans ce cas aussi, vous trouverez par tâtonnements, et avec l'expérience, la vitesse la plus adaptée à l'effet souhaité.

- Vous pouvez choisir une vitesse d'obturation intermédiaire qui laissera des parties nettes et d'autres légèrement floues sur un même sujet. Par exemple, les mains d'un artisan au travail peuvent être floues alors que son corps est net ; une personne en pleine course peut avoir les jambes floues, suggérant ainsi sa vitesse, et le haut du corps net.
- En photographie dynamique, il est important de ne pas se laisser absorber par son sujet : attendez, avant de déclencher, que le sujet et le fond soient conformes à l'image souhaitée et que le mouvement soit lisible.
- Plutôt que d'utiliser l'autofocus, une autre méthode, pour suivre le sujet en mouvement, consiste à faire la mise au point sur un point préalablement choisi et à attendre que le sujet arrive dans cette zone pour déclencher. Cette technique permet de saisir le sujet exactement dans le décor choisi. N'hésitez pas à faire plusieurs clichés, si votre boîtier dispose d'un mode Rafale, avant, pendant et après le moment « clé ».
- Avec l'autofocus, pensez à passer en mode Suivi continu pour suivre le sujet dans son déplacement. Selon sa taille et le sens de son déplacement, vous devez choisir d'activer le ou les collimateurs les plus adaptés.
- Pour obtenir un effet de filé avec un sujet net sur un fond flou, suivez le sujet pendant son déplacement, l'œil collé au viseur. Déclenchez quand vous le souhaitez, en continuant à suivre le mouvement pour être sûr de ne pas vous arrêter pendant que l'obturateur est ouvert. L'idéal est d'utiliser un trépied pour être certain de rester sur un même plan et à la même hauteur (éviter des lignes verticales floues dues à des mouvements de bas en haut de votre boîtier). Le choix de la vitesse d'obturation dépend de la rapidité de déplacement du sujet. Elle doit être relativement lente pour assurer un réel flou de l'environnement dans lequel se déplace le sujet.

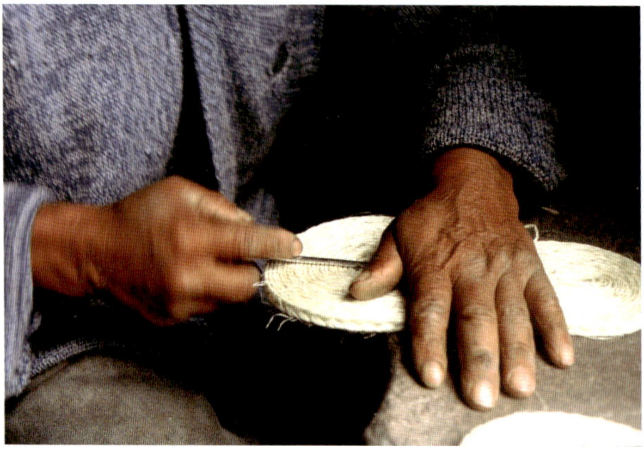

Équateur. Une vitesse relativement lente permet de rendre visible le mouvement de la main de cet artisan au travail.

Photographier les fleurs

Si vous voyagez au printemps, vous allez pouvoir plonger dans le monde de la photo de fleurs ! En macrophotographie, vous devez être équipé d'un objectif spécifique macro. Une autre solution consiste à utiliser des bagues allonges : ce sont des tubes vides qui permettent de réduire la distance minimale de mise au point de l'objectif et de réaliser ainsi des gros plans avec un objectif qui n'est pas prévu pour la macro (voir « Préparer son matériel photo » p. 23 et « Composer ses images » p. 69). N'oubliez pas que vous pouvez aussi faire des vues d'ensemble de prairies pour mettre en évidence la densité d'un parterre de fleurs. Dans ce cas-là, un grand-angle est tout à fait adapté.

France, Cantal. Levez-vous tôt pour photographier la rosée sur les fleurs !

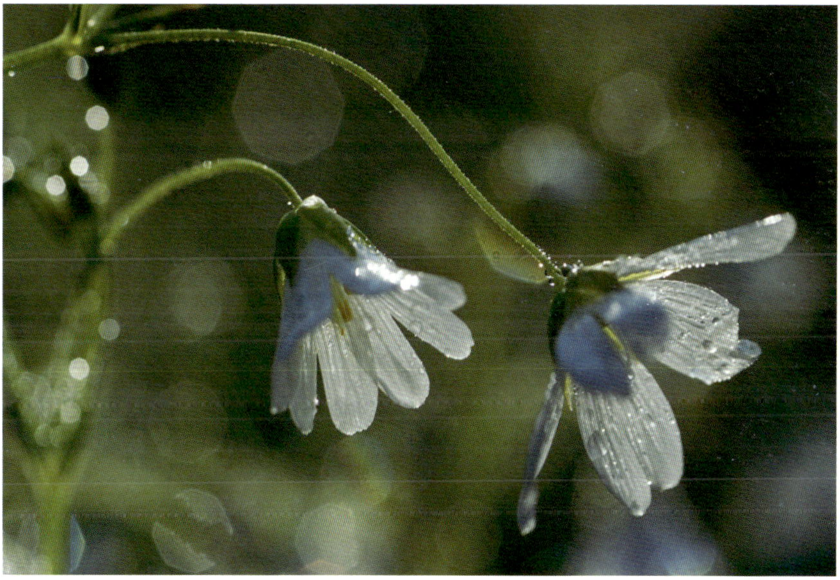

Astuces de terrain

- Évitez la macro les jours de vent car il est impossible de faire la mise au point. Le sujet ne cesse de bouger et les collimateurs AF de votre appareil photo n'arrivent pas à accrocher un point fixe. Si le vent est faible, vous pouvez essayer de passer en mode de mise au point Suivi continu, mais cela reste assez délicat de faire un cadrage précis tout en déclenchant au bon moment. De plus, la profondeur de champ étant généralement très faible en macro, vous risquez d'accrocher un point derrière ou devant votre sujet, qui sera alors flou.

- Levez-vous tôt : vous pourrez bénéficier du givre ou de la brillance des gouttes de rosée pour des plans larges ou serrés et les utiliser comme points forts dans votre composition.
- Passez en mode Manuel pour faire le point, vous serez plus précis qu'en mode Autofocus.
- Stabilisez-vous en vous allongeant sur le sol, appuyé sur les coudes ou en utilisant un trépied au ras du sol, à hauteur du sujet. Vous ne vous fatiguerez pas le temps de faire votre cadrage et vos mesures de lumière.
- En macrophotographie, une faible profondeur de champ est préférable pour faire ressortir le sujet sur un fond flou très fondu. Pour des vues d'ensemble au grand-angle, préférez au contraire une grande profondeur de champ.
- N'hésitez pas à faire du nettoyage en enlevant les herbes parasites !
- Utilisez un petit réflecteur pour déboucher les ombres.
- Pensez aux images en contre-jour qui font ressortir la brillance du velours et les petits poils des tiges, la transparence des feuilles ou des pétales.
- Lorsque le temps est couvert, n'hésitez pas à vous consacrer à la macro : vous obtiendrez des images aux tons pastel et aux couleurs douces.

Photographier les animaux

S'engager dans la photographie animalière demande une grande patience ainsi qu'une très bonne connaissance du comportement de l'espèce photographiée et de ses habitudes de déplacements. Sans vouloir vous consacrer pleinement à la photographie animalière, vous pouvez, occasionnellement, rencontrer des animaux pendant votre voyage, qu'ils soient sauvages ou domestiques.

En photographie animalière, l'idéal est d'être équipé d'un téléobjectif d'au moins 300 mm, voire 500 mm. Cela dépend des animaux que vous allez photographier, de leur distance d'approche et du territoire dans

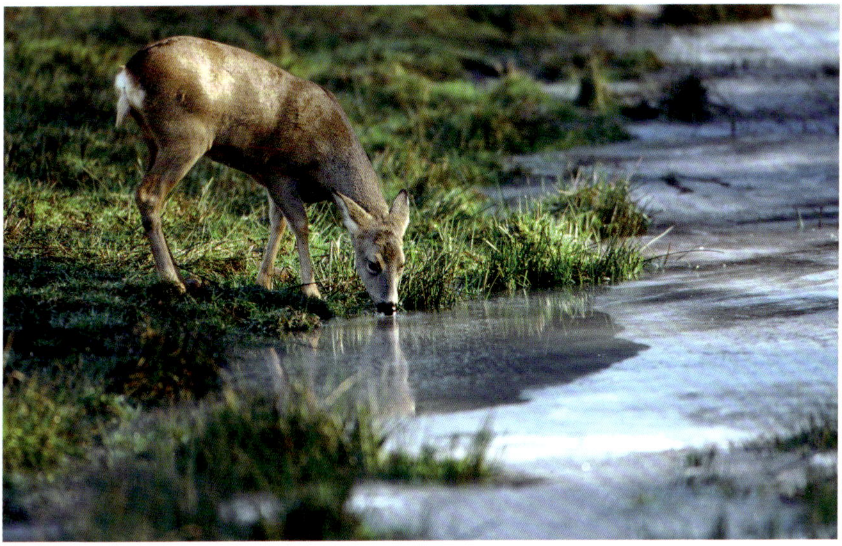

France, Bourgogne. Dans la nature, soyez attentif et restez discret pour ne pas affoler les animaux. Cette jeune chevrette léchant la glace n'a pas remarqué la présence du photographe.

lequel vous vous situez. Un petit téléobjectif de type 70-200 mm est aussi très utile pour des animaux peu farouches, ou pour des images qui les situent dans leur contexte en incluant le paysage.

Astuces de terrain

- Comme pour tout type d'images, soyez attentif à la qualité de la lumière et à la composition de votre photo, mais aussi à l'attitude de l'animal et au décor dans lequel vous le situez. Ne l'oubliez pas en vous laissant emporter par l'émotion d'avoir pu approcher un animal sauvage ou difficile à voir!
- Dans le cas de plans serrés, les mêmes règles que pour les portraits s'appliquent en ce qui concerne la composition de l'image et la mise au point sur l'œil, point fort de l'image.
- Évitez de photographier des animaux de dos ou visiblement fuyants. Attendez qu'ils adoptent une attitude naturelle, passez du temps à les observer pour saisir des scènes avec des comportements typiques. L'idéal est bien évidemment de bien connaître l'espèce pour anticiper certaines attitudes ou saisir des moments d'interaction entre plusieurs individus.
- Pour approcher des animaux sauvages, soyez silencieux, faites attention au sens du vent et positionnez-vous de façon à ce qu'ils ne puissent pas percevoir vos bruits et votre odeur. Soyez discret en utilisant des vêtements de couleur neutre et qui se fondent dans le paysage; avancez vers eux lentement et sans mouvement brusque, en vous courbant pour vous rapprocher du

sol. Dès que vous repérez un léger mouvement de fuite de leur part, arrêtez-vous jusqu'à ce qu'ils se tranquillisent. Vous pouvez alors, à nouveau, faire quelques pas.

- Pensez à réaliser des cadrages larges qui situent les animaux sauvages dans leur territoire de vie avec une grande profondeur de champ ; ne cherchez pas à tout prix à ne faire que des portraits serrés.
- Avant de vous approcher d'animaux sauvages, imaginez la photo que vous souhaitez réaliser et positionnez-vous de façon à avoir un fond intéressant. Si vous photographiez des oiseaux, pensez qu'ils risquent, à un moment donné, de s'envoler : choisissez donc à l'avance le décor dans lequel vous saisirez cet envol.

Villes, monuments, habitat

De même que dans le cadre de la photographie de paysage, il s'agit avant tout, en photographie d'architecture, de traduire l'esprit et l'ambiance d'un lieu à travers l'image. Essayez de qualifier la ville, le village ou le monument que vous souhaitez photographier pour déterminer l'émotion que vous voulez exprimer dans votre photo : une ville bruyante, déserte, un monument imposant, un habitat chaleureux...

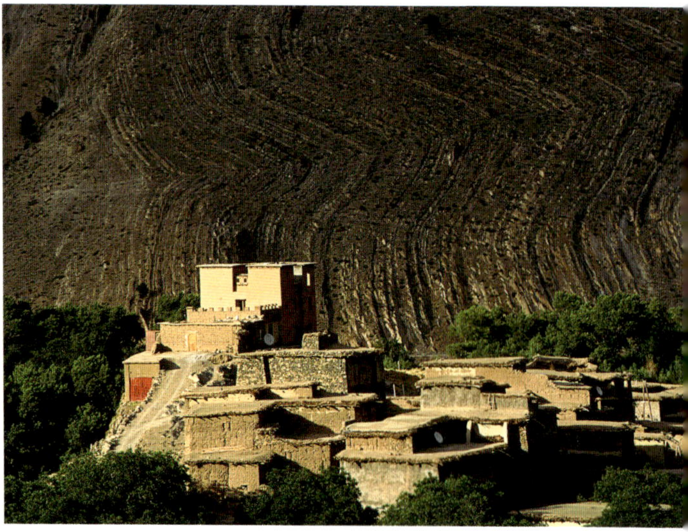

Maroc, vallée des Aït Bougmez. Pensez à situer les villages ou l'habitat traditionnel dans leur contexte en choisissant bien votre arrière-plan.

Pour la photographie d'architecture, équipez-vous d'un objectif trans-standard de type 24-105 mm qui vous permettra de réaliser, à la fois, des prises de vue d'ensemble et de détails. Une focale un peu plus longue permet de saisir des gros plans mettant en évidence des matières ou des détails d'architecture. Un très grand-angle doit être utilisé avec précaution afin que la convergence des lignes directrices et la déformation des lignes verticales restent acceptables.

Astuces de terrain

- La photographie d'architecture est l'un des rares domaines où il est intéressant de centrer ses sujets : cherchez lignes directrices (routes, ponts, arches...) et formes géométriques pour mettre en évidence des symétries, des perspectives et diriger le regard vers un point fort central.
- Utilisez un filtre polarisant pour supprimer les réverbérations et les reflets gênants des surfaces vitrées. Cela vous permettra aussi de renforcer le contraste entre les bâtiments et le ciel.
- N'hésitez pas à inclure un personnage dans votre image, même s'il ne s'agit que d'une silhouette. D'une part, il donne l'échelle et, d'autre part, il permet de jouer sur les contrastes de taille entre personnage et bâtiments. Enfin, un passant donne un souffle de vie à vos photos, attire le regard sur une zone forte de l'image.
- Avec un grand-angle, vous pouvez accentuer les distorsions des lignes verticales en prenant volontairement des bâtiments en contre-plongée : vous traduirez ainsi le gigantisme ou la puissance d'un monument.
- Pour limiter les distorsions dues aux grands-angulaires, l'idéal est de pouvoir photographier à hauteur du sujet, avec le capteur ou la pellicule photo parallèle à la façade du bâtiment (en montant dans des bureaux, sur des balcons...).
- Pour des vues d'ensemble, il est préférable, comme en photographie de paysage, de privilégier une grande profondeur de champ. Mais vous pouvez aussi tout à fait réaliser des prises de vue au téléobjectif avec une faible profondeur de champ pour faire surgir des éléments architecturaux sur un fond flou.
- Profitez de l'aube et du début de soirée pour photographier villes et villages en vitesse lente, en posant votre boîtier sur un support stable : passants et véhicules seront flous dans un décor de ville aux douces lumières de l'aube ou du crépuscule.
- Essayez de trouver un point de vue en hauteur pour avoir des images d'ensemble d'une ville ou d'un village et le situer ainsi dans son environnement.

La photo de nuit

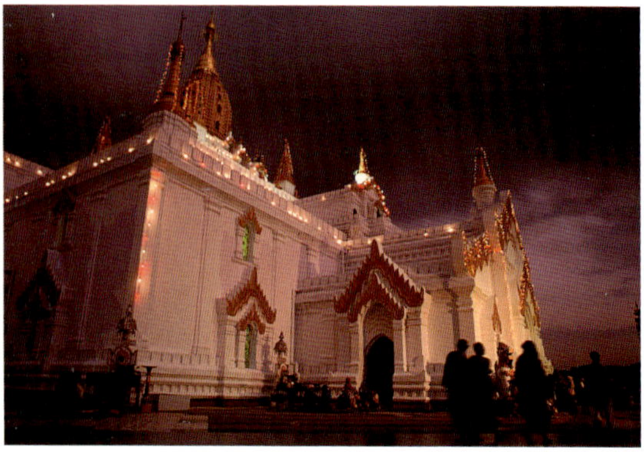

Birmanie. Le moment entre chien et loup, avant la nuit complète, donne souvent de très beaux clichés.

Les photos de nuit, en particulier dans les villes très touristiques où bâtiments et monuments sont souvent très bien éclairés, peuvent donner des images spectaculaires. Dans la nature, la sérénité d'une aube, la convivialité d'un feu de camp, la simplicité de silhouettes en contre-jour aux dernières lueurs du crépuscule, ou encore la pleine lune, sont autant de moments uniques à saisir entre pénombre et lumière.

Astuces de terrain

- Que vous soyez en ville ou en pleine nature, en train de photographier des monuments éclairés, des éclairs ou des étoiles, utilisez un trépied stable (adapté au poids de vos objectifs), ou tout autre support, qui permet de stabiliser votre appareil photo.
- Le mode de mise au point Manuel est souvent plus adapté que l'autofocus : une fois le trépied en place et le cadre prêt, il permet de régler la mise au point sans avoir à bouger le boîtier (et le trépied) pour faire le point sur un élément décentré.
- Pour photographier des éclairs, choisissez un lieu où vous n'êtes pas pollué par les lumières parasites d'une ville. Faites des tests avec différents temps de poses longs en mode Bulb (voir votre mode d'emploi) en ayant fait la mise au point sur l'infini. Déclenchez et laissez l'obturateur ouvert quelques secondes, le temps d'impressionner, éventuellement, le passage de plusieurs éclairs.
- Pour photographier une ville de nuit (monuments, places...), passez en mode de mesure Spot pour régler l'exposition. Choisissez une zone éclairée pour réaliser la mesure de la lumière. N'hésitez pas à vous approcher tout près d'un bâtiment ou d'un monument pour aller régler l'exposition sur sa façade. Passez en mode Manuel pour fixer le couple vitesse-diaphragme et revenez ensuite à votre trépied faire le cadrage.

- Pour éviter tout risque de flou de bougé au moment du déclenchement, activez le retardateur (pour une vitesse très lente, à partir du 1/4 s). Dans ce cas, si votre œil n'est plus collé au viseur, des rayons parasites peuvent générer un réglage d'exposition incorrect. Vous devez boucher le viseur avec une main, ou avec le volet oculaire de l'appareil (petit rectangle souple fixé à la sangle du boîtier).
- Si votre boîtier le permet, bloquez le miroir en position relevée (voir votre mode d'emploi). Vous éviterez ainsi les vibrations qu'il provoque lorsqu'il se soulève au moment de la prise de vue et limiterez les risques de flou de bougé.
- Pensez, si vous êtes en numérique, à utiliser une balance des blancs adaptée lorsque vous photographiez des éclairages artificiels. Si les balances préréglées de votre boîtier ne sont pas adaptées, pensez à effectuer une balance des blancs personnalisée à l'aide d'un carton gris à 18 %.
- Profitez des moments entre chien et loup, juste avant le crépuscule ou l'aube. Que ce soit pour photographier des paysages naturels ou des paysages urbains, vous bénéficierez d'ambiances très douces et de lumières subtiles.
- Sortez, la nuit, après la pluie ! En ville, vous profiterez des reflets des éclairages dans les flaques (lampadaires, phares, vitrines...) et de la brillance des pavés.

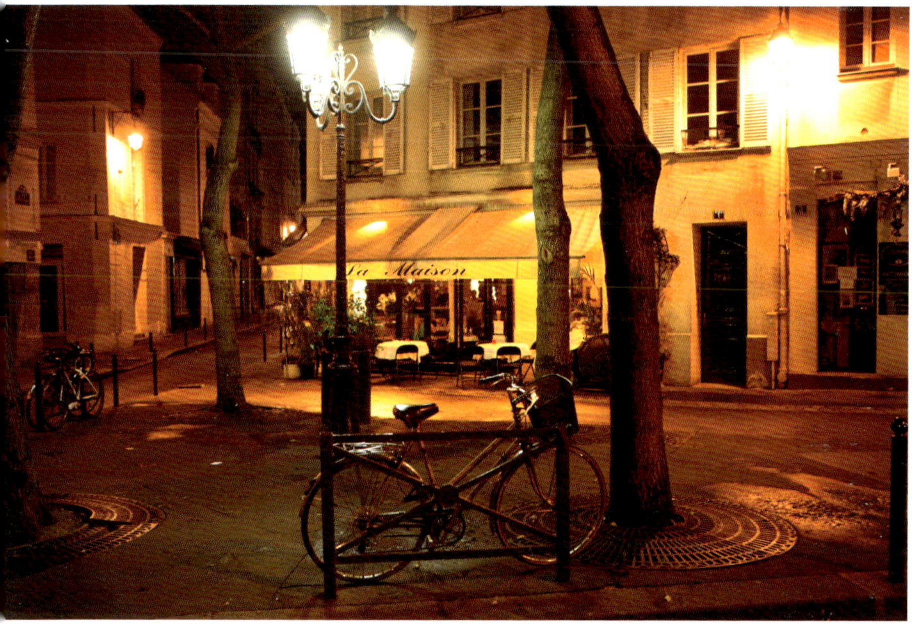

France, Paris. Pensez, en éclairage artificiel, à adapter la balance des blancs en fonction de l'éclairage des rues ou des monuments que vous photographiez.

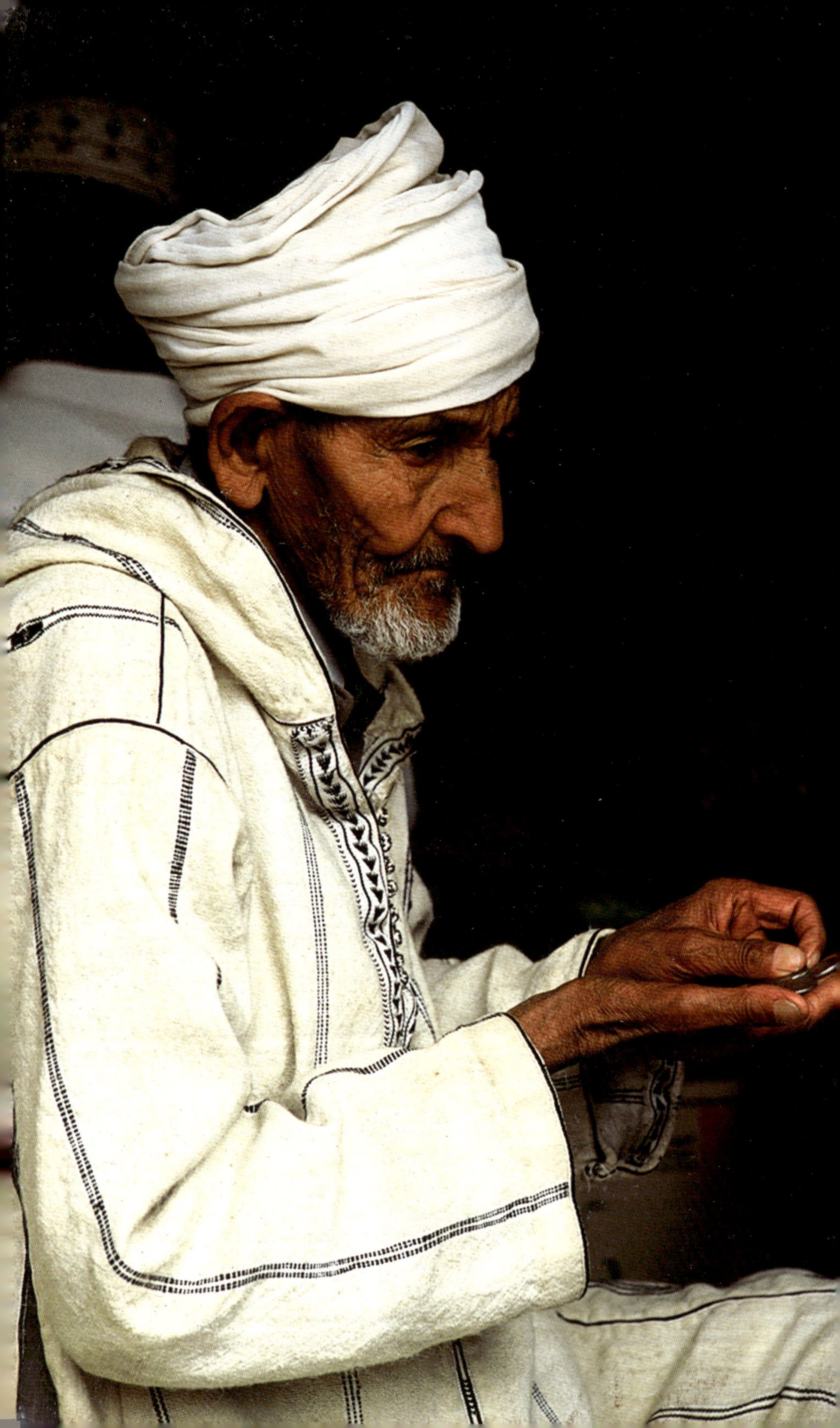

8

Le retour…

Quelle que soit la durée de votre périple et, a fortiori, si vous revenez d'un voyage au long cours, le retour est souvent difficile. Les photos sont là pour prolonger le rêve… Prenez le temps de les trier, de les classer, de les montrer, de raconter ce que vous avez vécu. Les motivations qui vous ont poussé à partir se sont peut être concrétisées, ou ont évolué au cours du voyage. Quoi qu'il en soit, il restera vos images.

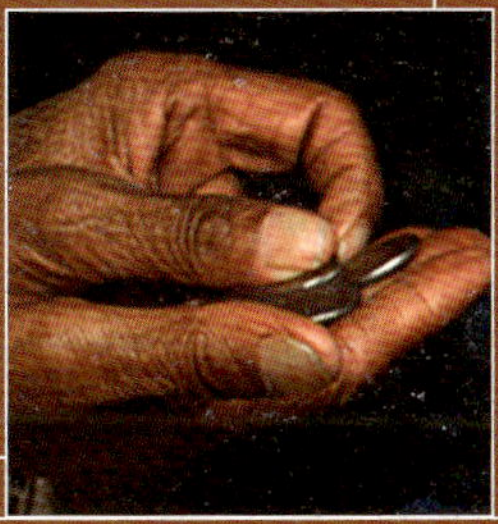

Maroc. Berbère de la Vallée des Aït Bougmez.

Le grand nettoyage

Votre sac et votre matériel photo vous ont accompagné tout au long de votre voyage ; ils ont été soumis à la poussière et à la pluie, au sable ou aux embruns, à des transports chaotiques et à des manipulations diverses. La première chose à faire en rentrant, est un grand nettoyage ! Videz votre sac photo, brossez-le pour enlever poussières et traces diverses, passez l'aspirateur dans tous les recoins et toutes les poches. Faites réparer, immédiatement, toute fermeture Éclair, courroie, couture qui aurait été fragilisée ou cassée au cours du voyage. Faites de même avec tout votre matériel photo et ses accessoires : nettoyez boîtiers, objectifs, filtres, bouchons et pare-soleil. Remplacez tout bouchon manquant ou en mauvais état, faites réviser et nettoyer, par un magasin spécialisé, le matériel qui aurait pu souffrir du voyage (objectif grippé par du sable, capteur numérique difficile à nettoyer...).

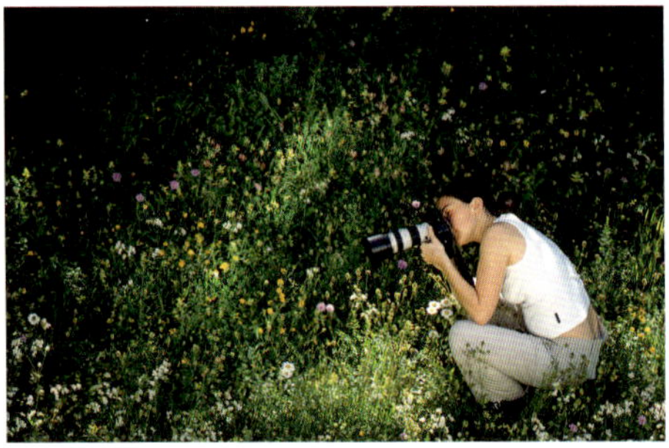

France, Pyrénées. Quelles que soient la destination et la durée du voyage, le matériel photo – soumis à la poussière, à la pluie, aux changements de température – doit être nettoyé et inspecté.

Si vous êtes en argentique, rangez les pellicules photo vierges dans le bas de votre réfrigérateur pour les conserver et stopper leur vieillissement. Terminez, ou rembobinez, la pellicule en cours dans votre boîtier : ce sont les dernières images de votre voyage, inutile d'attendre six mois pour les faire développer. En numérique, videz toutes vos cartes mémoire dans votre ordinateur et chargez, ainsi, votre boîtier avec une carte formatée. Rechargez enfin la batterie de votre appareil photo.

Le tri des photos

Que vous soyez en numérique ou en argentique, vous revenez avec quelques centaines, ou quelques milliers, de clichés de votre voyage. La sélection des images est une étape passionnante : vous revivez chaque instant de votre voyage et toutes les émotions qui ont fait que vous avez pris telle ou telle photo. Vous vous souvenez des réglages que vous avez effectués, des hésitations que vous avez eues sur la composition ou la mesure de la lumière. Vous découvrez ainsi vos erreurs techniques : prenez le temps de les analyser et de comprendre pourquoi, dans certaines conditions de lumière ou pour certains sujets, vous avez eu des difficultés. Vous avez aussi de bonnes surprises : des images faites un peu à la va-vite, ou que vous aviez oubliées, pour lesquelles vous n'aviez pas d'attente particulière et qui se révèlent être des clichés forts de votre périple. Prenez le temps de la sélection ; revenez-y plusieurs fois, jusqu'à obtenir un éventail représentatif de votre voyage à travers vos plus belles photos : vous devez être fier de votre sélection définitive.

Supprimer les photos ratées

Il est parfois difficile de savoir comment s'y prendre pour faire le tri parmi des centaines de clichés. Commencez par mettre à part tout ce qui relève de la photo souvenir, qui fera l'objet d'une sélection basée sur des critères personnels et affectifs dans le détail desquels nous ne rentrerons pas ! Parmi les photos restantes, vous pouvez faire un premier tour d'horizon, assez rapidement, en éliminant tout ce qui, sans l'ombre d'un doute, est à mettre à la poubelle : les photos floues, celles où vous avez déclenché sans faire exprès, celles où le point n'est pas fait au bon endroit, les photos mal exposées (surexposition et sous-exposition flagrantes). N'hésitez pas à éliminer définitivement ces images : jetez à la poubelle les négatifs, les tirages papier ou les diapos, supprimez les fichiers photo concernés si vous êtes en numérique.

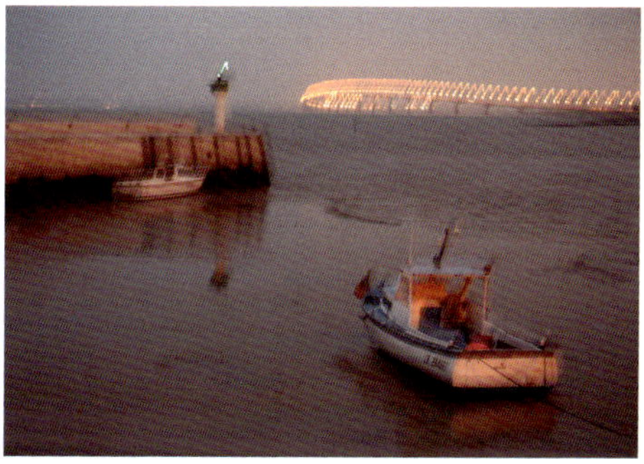

France, île de Ré. Même si l'exposition et le cadrage sont corrects, cette image, franchement floue, n'a aucune chance d'être rattrapée par la retouche. Vous pouvez supprimer le fichier.

Parmi les photos restantes, après ce premier tri facile et rapide, vous allez avoir plus de difficultés. Si vous êtes en numérique, vous allez imaginer que vous pouvez rattraper une photo « moyenne » qui vous est chère et vous n'allez pas oser la supprimer...

Identifier les clichés forts

Lorsque nous trions nos images, nous faisons d'abord une sélection de celles qui sortent du lot : les images fortes. Ce sont celles pour lesquelles les conditions de lumière ou les scènes étaient exceptionnelles. Parfois, il n'y en a qu'une seule au bout d'un mois de voyage, au maximum une petite dizaine, souvent moins. D'ailleurs, ces images-là, que vous soyez en argentique ou en numérique, vous les avez en tête spontanément sans même avoir besoin de faire un tri. Vérifiez qu'elles n'ont pas de défauts techniques : exposition correcte, point fait au bon endroit... Une fois ces images fortes sorties du lot, il vous reste à trier le gros de la troupe.

Écartez les images au cadrage approximatif, à la lumière banale. Si vous n'arrivez pas à les jeter, qu'elles vous tiennent à cœur, rangez-les à part. Un jour, vous en ferez de meilleures et les supprimerez sans regret.

Procéder par séries

Regroupez les images qui traitent du même sujet, ou qui ont été réalisées dans les mêmes conditions de lumière, pour pouvoir les comparer entre elles. Vous avez pu photographier plusieurs fois un même paysage à des moments, ou avec des cadrages, différents : sur une série de dix ou vingt photos, vous en garderez peut-être trois à cinq qui sont intéressantes, car elles offrent des visions complémentaires et très différentes de ce même panorama. Les autres images de la série ne sont pas forcément mauvaises, mais elles sont répétitives ou moins fortes. De même, vous avez pu photographier plusieurs marchés traditionnels au cours de votre itinéraire. Groupez toutes les images de marchés et choisissez-en quelques-unes qui offrent une gamme de lumières et de points de vue variés : des gros plans, des vues d'ensemble, en plein air, sous une halle, de nuit... Lorsque vous avez des scènes dynamiques, choisissez de garder les photos où le mouvement et l'attitude du sujet sont les plus lisibles, les plus compréhensibles ou les plus typiques. Soyez attentif à l'arrière-plan qui peut aussi vous aider à faire votre choix et, toujours, à la qualité de la lumière.

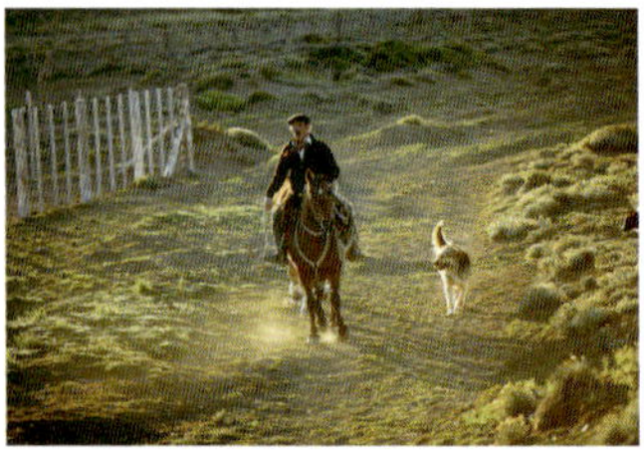

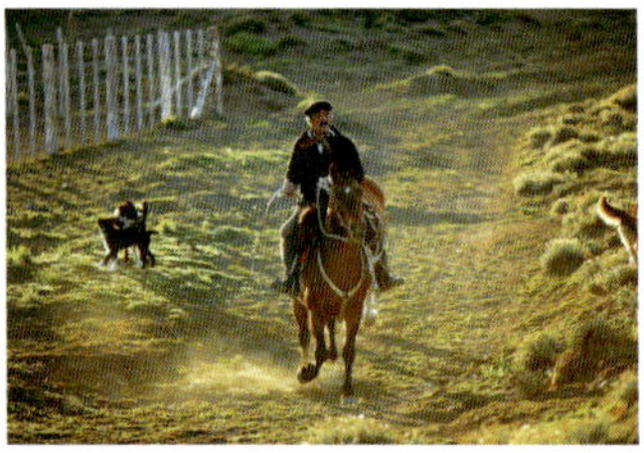

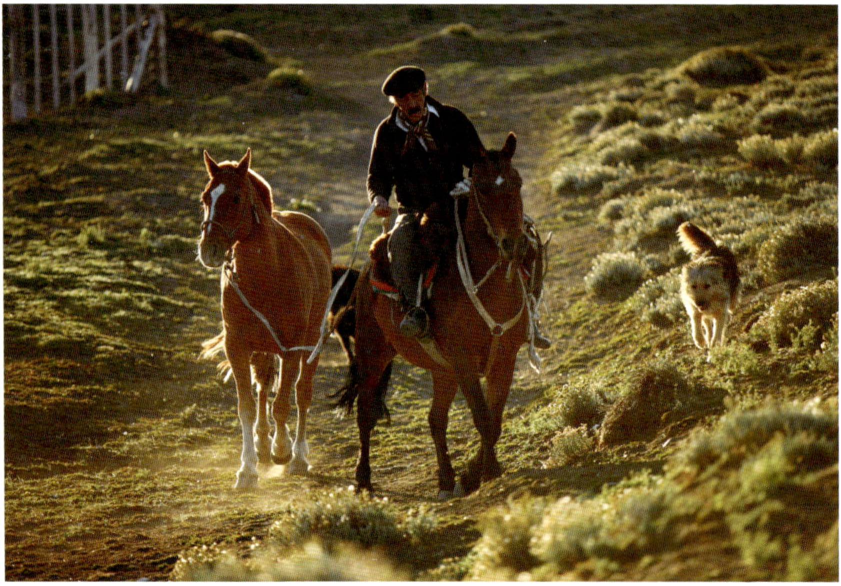

Argentine, Patagonie. Sur la photo de ci-dessus, aucun chien n'est coupé, le cheval tiré par le gaucho est bien lisible, le plan est plus serré et le décor moins vide. Par ailleurs, tous les sujets vont dans un même sens, contrairement à la deuxième vue où les chiens ne suivent pas le mouvement et créent un autre point d'intérêt qui détourne le regard.

Toutes mes photos sont nulles

Si vous trouvez que toutes vos photos sont ratées, laissez-les de côté et reprenez le tri plus tard. Vous aurez un peu digéré votre voyage et vous les regarderez d'une façon plus neutre. Vous pouvez aussi demander à une tierce personne, qui n'a pas participé au voyage, de vous donner son avis. Vous vous apercevrez que certaines images, qui vous semblaient insignifiantes ou anecdotiques, la touchent. Des attentes déçues et des critères affectifs entrent forcément en jeu dans la sélection de vos photos.

La postproduction

En numérique, un travail de postproduction est obligatoire. Il va de la sélection des images à l'organisation de sa bibliothèque de fichiers, en passant par le développement des fichiers RAW et la retouche à l'aide de logiciels adaptés. Nous allons vous donner quelques conseils de base mais, pour aller plus loin, reportez-vous aux ouvrages spécialisés. Vous trouverez aussi beaucoup d'informations sur Internet.

Gérer son stock d'images

Ne vous leurrez pas, le numérique, même si vous ne faites pas, ou peu, de retouches, implique de passer beaucoup de temps sur l'ordinateur : la phase de visionnage, de sélection, de classement, de sauvegarde et d'attribution éventuelle de mots-clés est beaucoup plus longue qu'en argentique. Pour gérer votre bibliothèque de photos numériques, faites preuve d'un peu de rigueur et de sens de l'organisation. Au retour d'un voyage, il peut être intéressant de créer des dossiers de transition pour classer les fichiers pendant la sélection et la retouche : images à trier, images triées à retoucher, images retouchées à classer...
Pensez surtout à faire des sauvegardes de vos images sur deux supports différents au cas où l'un d'eux s'avérerait défaillant (vous perdriez alors

Calibrer l'écran de son ordinateur

Vous vous êtes sûrement aperçu que la même photo, visualisée sur l'écran LCD de votre appareil photo ou sur celui de votre ordinateur, n'a pas le même rendu. Avant tout tri, ou retouche, l'idéal est de calibrer son écran d'ordinateur avec une sonde pour que le rendu des couleurs et la luminosité soient justes. Il existe des sondes qui permettent de calibrer les écrans. Cette opération, très simple, est à renouveler régulièrement car, avec le temps, les réglages peuvent dériver légèrement. Certains achètent une sonde à plusieurs et se la passent pour les mises à jour.

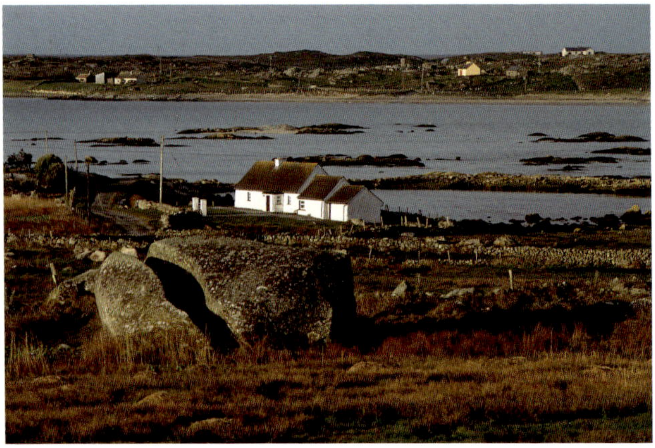

Irlande, Connemara. Quelques mots-clés, tels que la destination et des éléments caractéristiques de l'image, vous aideront à retrouver votre photo parmi des centaines d'autres.

toutes vos photos) : le disque dur de votre ordinateur et un disque dur externe, ou bien des CD ou des DVD selon la quantité et le poids des fichiers. Classez vos images dans des dossiers où vous pourrez les retrouver facilement, par destinations, par années de prise de vue ou par thèmes. Vous pouvez leur attribuer des mots-clés qui vous permettront d'extraire facilement toutes les images traitant d'un même sujet : les marchés, les portraits, l'hiver, les paysages, la destination...

Retoucher ses photos

La retouche, en photographie numérique, a remplacé le labo photo argentique en offrant aux photographes une palette infinie de possibilités de modifications de l'image. La frontière entre la photographie et la création graphique n'est pas toujours très claire. Être photographe implique de soigner ses images à la prise de vue et de ne leur appliquer que quelques retouches qui ne les dénaturent pas. Ainsi, les professionnels ne font généralement que des corrections légères, à partir de fichiers qui sont déjà d'excellente qualité. Ne comptez donc pas sur l'informatique pour rattraper une mise au point qui n'a pas été faite au bon endroit, une erreur de profondeur de champ ou une lumière un peu quelconque. Souvenez-vous également que tout recadrage dégrade la qualité de l'image puisque, à format final équivalent (avant et après recadrage), vous perdez des pixels.

La première règle à respecter est de ne jamais travailler sur l'original mais sur une copie du fichier photo, ce qui permet à tout moment de revenir au point de départ et de garder votre original intact, comme on conserve ses négatifs ou ses diapos en argentique. Avant d'utiliser votre logiciel, vérifiez comment il fonctionne : certains permettent d'annuler, en cas d'erreur, les opérations réalisées une par une, et de revenir facilement en arrière ; d'autres enregistrent automatiquement le fichier

JPEG ou RAW : quels fichiers retoucher ?

Si vous avez réalisé vos images en RAW + JPEG comme nous vous le conseillons, réalisez vos retouches uniquement à partir des formats RAW. Le format JPEG, plus léger, peut servir à une première visualisation et à une sélection rapide, à faire des envois par mails, des impressions de petits à moyens formats... En revanche, retoucher un JPEG vous donne moins de latitude de réglages et nuit à la qualité de l'image (vous perdez des pixels). Retoucher un RAW, au contraire, ne vous fait perdre aucune information et vous offre une palette de modifications plus large qu'en JPEG, puisqu'aucune donnée n'a été compressée. Le JPEG peut servir de modèle lors du travail sur le RAW quant à l'exposition et au rendu des couleurs si vous souhaitez rester proche de la réalité. Vous pouvez aussi le laisser de côté et réaliser une image RAW qui vous plaise, tout simplement ! Le RAW corrigé peut être sauvegardé en format TIFF (très lourd) ou JPEG (plus léger mais compressé).

modifié en copie, au lieu d'écraser l'original (il s'agit parfois d'une option à cocher dans les paramètres du logiciel).

L'une des opérations de base du travail de retouche est le contrôle de l'exposition de la photo. Pour cela, utilisez la fonction Histogrammes (ou Niveaux) présente dans la plupart des logiciels. Faites glisser le curseur noir de gauche jusqu'au début de l'histogramme ; de même, ramenez le curseur blanc de droite vers la gauche, au pied de la pente de l'histogramme. Cette opération a pour effet de faire varier le contraste et la luminosité de la photo. Selon la forme d'origine de l'histogramme, il ne sera pas forcément nécessaire de déplacer les curseurs jusqu'au pied de la courbe, car l'opération peut rendre l'image trop contrastée. Vous pouvez ensuite déplacer le curseur gris du milieu jusqu'à obtenir la luminosité qui vous convient sur l'ensemble de la scène.

La fonction Luminosité/Contraste est destructrice pour les images alors que le réglage à partir de la commande Histogrammes est plus nuancé.

Vérifiez toujours l'histogramme de l'image corrigée : une courbe « en peigne » (avec des traits noirs et blancs verticaux) est le reflet d'un contraste excessif et d'une perte de nuances. Inversement, une photo où le contraste est insuffisant présente une courbe centrée qui ne couvre pas toute la longueur de l'axe horizontal (absence de points noirs et blancs).

Certains logiciels tels que Photoshop, Capture NX ou DxO, par exemple, proposent des outils beaucoup plus perfectionnés de contrôle de l'exposition (réglage des hautes et des basses lumières, correction de la luminosité d'une zone ou d'un point déterminé, courbes...). Ces outils vous permettront de retoucher votre image avec beaucoup de finesse, mais vous passerez plus de temps à vous familiariser avec.

Au-delà du contrôle de l'exposition, vous pouvez éventuellement ajuster les couleurs en jouant sur les curseurs de teinte et de saturation (intensité de la couleur). Les capteurs numériques manquent parfois de vivacité dans le rendu des couleurs, par rapport aux films argentiques, et il peut être utile d'augmenter la saturation générale de l'image, ou d'une couleur en particulier. Attention à le faire avec beaucoup de parcimonie pour ne pas tomber dans des couleurs criardes ou artificielles.

L'histogramme est un outil intéressant mais n'oubliez pas que c'est l'image et votre sensibilité esthétique qui priment, bien avant le verdict d'une courbe !

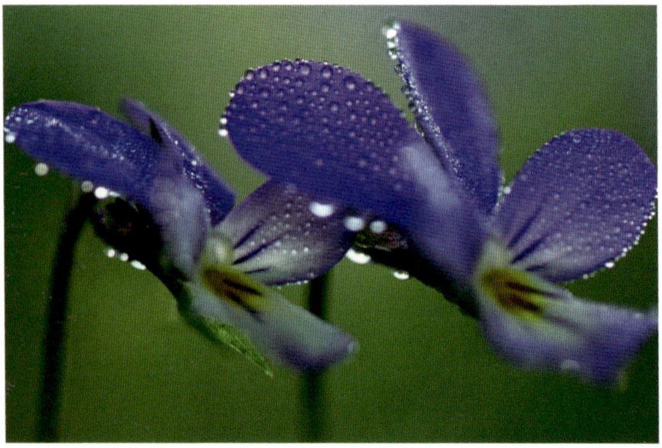

France, Cantal. Certains logiciels permettent de rendre l'arrière-plan plus flou si la profondeur de champ semble trop importante.

Il est possible d'appliquer des réglages à toute l'image ou à certaines parties sélectionnées au préalable. Enfin, vous pouvez supprimer les poussières et les éléments parasites de votre image grâce à la fonction « dépoussiérage » présente sur la plupart des logiciels, ou à un outil du type Tampon (sur Photoshop notamment).

Vous pouvez avoir envie de transformer une image couleur en une photo noir et blanc, ou à dominante sépia, par exemple. Différents outils permettent généralement d'y parvenir au sein du même logiciel de retouche. Attention cependant, car certains génèrent, lors de cette transformation, une perte importante des données contenues dans l'image initiale.

Choisir le bon logiciel

Vous devez, pour toutes les opérations de gestion de votre bibliothèque d'images et de retouche, vous équiper des applications informatiques adaptées à vos besoins. Il existe quantité de logiciels pour cela, dont ceux développés par les fabricants de matériel photo, fournis avec votre ordinateur, ou encore téléchargeables gratuitement sur Internet, et qui sont, bien souvent, largement suffisants pour une utilisation amateur. Par exemple, Picasa, le logiciel de gestion de photos développé par Google, est bien adapté à une pratique amateur : simple d'utilisation, il comporte des fonctions liées au tri d'images, à la retouche (très basique) et permet de mettre facilement ses photos en ligne.

De façon générale, si vous demandez conseil autour de vous, vous verrez que chacun vous recommandera tel ou tel logiciel, en mettant en avant ses points forts et ses spécificités. Trouver la perle rare qui correspond à vos besoins réels, à votre budget, à votre niveau en informatique

Spécificité des fichiers RAW

Le fichier RAW n'a subi aucune compression ou interprétation; il contient ainsi toutes les informations enregistrées au moment de la prise de vue (sensibilité, niveau de contraste...). Il est alors possible de modifier, au moment de la postproduction, les réglages initiaux du boîtier. Par exemple, vous pouvez changer la balance des blancs d'une image RAW, ce qui n'est pas le cas avec un fichier JPEG. Ouvrir et développer des fichiers RAW ne peut se faire qu'avec des logiciels spécifiques, capables de lire le format RAW.

en général et en retouche photo en particulier, n'appartient qu'à vous. Vous en arriverez peut-être à vous équiper de plusieurs applications informatiques différentes pour pouvoir réaliser toute la chaîne photo, de la visualisation à l'impression, au diaporama ou à la mise en ligne sur Internet. En ce qui nous concerne, nous utilisons Lightroom pour la gestion de la banque d'images et le développement des fichiers RAW, et Photoshop pour la retouche des photos.

Concernant la gestion de votre banque d'images, vous devrez vous équiper d'un logiciel efficace et simple, qui doit vous permettre une visualisation et une sélection rapides et conviviales des photos, même lorsque vous rentrez de voyage avec plusieurs centaines ou milliers de clichés. Vous devez pouvoir attribuer quelques mots-clés (titres, légendes, dates...) à vos images pour pouvoir ensuite les retrouver facilement. Assurez-vous également que vous pouvez modifier la taille des fichiers et les renommer en série, et non pas uniquement un à un. Parmi les logiciels de gestion de banque d'images, les plus courants sont Picasa, iPhoto (sur Mac uniquement), XnView, Photoshop Album. Lightroom, Aperture (sur Mac uniquement), DPP, Capture NX2 ou DxO sont les plus évolués.

Les logiciels de retouche présentent tous les outils de base, tels que le contrôle de l'exposition et des couleurs d'une image. Ils se différencient les uns des autres par leurs fonctions avancées plus ou moins complexes et plus ou moins utiles selon les attentes de chacun

La plupart des logiciels de gestion d'images ont aussi des fonctions de retouche plus ou moins avancées. Notez que Photoshop Elements est un logiciel de retouche assez complet pour les photographes et disponible à un prix abordable.

Utilisez le logiciel de la marque de votre appareil photo pour développer les RAW, pour garantir une récupération optimale de toutes les informations enregistrées dans le fichier.

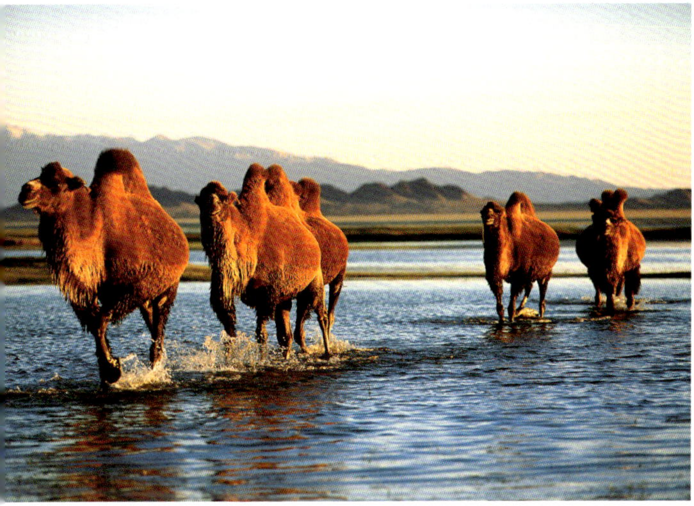

Mongolie. La lumière rasante accentue naturellement les contrastes entre le bleu de l'eau et le roux des chameaux. Inutile, dans ce cas, de toucher à la saturation et aux teintes.

Que faire de ses photos ?

La question, si elle ne s'est pas posée avant votre départ, va surgir au moment du tri des photos car celui-ci va dépendre, en grande partie, de la destination finale de vos images. Au-delà des photos dont vous ferez un album papier ou un livre photo, vous aurez peut être envie d'aller plus loin et de mettre vos images en ligne, de présenter au public un diaporama, une exposition, d'écrire un récit de voyage, voire de publier vos images dans la presse.

Albums et livres photo

Avec l'arrivée massive du numérique, l'album photo traditionnel a presque disparu, au profit du livre photo. De nombreux sites Internet proposent l'édition de livres personnalisés, livrés à domicile et réalisés par vos soins, à partir de vos images numériques. Vous pouvez ainsi choisir vous-même votre maquette en sélectionnant le format du livre, le type et la couleur du papier, de la couverture, l'agencement des images, la présence ou non de textes...

Mettre ses images en ligne

Il existe plusieurs solutions techniques pour mettre ses photos en ligne. Une solution simple et, la plupart du temps gratuite, consiste à utiliser l'un des nombreux sites de **partage de photos en ligne**. Aucune connaissance en informatique n'est nécessaire, le chargement

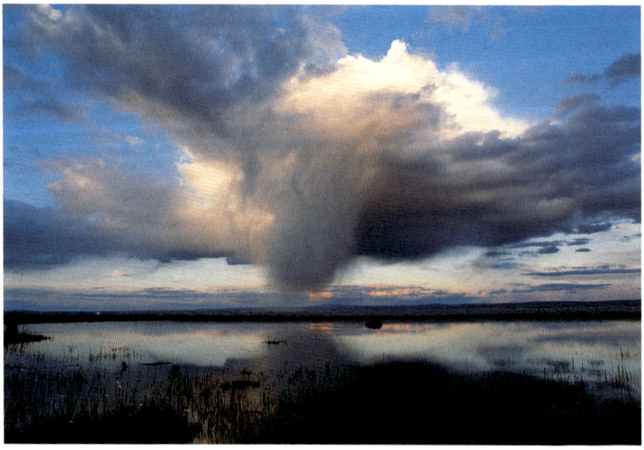

Mongolie. La sélection finale de vos images dépend de ce que vous souhaitez en faire : album photo, diaporama, mise en ligne...

La création d'un (vrai) site Internet demande des compétences de webmaster ou un budget pour confier cette tâche à quelqu'un du métier.

et le redimensionnement des images sont généralement automatiques. Vous pouvez y créer des galeries photo par thèmes et y télécharger un nombre illimité d'images, que vous rendrez ou non visibles au public. Des commentaires peuvent être déposés par les internautes sur les clichés publiés. Il en existe des dizaines, que vous trouverez en faisant une recherche Internet sur le stockage ou le partage de photos (*photo sharing*, en anglais). Certains de ces sites demandent un droit d'entrée pour pouvoir dépasser un certain volume de fichiers photo.

Vous pouvez également opter pour **la création d'un blog**, opération simple et gratuite. Idéal pour un récit de voyage illustré de quelques images, il est, en revanche, peu adapté à la création de réelles galeries photo (ergonomie non conçue pour cela, manque de souplesse dans la mise en pages).

Certains sites, spécialisés en photo, proposent des solutions payantes aux photographes qui souhaitent **mettre leur banque d'images en ligne**. Ces sites sont généralement bien conçus, avec la possibilité de créer des galeries par thèmes, de mettre en place un système de recherche de photos par mots-clés, une offre de référencement pour rendre le site le plus visible possible sur la toile, une assistance technique... Par exemple, le site www.photosapiens.com propose ce type de solutions.

Une dernière possibilité consiste à utiliser les **modèles de sites Internet** proposés par certains logiciels tels que Lightroom, Aperture, Thétis... Dans ce cas, aucune compétence informatique n'est nécessaire, il vous faut simplement souscrire à une solution d'hébergement sur un serveur pour stocker vos images (abonnement annuel de quelques euros). Vous trouverez quantité d'hébergeurs en faisant une recherche sur Internet.

Sachez qu'il est quasiment impossible de protéger vos images, une fois en ligne, de téléchargements sauvages. Vous ne risquez pas grand-chose de la part de professionnels de l'image ou de la presse, qui connaissent la législation en termes de droits d'auteur et ne s'amusent pas à la transgresser. Il est par ailleurs peu probable qu'elles soient utilisées pour des impressions papier, car la définition des images sur le Web (72 dpi) ne permet pas de réaliser des impressions de qualité. En revanche, il est tout à fait possible que des particuliers copient votre photo pour une utilisation privée (fond d'écran, impression, création graphique...), et il serait ennuyeux de découvrir que l'une de vos images a été utilisée dans un cadre commercial sur un autre site Web, sans que vous n'en soyez ni averti, ni rémunéré. Pensez donc à mettre en ligne, *a minima*, une adresse mail où vous pouvez être contacté. Vous pouvez également marquer vos images avec votre copyright avant de les mettre en ligne. Il existe des logiciels spécifiques pour le faire, accessibles à tous et très simples d'utilisation.

D'un point de vue juridique, sachez que le fait de mettre vos photos en ligne ne vous retire aucun droit sur ces images : vous en êtes tou-

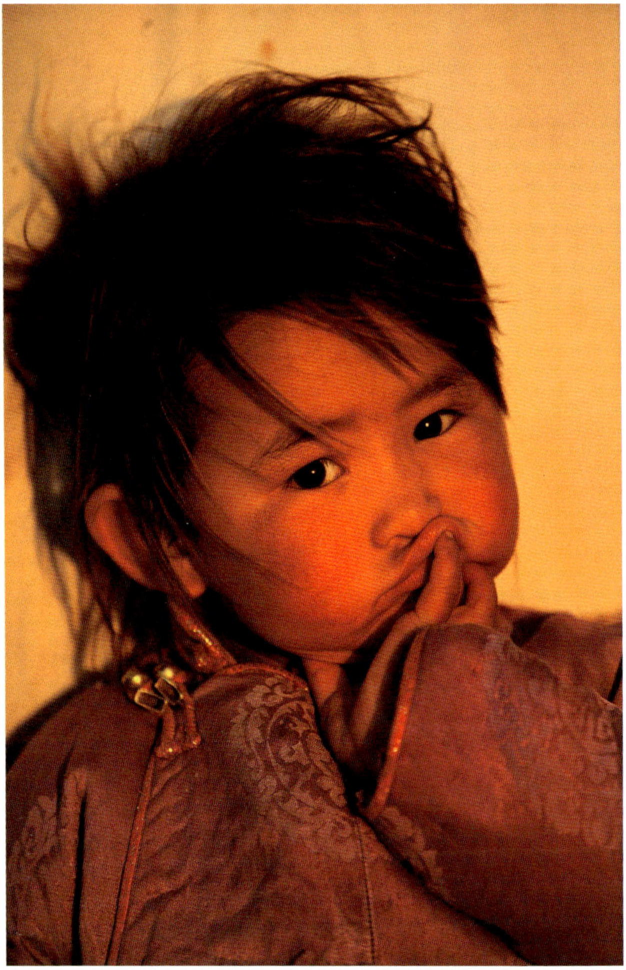

Mongolie. Soyez vigilant, si vous mettez en ligne des photos de personnes identifiables, à avoir leur accord et celui de leurs parents s'il s'agit de mineurs.

jours le propriétaire et les personnes qui les utilisent sont censées vous en demander la permission. De votre côté, avant toute publication, demandez l'accord (écrit) des personnes qui seraient identifiables sur vos photos. Pour des enfants, il faut l'accord des deux parents.

Si votre ambition, par la mise en ligne de vos images, est de faire connaître votre travail en vue de publications dans la presse, sachez que le média Internet est peu efficace. Il est très improbable que la rédaction d'un magazine ou une agence photo tombe par hasard sur vos images. Un site Web bien construit et mis à jour régulièrement avec des nouveautés doit plutôt être utilisé comme un outil de présentation de votre travail, au même titre qu'un book en photographie argentique.

Présenter un diaporama

Il existe quantité de lieux où vous pouvez présenter un diaporama des photos de votre voyage. Dans une grande majorité de villes de France, vous trouverez une association de voyageurs qui se réunit, plus ou moins régulièrement, autour d'un diaporama-conférence de l'un de ses membres. Vous pouvez aussi contacter des librairies du voyage qui, pour mettre en avant leur sélection de livres sur une destination, seront heureux de vous accueillir. Les médiathèques et bibliothèques, écoles, clubs photo, agences de voyages, festivals, sont aussi des lieux où vous pouvez proposer votre projection. Généralement, il s'agit d'une intervention bénévole de votre part en échange de laquelle vous pouvez, éventuellement, demander l'autorisation de vendre quelques tirages photo, par exemple.

Pensez à alterner photos verticales et horizontales, à présenter des images faites dans des conditions de lumière variées.

Le matériel de projection est, la plupart du temps, fourni mais assurez-vous bien, avant le jour J, qu'il y a tout le nécessaire sur place : écran, projecteur numérique ou projecteur à diapositives (et ses chariots !), éventuellement une petite chaîne pour passer de la musique, un micro audio si la salle est grande, de même que des câbles suffisamment longs ou des rallonges.

Soyez exigeant sur la qualité des images que vous présentez et sur le discours que vous tenez. Combien de fois assistons-nous à des diaporamas qui n'en finissent plus, avec des images qui ne rappellent de bons souvenirs qu'à leurs auteurs et qui sont de qualité très moyenne. Ne sélectionnez pas plus de 80 à 100 images, en tâchant d'apporter de la variété, du dynamisme, du rythme à votre projection. Mélangez les photos qui situent le territoire (paysages, vues d'ensemble de villes et villages) et les plans plus intimes (portraits, détails, scènes d'intérieur). Trouvez un angle de présentation de votre voyage : il peut être chronologique si vous racontez un voyage au long cours, il peut aussi être thématique si vous parlez d'un aspect de la culture ou de la géographie du pays que vous présentez. N'oubliez pas d'apporter une carte et, en introduction de votre diaporama, de vous présenter, de situer le pays, votre itinéraire, de citer les régions que vous allez faire découvrir au public.

Il peut être intéressant de passer vos images en musique (du pays !) et de garder vos commentaires et les questions-réponses pour la fin, pour éviter de rester trop longtemps sur certaines photos au risque de voir s'éterniser la projection. Préparez-vous à avoir à répondre à des questions très diverses sur le pays lui-même (la superficie, le régime politique, la religion, la langue, la monnaie, les coutumes des habitants, le système scolaire...) et sur les possibilités d'accueil touristique (quelle est la meilleure période pour partir, où aller, quel budget prévoir, comment se déplacer, combien coûte une nuit d'hôtel, est-ce un pays sûr,

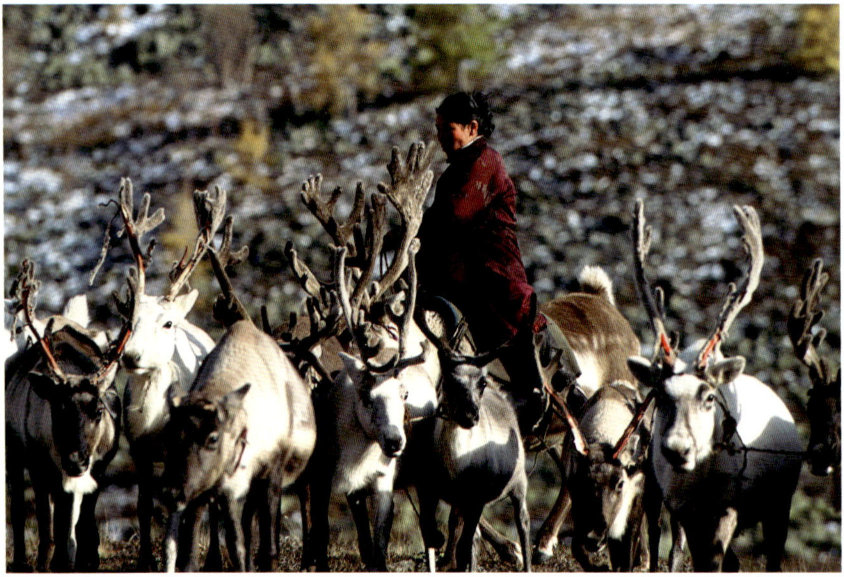

Mongolie. Animer un diaporama implique d'avoir défini un fil conducteur à votre projection : ce peut être la présentation d'une ethnie particulière et de son mode de vie.

quelle est la nourriture typique...). Même si vous n'êtes pas photographe professionnel, c'est avant tout l'expérience humaine vécue et vos connaissances de la culture du pays qui feront la richesse de votre intervention.

Exposer ses photos

De même que pour la présentation d'un diaporama, il existe quantité de lieux où vous pouvez proposer votre expo photo, même si vous n'êtes pas photographe professionnel : cafés, restaurants, associations de voyageurs, clubs photo, écoles, festivals, bibliothèques et médiathèques, librairies... Sachez que tous les coûts seront généralement à votre charge : tirages, encadrement ou contre-collage des photos, transport, accrochage et démontage de l'expo. Prévoyez éventuellement des légendes pour chaque image et, dans tous les cas, un panneau de présentation de l'expo et de vous-même où vous pouvez laisser vos coordonnées.

Une vingtaine de tirages suffisent pour une expo mais vous verrez, selon l'espace dont vous disposez, combien de photos vous pouvez accrocher et la taille des tirages à réaliser.

Imaginez que certains visiteurs pourront avoir envie de vous acheter des photos et qu'il vaut mieux avoir réfléchi au préalable au prix de vente. Parlez-en avec les responsables du lieu qui vous accueille pour avoir leur avis en fonction du type de public qu'ils ont l'habitude de recevoir. Certains pourront vous demander que vous leur reversiez dans les 20 % du prix de vente.

Vous pouvez organiser un vernissage (à vos frais ou payé par vos hôtes, selon le contexte) au début de l'exposition. Essayez de faire venir la presse locale pour l'événement et, dans tous les cas, parlez largement autour de vous de votre expo pour faire venir du monde. Exposer peut être une manière de faire partager votre voyage, d'avoir une idée de la façon dont sont perçues vos photos par un public neutre (qui n'a pas de lien affectif avec vous), de faire des rencontres intéressantes et de gagner trois sous si vous vendez quelques tirages.

Publier un livre

Publier un livre demande de trouver un sujet de livre, un éditeur pour l'éditer et du temps pour la rédaction et le choix des photos. La première étape est de choisir votre sujet. Il vaut mieux y avoir réfléchi avant votre départ afin d'orienter le type de clichés que vous allez réaliser et de prendre les notes de terrain dont vous aurez besoin, au fur et à mesure de votre voyage. Si vous envisagez de publier un livre de photographies, il faut que vous disposiez de suffisamment d'images de différentes régions, saisons, scènes de vie concernant le pays, pour pouvoir en offrir une vision la plus complète et la plus diverse possible. Un voyage de quinze jours n'est généralement pas suffisant pour cela. Il faut, par ailleurs, que (toutes) vos images soient d'excellente qualité. Pour un récit de voyage, au retour d'un voyage au long cours en particulier, prenez soin de commencer la rédaction pendant votre périple. Au retour, vous n'aurez plus la spontanéité et la fraîcheur que vous aviez sur place, votre mémoire aura effacé certains moments, transformé certaines impressions, oublié quantité de détails qui feront la richesse et l'intérêt de votre récit.

Argentine, Patagonie. Pour publier un livre de photos, vous devez avoir suffisamment d'images, de très bonne qualité, et présentant des aspects variés du sujet traité.

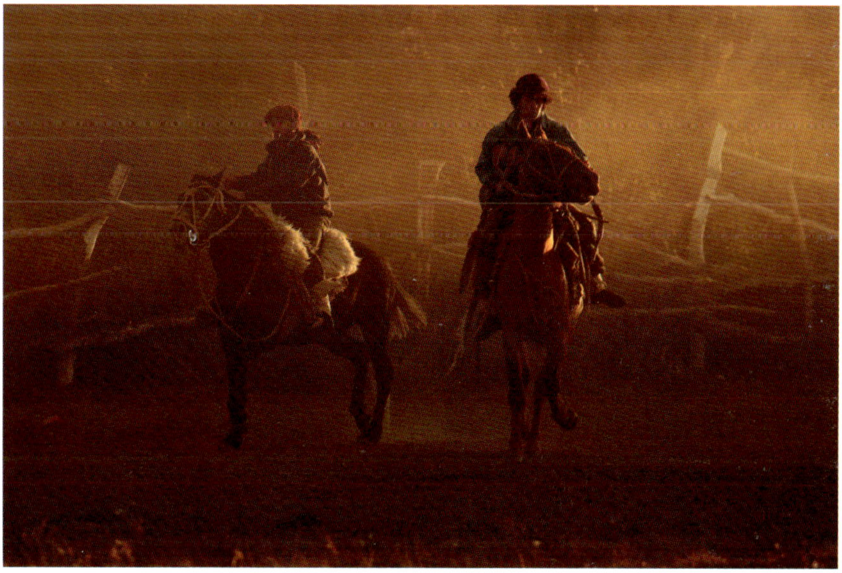

La recherche d'un éditeur n'est pas chose facile. Le rôle de la maison d'édition est de financer la publication du livre (relecture, maquette, impression), sa diffusion (pour qu'il soit disponible en librairies) et sa promotion (pour le faire connaître et... le vendre !). Passez du temps dans les librairies pour feuilleter les récits de voyages ou les livres de photographies existants. Regardez ce qui a déjà été fait et qui se rapproche de votre projet, sélectionnez les éditeurs qui vous semblent le plus à même d'accepter votre proposition, car elle peut s'intégrer dans l'une de leurs collections existantes. Ne proposez pas un ouvrage de photographies sur le Vietnam à un éditeur qui a déjà publié cette destination : il y a peu de chance qu'il recommence ! En revanche, un récit de voyage à cheval proposé à un éditeur qui a déjà plusieurs livres dans cet esprit (voyages à vélo, à pied, en kayak...) peut avoir toutes les chances d'aboutir.

Si vous réussissez à décrocher un contrat d'édition, sachez que la rémunération des auteurs (photographes ou écrivains) est de l'ordre de 6 à 10 % du prix de vente, hors taxes, de l'ouvrage au public. Il faut ainsi vendre des milliers d'exemplaires d'un livre, et ce pendant des années, pour pouvoir en vivre. L'argent ne doit donc pas être votre motivation première ! En revanche, un premier livre, récit de voyage ou bel ouvrage de photographies, est une excellente carte de visite pour aller plus loin. Il peut rassurer d'éventuels partenaires financiers pour vous aider à la préparation d'un nouveau voyage, être un excellent support pour des diaporama-conférences ou des expositions photo, ou encore, un tremplin pour d'autres publications.

Publier dans la presse

Il est impensable de présenter un reportage à une rédaction de magazine en expliquant : « Là, c'est un peu flou parce que j'avais froid et que je tremblais ; là, vous pouvez recadrer en enlevant telle partie de la photo ; là, on ne voit pas bien, mais en fait, ce qui est intéressant c'est ceci ou cela... » Les images présentées doivent se suffire à elles-mêmes.

Soyez donc très exigeant sur la qualité des photos que vous sélectionnez pour vendre votre sujet. Une cinquantaine de diapos, ou de fichiers numériques, suffisent à un iconographe pour se faire une idée de votre travail et de l'intérêt du sujet pour son magazine. C'est le service photo (et non la rédaction) qui va regarder vos images et vous donner une réponse. N'importe quel pigiste, ou journaliste, sera ensuite capable de rédiger, si besoin, un texte associé à vos images ; en revanche, il ne sera pas possible de refaire les photos si elles ne sont pas à la hauteur.

Organisez votre présentation photographique en positionnant, en premier, les images les plus fortes par rapport au sujet proposé. Prévoyez des horizontales et des verticales.

Au-delà d'images d'excellente qualité, vous devez avoir une histoire à raconter. Ce peut être celle d'un personnage que vous avez suivi dans

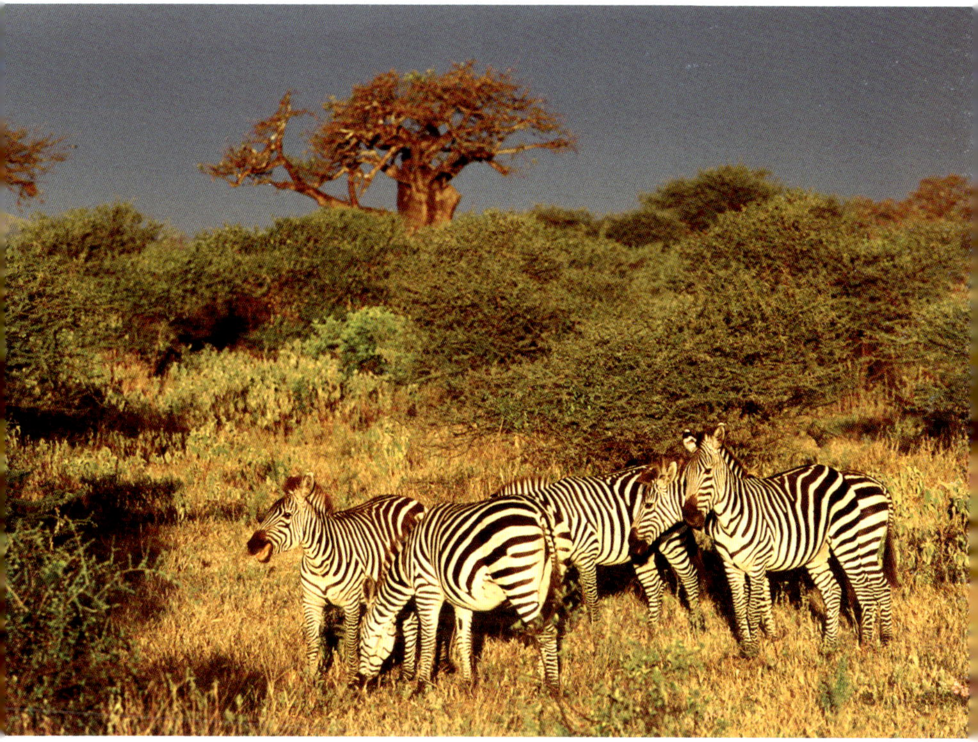

son quotidien et qui représente ainsi toute une culture, une tradition ou un mode de vie. Ce peut être un événement particulier auquel vous avez assisté et que vous avez pu suivre dans son intégralité : fête traditionnelle, rite lié à une croyance locale, événement politique, mariage... Sélectionnez des images présentant des points de vue variés, représentatives de ce que vous souhaitez raconter, lisibles et qui montrent, à la fois, le contexte et le détail. Rédigez un synopsis, petit texte d'une dizaine de lignes qui présente le sujet, et trouvez un titre à votre reportage.

Tanzanie. La presse magazine est sollicitée tous les jours par de très bons photographes proposant de très bons sujets. Soyez exigeant si vous présentez vos photos aux rédactions !

Tenir ses promesses...

Vous avez fait des rencontres inoubliables pendant votre voyage, vous avez partagé des moments authentiques avec les populations locales qui vous ont accueilli à bras ouverts. Vous avez photographié des personnes qui ont bien voulu se prêter à votre jeu, qui vous ont laissé leur adresse pour recevoir les photos à votre retour. Certains ont, très certainement, une forte attente et sont impatients de recevoir votre courrier. Ne décevez pas ces espoirs, ne négligez pas d'envoyer les photos promises... Même si vous ne le faites pas tout de suite, même si vous êtes repris par le quotidien de votre vie sédentaire et que tout cela devient de plus en plus lointain, vous serez heureux, si vous avez la chance de refaire le même voyage, d'être accueilli comme la première fois parce que vous avez fait ce que vous aviez promis, parce que vos images sont accrochées sur un mur du salon ou dans la chambre des enfants, parce que vous avez envoyé un ami sur vos traces et qu'il a été reçu comme un prince suite à vos recommandations.

Si l'adresse est difficile à déchiffrer, faites en une photocopie que vous collez sur l'enveloppe en marquant, en dessous, le nom du pays. Cela nous est arrivé, à maintes reprises, d'envoyer des tirages photo en

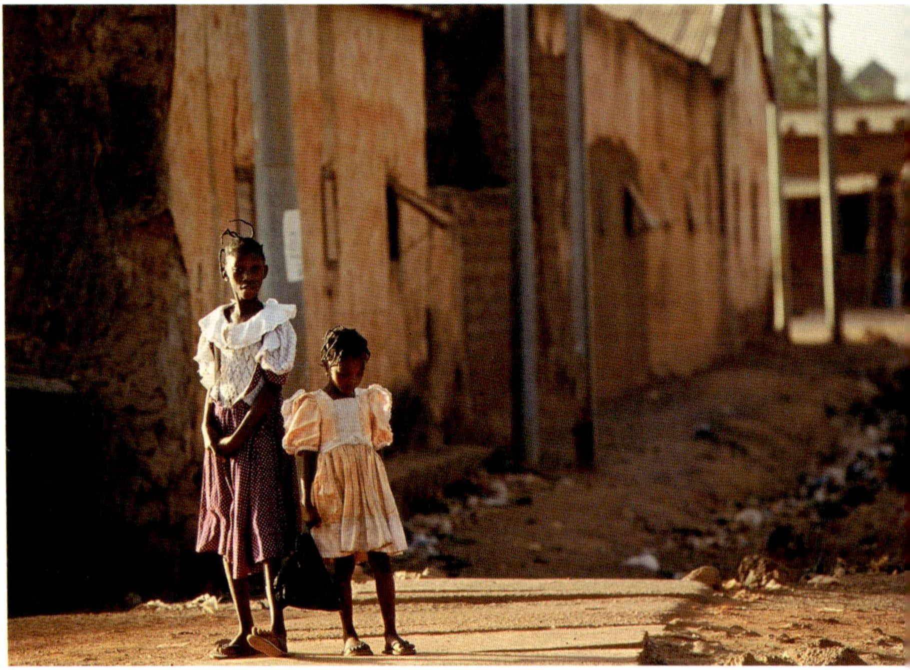

Mongolie en collant des photocopies d'adresses illisibles, écrites en cyrillique, qui avaient été griffonnées en pleine steppe sur des bouts de papier... et les photos sont arrivées. Parfois, trois ans plus tard, nous les avons retrouvées au fond de la yourte d'une famille, soigneusement rangées sur le petit autel sacré dédié aux ancêtres et au bouddha. Il nous est arrivé qu'un homme nous demande de prendre des photos de ses parents âgés parce qu'il pensait qu'ils allaient mourir dans l'année. Il nous est arrivé qu'une grand-mère éleveuse de rennes nous demande de photographier de vieux objets de son père chaman, pour en garder une trace avec elle.
Vous avez certainement vécu quantité de cas similaires au cours de votre voyage. N'oubliez pas l'hospitalité de ces gens-là, leur gentillesse à votre égard, les moments que vous avez passés avec eux. Pensez à glisser une photo de vous dans l'enveloppe, cela fait généralement très plaisir...

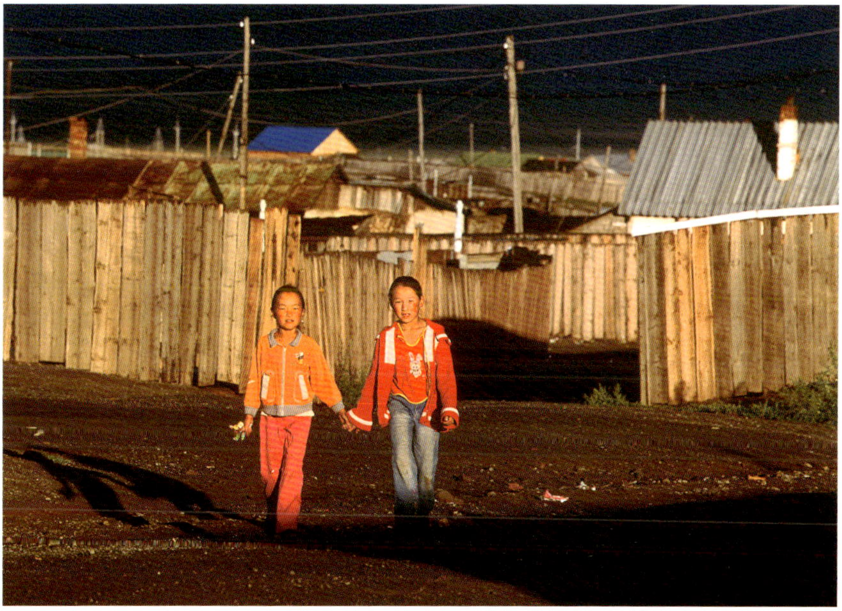

Ci-contre et ci-dessus : Burkina Faso et Mongolie. Ne décevez pas les personnes à qui vous avez promis d'envoyer des photos et qui les attendent... à l'autre bout du monde !

Dans la même collection

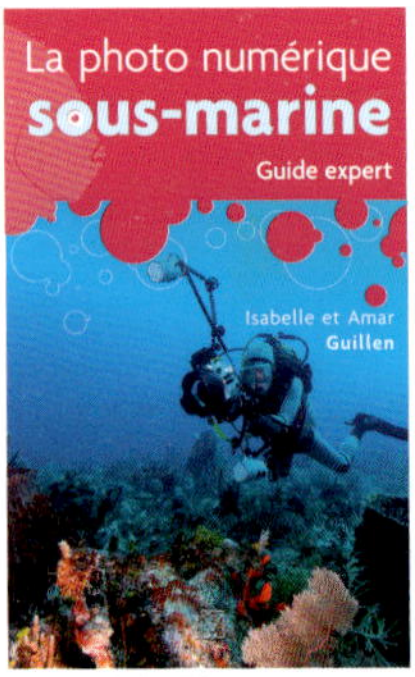

ISBN 2-212-67267-5
240 pages
19 euros

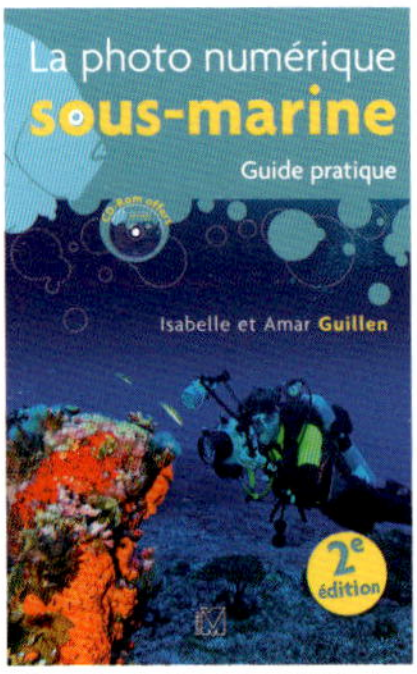

ISBN 13 : 978-2-212-67275-6
180 pages + CD-Rom
19,90 euros

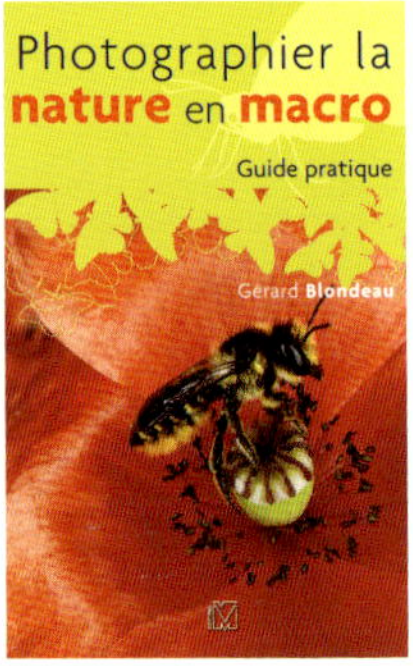

ISBN : 978-2-212-67276-3
200 pages
19,90 euros

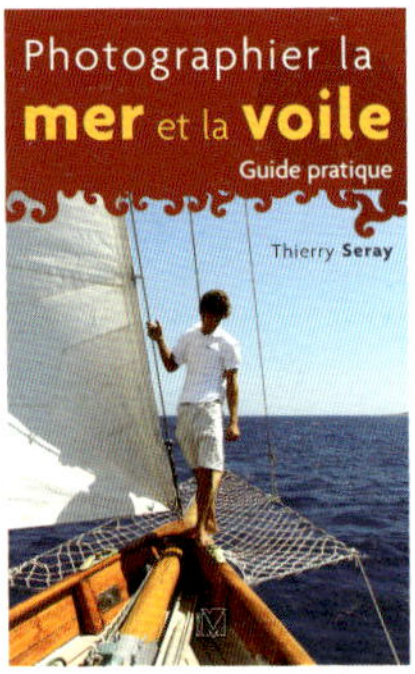

ISBN : 978-2-212-67290-9
200 pages
19,90 euros

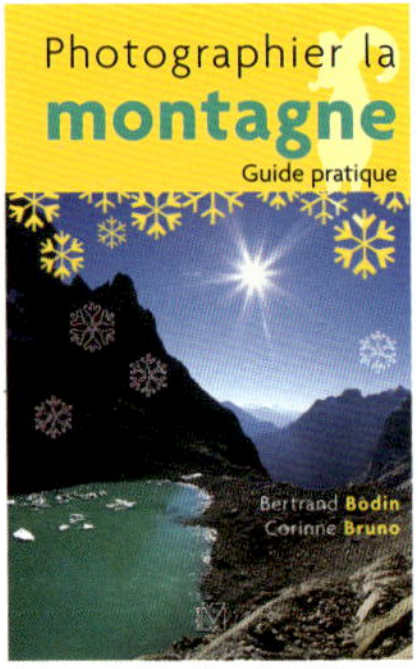

ISBN : 978-2-212-67270-1
166 pages
19,90 euros

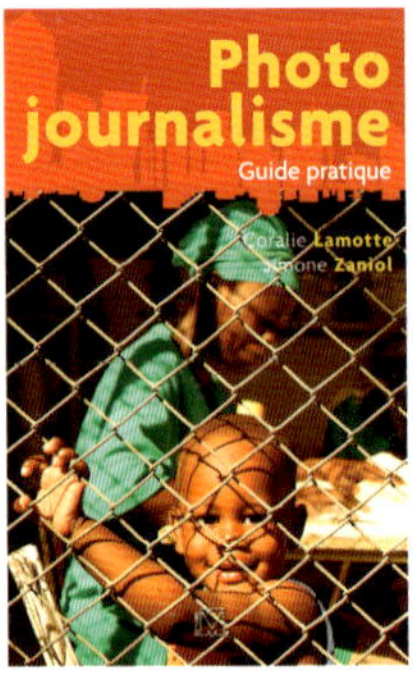

ISBN : 978-2-212-67285-5
186 pages
19,90 euros

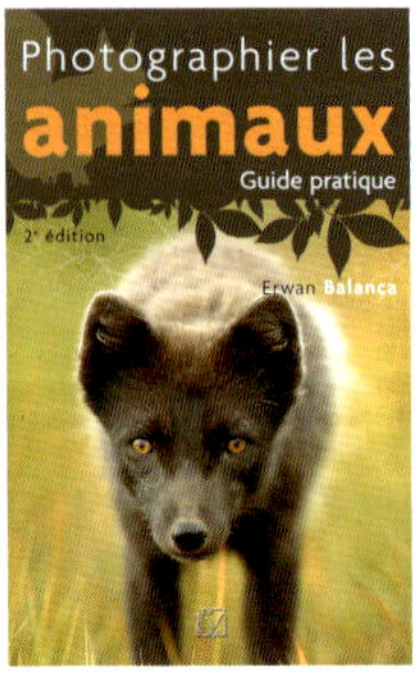

ISBN : 978-2-212-67303-6
202 pages
19,90 euros

Conception maquette et mise en pages : Nord Compo

IMPRESSION, BROCHAGE

imprimerie CHIRAT

42540 ST-JUST-LA-PENDUE
JUIN 2009
DÉPÔT LÉGAL 2009 N° 6183

N° D'ÉDITEUR : 8012

IMPRIM'VERT

IMPRIMÉ EN FRANCE